JOHN KENNETH LESLIE
Northwestern University
ADVISORY EDITOR TO DODD, MEAD & COMPANY

Pour et contre

MANUEL DE CONVERSATIONS GRADUÉES

R. L. Frautschi
The Pennsylvania State University

and

Claude Bouygues
The University of British Columbia

Pour et contre

MANUEL DE CONVERSATIONS GRADUÉES

DODD, MEAD & COMPANY
New York   1973   Toronto

Drawings by Doug Anderson

COPYRIGHT © 1972 BY DODD, MEAD & COMPANY, INC.
ALL RIGHTS RESERVED

NO PART OF THIS BOOK MAY BE REPRODUCED IN ANY FORM
WITHOUT PERMISSION IN WRITING FROM THE PUBLISHER
LIBRARY OF CONGRESS CATALOG CARD NUMBER: 77-180931
ISBN: 0-396-06543-0
SECOND PRINTING
PRINTED IN THE UNITED STATES OF AMERICA

Preface

In designing *Pour et contre* our premise has been: to appeal to individual experience and attitudes in order to accelerate the acquisition of verbal fluency. Also, we are convinced that the intermediate student of French who has completed, albeit under varying circumstances, courses in introductory grammar, reading, and perhaps composition, should now have the opportunity, as a part of further training, to make the transition from the theoretical to the empirical conditions of discourse. Thus, *Pour et contre* contains *no* formal grammatical presentations, no "rules," no "drills," no systematic vocabulary lists (a few in-text notes and a French-French end vocabulary, however, are supplied). Instead, three *Niveaux* guide the user from schematized situations in daily life (driving, eating, shopping, dating, sickness, vacations, etc.) to increasingly complex discussions and dialogues which reconsider these activities from other points of view and with other levels of language.

Approximately one half of the lessons, specifically nineteen out of forty-one, are grouped in *Niveau I* in order to provide a generous base for practice of simple verbal exchanges. The remaining twenty-two units are divided between the more highly structured response cues of *Niveau II* and the "réponses libres" of *Niveau III*. We have found in pretests of the three Niveaux that the forty-one lessons are easily compatible with conventional semester or trimester instructional periods. Yet, with each lesson autonomous, *Pour et contre* remains highly flexible at every level and thus lends itself with ease to various academic calendars.

The thirty-one lessons in *Niveaux I* and *II* emphasize scenes which could be localized in France today. The drawings accompanying the texts provide a light-hearted visual referent for questions and answers. In these *Niveaux* the questions have been "graded," beginning with literal identifications (who, what, where, when); then the questions introduce more complex associations drawing progressively from elements outside the original situation (comparisons, analogies, preferences). A single sentence normally suffices to answer these questions, although variant responses are suggested. At the end of each lesson a *Mise en perspective* challenges the student to more sustained verbalization of the issues raised. The brief *Schémas d'intonation* in *Niveau I* provide helpful models.

In *Niveau III* a more conceptualized situation replaces the visual stimuli of the first lessons. Students are now asked to verbalize in longer utterances. Without the help of response cues they transpose more formal levels of language (sustained dialogue, brief essays, anecdotes) into discourse. Personal preferences, attitudes, and experiences are again encouraged.

Users of *Pour et contre* may be disconcerted, momentarily, by the absence of familiar grammatical explanations (When must I use the subjunctive? What is the difference between *il* and *ce*?). To wean them from a dependency on responses which allow no individuality and from explanations (in English!) of "correct usage," we have provided response cues for all questions in *Niveau I* and for many in *Niveau II*. These syntactical and informational aids suggest constructions of progressive complexity and encourage alternate responses and individual interpretations. Since rote memorization is avoided, an atmosphere of spontaneity between questioner and respondent is attained. For variety, the *Questions d'identification* and *Questions d'exploitation* may be asked by students, and the answers, "pourquoi pas?", provided by the instructor. Our goal, after all, is oral communication.[1]

The authors wish to extend especial thanks to Raymond and Virginia LaCharité, Marie-Claire Petit, and Rupert Pickens for their assistance in the preparation of each Niveau.

R. L. FRAUTSCHI
CLAUDE BOUYGUES

[1] See *Quelques conseils aux usagers*, pp. 1–3.

Tape Lessons for *Pour et contre*

Nineteen coordinated tape lessons reinforce the content of Niveau I. Lessons 1–14 consist of three parts. The first repeats the intonation models and exercises. The second presents a short dialogue based on the *scénette* of printed text. These are repeated several times at an accelerated tempo for student imitation. The last segment introduces new short sentences for intensive practice. Lessons 15–19 begin with an extended dialogue, again repeated at accelerated speeds, and conclude as before. Variety of content, often humorous, and graduated delivery by native male and female informants make each tape lesson a vital supplement to Niveau I.

A sample tape is available on loan to instructors who request it.

Table des matières

PREFACE

Quelques conseils aux usagers 1

NIVEAU I
1. *À la station service* 6
2. *La visite du docteur* 10
3. *Un renseignement* 14
4. *L'embouteillage* 18
5. *Un F3* 22
6. *Aux sports d'hiver* 27
7. *Après l'examen* 31
8. *Au grand magasin* 36
9. *Une chambre d'étudiant* 41
10. *La salle de séjour des Lanier* 45
11. *Dans un «Économat»* 49
12. *Une soirée en famille* 53

13. *Les nouvelles de midi* 58
14. *Consultation chez le Docteur Teste* 62
15. *Le départ en vacances* 66
16. *Au kiosque à journaux* 71
17. *Un amphi* 76
18. *Une villa de banlieue* 81
19. *L'accident* 85

NIVEAU II
1. *Rencontre au «Champo»* 92
2. *Une ferme* 98
3. *Un match de football* 103
4. *Les deux affiches* 108
5. *Au cabaret* 114
6. *Conversations au village* 119
7. *Pierre et Jacqueline* 124
8. *La fête au village* 129
9. *Le Tour de France* 134
10. *Les Mercier au restaurant* 139
11. *Le mariage à la mairie* 144
12. *Le mariage à l'église* 148

NIVEAU III
1. *Les Français et la censure* 155
2. *Les vacances: pour et contre* 158
3. *La grève* 161
4. *Pour et contre la publicité* 164
5. *Les fêtes* 167
6. *Comment se loger: petit débat* 171
7. *Les transports* 175
8. *Le budget de l'étudiant* 179
9. *Le code de la route* 183
10. *Pour et contre le mariage entre étudiants* 187

APPENDICES Tableaux
1. *Unités de mesure usuelles* 192
2. *Unités de mesure des températures* 192

Cartes
1. *La France* 193
2. *Anciennes provinces* 194
3. *Régions économiques et administratives* 195
4. *Paris* 196
5. *Le Métro* 197

VOCABULAIRE 199

Table des matières

Quelques conseils aux usagers

1. *Comment répondre aux questions?*

Response patterns are suggested for all answers in *Niveau I* and for most in *Niveau II*. They circumvent grammatical pitfalls and enlarge the framework of the answer.

Jacques a-t-il demandé qu'on vérifie   Oui, il l'a demandé./   C'est à sa de-
la pression des pneus?   mande que ...

In answering the above a variation (subject, complement, verb) is substituted for the normal syntactical sequence (subject, verb, complement). As an alternate the more complex gallicism is suggested: *C'est ... que ...*

Some cues add or substitute information:

Est-ce que c'est une grippe?   ... simple grippe./   ... bénigne.

The complete answer would be:

Oui, c'est une simple grippe.
Oui, c'est une grippe bénigne.

Nothing prevents the speaker from varying the answer with a different syntactical structure:

Oui, ce n'est qu'une simple grippe bénigne.

Yet another type of answer cue uses direct and indirect discourse:

Le docteur rassure Madame Quillet.   ... en lui disant: «Ne vous ...» /
De quelle façon?   ... en lui disant de ne pas se faire de
*   souci.*

Possible complete answers:

Il la rassure en lui disant: «Ne vous en faites pas, Madame.»
Il la rassure en lui disant de ne pas se faire de souci.

1

In case of a lapse of memory (*défaillance de mémoire*) answer using the components of the question or say that you don't know (have forgotten):

Oui, c'est une grippe. Je crois que c'est une grippe. Je ne sais pas si c'est une grippe. J'ai oublié si c'était une grippe.

The goal, remember, is to keep talking.

2. *Comment utiliser les Schémas d'intonation?*

Each lesson in *Niveau I* contains exercises demonstrating typical intonations characteristic of everyday speech: declarative statements, interrogatives, exclamations, implications, suspensions. The appropriate tonal inflections have been converted to an *approximate* numerical scale ranging from a low of 1 to a high of 8.

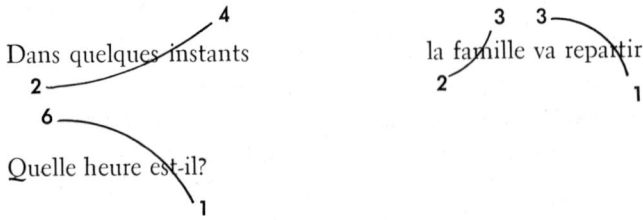

Lessons 15 through 19 review each intonation type.

3. *Comment préparer les leçons?*

1. *Aux Niveaux I et II*

Avant la classe, par exemple: LIRE le TEXTE de la leçon.	*Before class,* for example: READ the TEXT of the lesson.
Répondre ORALEMENT à toutes les questions, en s'entraînant à employer TOUS LES GENRES DE RÉPONSES suggérés.	Answer ORALLY all questions and practice ALL TYPES of suggested ANSWERS.
ou bien	or
LIRE ou ÉCRIRE le TEXTE de la leçon.	READ or COPY the TEXT of the lesson.
Répondre par ÉCRIT aux QUESTIONS D'IDENTIFICATION et ORALEMENT aux autres.	WRITE ANSWERS to the QUESTIONS D'IDENTIFICATION and prepare ORAL responses to the others.

Quelques conseils aux usagers

ou bien encore	or again

Faire ce qui précède.	Do the above.
S'entraîner à POSER soi-même les QUESTIONS à ses camarades.	Practice ASKING one's classmates QUESTIONS.

En classe	*In the classroom*
Livres FERMÉS, le professeur pose les QUESTIONS D'IDENTIFICATION préparées à l'avance.	Books CLOSED, the instructor asks the QUESTIONS D'IDENTIFICATION prepared beforehand.
Livres OUVERTS, le professeur pose les autres questions sur le texte.	Books OPEN, the instructor asks the other assigned questions.
Passant enfin à la leçon du jour il LIT (ou FAIT LIRE) le TEXTE (ou partie du texte).	Turning then to the new assignment he READS (or HAS SOMEONE READ) the TEXT (or part of the text).
Il POSE les QUESTIONS D'IDENTIFICATION, en aidant ses étudiants, s'il le faut, pour s'assurer que l'essentiel du texte a été compris.	He ASKS the QUESTIONS D'IDENTIFICATION, helping his students when necessary, so that he knows they have grasped the essentials of the text.
Il peut demander qu'on IDENTIFIE sur l'IMAGE les différents ÉLÉMENTS qui la composent (personnages, objets, situations ...)	He may ask that the various ELEMENTS in the DRAWING be IDENTIFIED (characters, objects, situations ...)

2. *Au Niveau III*

LIRE le texte et s'entraîner à répondre ORALEMENT ou PAR ÉCRIT aux questions désignées par le professeur.	READ the text and practice ORAL or WRITTEN answers to all questions assigned by the instructor.
Les réponses de Niveau III peuvent souvent consister en PLUSIEURS PHRASES SUCCESSIVES.	Answers to Niveau III may frequently consist of SEVERAL CONSECUTIVE SENTENCES.

Niveau I

1. À la station-service

Une station-service TOTAL. La berline des Mercier devant les pompes à essence, le capot soulevé. Monsieur Mercier en train de converser avec le garagiste et Madame Mercier en train de se maquiller. Les deux enfants sur le siège arrière. Au loin, une station SHELL.

C'est dimanche. La famille Mercier va faire un tour en voiture. Avant de prendre la route, Monsieur Mercier a arrêté sa berline à la station-service pour faire faire le plein d'essence. Il prend du supercarburant qui est un peu plus cher que l'essence ordinaire, mais de bien meilleure qualité. Comme il est prudent, il demande au pompiste, Monsieur Brou, de vérifier le niveau d'huile et la pression des pneus. Celui-ci, très consciencieux, vérifie que tout va bien et assure Monsieur Mercier qu'il peut rouler tranquille. Les enfants, confortablement installés sur le siège arrière, sont impatients de partir à la campagne. Madame Mercier profite de l'arrêt pour retoucher son maquillage. Dans quelques instants la famille va repartir. Par ce beau soleil, ce sera une agréable promenade.

QUESTIONS D'IDENTIFICATION

1. Quel jour est-ce?
   C'est ...
2. Que va faire la famille Mercier?
   Les Mercier ...
3. Quelle voiture a Monsieur Mercier?
   La voiture de Monsieur Mercier est une ...
4. Où se sont-ils arrêtés?
   ... à ...
5. Pourquoi faire?
   Pour faire faire ...
6. Que fait le pompiste?
   Il vérifie ...
7. Quel est son nom?
   Il s'appelle ...
8. Monsieur Mercier a-t-il demandé qu'on vérifie la pression des pneus?
   Oui, il l'a demandé./ C'est à sa demande qu'on ...
9. Le super est-il plus cher que l'ordinaire?
   Oui, ... un peu plus cher que ... / ... à peine plus cher que ...
10. Que fait Madame Mercier pendant ce temps?
    ... elle retouche ...
11. Où sont les enfants?
    Ils sont ...
12. Pourquoi sont-ils impatients de partir?
    ... parce que ce sera une ...

QUESTIONS D'EXPLOITATION

1. Quelle marque d'essence Monsieur Mercier prend-il?
   Il prend du ...
2. Quel carburant est-ce qu'il préfère?
   Il préfère le ... à ...
3. Le super et l'ordinaire sont-ils au même prix?
   Non, le ... moins cher que ...
4. Est-ce qu'il faut employer de l'essence ordinaire pour une voiture de sport?
   Non, il vaut mieux ne pas ... / Il est préférable d' ...
5. Les pompistes vendent-ils seulement de l'essence?
   Non, ils vendent aussi des produits d'entretien et d'équipement, par ex-

1. À la station-service

	emple: des housses, des lampes, des essuie-glaces, des ampoules, des liquides à lustrer ou à nettoyer, des pneus ...
6. Que font les pompistes si on le leur demande?	Ils vérifient le niveau d'huile, le radiateur, la batterie, la pression des pneus./ Ils essuient les glaces./ Ils passent l'aspirateur dans la voiture ...
7. Pour les grosses réparations où faut-il s'adresser?	... au concessionnaire, au carrossier.
8. Y a-t-il des stations-service TOTAL aux U.S.A.?	Non, il n'y en a qu'en ... / ... seulement en ...
9. Et des stations-service ESSO et SHELL en France?	Oui, ... beaucoup ...
10. Monsieur Mercier prend-il soin des pneus de sa voiture?	Oui, ... grand soin ... / Il en fait vérifier régulièrement la ...
11. Est-ce qu'il a raison de le faire?	Oui, il a entièrement raison.
12. Monsieur Mercier sait-il que Monsieur Brou est un homme consciencieux.	Oui, il le sait.
13. Est-ce qu'on peut faire confiance à Monsieur Brou?	Certainement, ... lui faire entière confiance.
14. Monsieur Brou est un homme de confiance. Est-ce le cas de tous les garagistes?	Non, hélas, certains ne sont pas très honnêtes./ Certains ne sont pas des hommes consciencieux.
15. Peut-on faire confiance à quelqu'un qui n'est pas honnête?	Non, on ne peut pas se fier à ...
16. Qu'est-ce que Monsieur Brou dit à Monsieur Mercier?	Il lui dit qu'il peut ...
17. Monsieur Brou s'y connaît-il en mécanique?	Oui, il semble que ... s'y connaisse en ... / Il est difficile de dire si Monsieur Brou s'y connaît en ...
18. Et vous?	Moi, je ... / Quant à moi, je ...
19. Où Madame Mercier est-elle installée?	... sur le siège avant.
20. La famille Mercier est impatiente de partir. Êtes-vous impatient de quitter l'Université ou le collège?[1]	Oui, ... / Non, ...

[1] *Collège*: En France, ce mot désigne un établissement d'enseignement secondaire. On peut y faire à peu près les mêmes études que dans un lycée.

21. Êtes-vous impatient de sortir de classe? Oui, ... très ... / Non, ... pas du tout ... / Oui, il me tarde que la classe soit finie./ Je n'ose pas le dire./ Non, on est bien ici, on apprend quelque chose.

MISE EN PERSPECTIVE

Quelles différences trouvez-vous entre les stations-service françaises et celles de votre pays? Et entre les pompistes des deux pays?

SCHÉMA D'INTONATION

LA PHRASE-EXPOSÉ (*Affirmative ou négative*)[2]—1

EXEMPLE: C'est aujourd'hui samedi.

REMARQUE: Il y a toujours *deux* éléments dans la phrase française, un élément montant (où quelque chose est annoncé, où notre attention est éveillée) et un élément descendant (où notre curiosité est satisfaite).

EXEMPLES: La famille Mercier // va faire un tour en voiture.

Dans quelques instants // la famille va repartir.

EXERCICE: Sur ces modèles, lire à haute voix les phrases suivantes:

1. Voilà // une station SHELL.
2. Le supercarburant // est plus cher que l'ordinaire.
3. Madame Mercier et ses enfants // sont impatients de partir en voiture.
4. On ne peut pas se fier // à un homme qui n'est pas consciencieux.
5. Les pompistes et les garagistes // s'y connaissent en mécanique.

---

[2] Declarative statement.

1. À la station-service

2. La visite du médecin

La chambre du petit Jean-Pierre, le fils des Quillet. Le malade couché dans son lit. Au chevet, le médecin, assis sur une chaise, sa serviette près de lui. A côté, Madame Quillet, l'air tendu. Le médecin tâte le pouls du malade.

Madame Quillet a fait venir le médecin, car son fils Jean-Pierre est tombé subitement malade. Hier il avait trente-neuf de fièvre[1] et ce matin il est resté couché. L'enfant a l'air très fatigué. Il a passé une mauvaise nuit. Sa mère aussi a les traits tirés car elle a veillé toute la nuit. Avant de l'examiner, le médecin s'est demandé si ce n'était pas une grippe bénigne. En effet il y a une épidémie de grippe dans la région en ce moment.

Le médecin tâte le pouls du garçonnet. Ce doit être ça, une simple grippe! «Ne vous en faites pas, Madame, ce n'est pas grave. Laissez votre

[1] La température normale est de 36.6 à 37 degrés.

10

fils se reposer pendant quelques jours, et faites-lui prendre les médicaments que je vais prescrire sur mon ordonnance. Qu'il ne prenne pas froid, surtout!» Elle se demande si l'on sera obligé de transporter Jean-Pierre à la clinique.²

QUESTIONS D'IDENTIFICATION

1. Qui est-ce qui a fait venir le médecin?
   C'est Madame Quillet qui ...
2. Pourquoi l'a-t-elle fait?
   Parce que son fils ... / ... son garçon ... / ... son enfant ...
3. Qu'est-ce que Jean-Pierre avait hier?
   ... un peu de ...
4. Est-ce qu'il a pu se lever ce matin?
   Non, il est resté ...
5. Pourquoi a-t-il l'air très fatigué?
   Il a passé ...
6. Madame Quillet est-elle aussi fatiguée?
   Oui, elle a les ... / Elle est épuisée.
7. Qu'est-ce que le médecin s'est demandé?
   ... si ce n'était pas ...
8. Que fait-il en ce moment?
   Il est en train de ...
9. Est-ce que c'est une grippe?
   Oui, ... simple grippe./ ... bénigne.
10. Est-ce que c'est grave?
    Non, ... sûrement pas!
11. Qu'est-ce que le médecin a dit à Madame Quillet?
    ... «Ne vous ...»

QUESTIONS D'EXPLOITATION

1. Est-ce que Madame Quillet est allée elle-même chercher le médecin?
   Non, elle l'a fait venir./ Elle lui a téléphoné./ Elle l'a appelé.
2. Est-ce que Jean-Pierre était malade avant-hier?
   Non, ... allait très bien./ ... n'avait rien.
3. Depuis quand est-ce qu'il n'est pas bien?
   ... depuis hier./ C'est depuis hier qu' ...
4. Est-ce qu'il avait beaucoup de fièvre hier?
   Non, ... seulement un peu de ... / Il avait trente-neuf de ...
5. Avant d'examiner Jean-Pierre, le médecin sait-il ce qu'il a?
   Non, mais il se demande ... / Il croit que ...
6. Combien de temps Jean-Pierre devra-t-il se reposer?
   ... pendant quelques ... / ... rester couché quelques ...

² *Clinique*: petit hôpital privé.

2. *La visite du médecin*

11

7. Sera-t-il nécessaire de l'hospitaliser?

Heureusement, il ne sera ... / ... ce ... nécessaire.

8. Est-ce qu'il faudra qu'il prenne des médicaments?

Oui, il devra prendre ... / ... en prendre.

9. Est-ce qu'il les prendra lui-même?

Non, c'est sa mère qui les lui fera ...

10. Qu'est-ce qu'il ne faut surtout pas faire quand on a la grippe?

Quand on a ..., il ne faut surtout pas ...

11. Le docteur rassure Madame Quillet. De quelle façon?

... en lui disant: «Ne vous ...» / ... en lui disant de ne pas se faire de souci.

12. Est-ce qu'on fait venir le médecin chaque fois qu'on est malade?

Non, ... pas toutes les fois qu' ...

13. Dans quels cas le fait-on venir?

... pour les maladies graves./ ... quand c'est grave.

14. Est-ce qu'on dort bien quand on a la grippe?

Non, on ne peut pas bien dormir ... / La grippe empêche de ...

15. Est-ce qu'on a l'air reposé après une nuit sans sommeil? Une nuit blanche? Une nuit d'insomnie?

Certainement pas! ... l'air fatigué./ On a les traits tirés./ ... le visage défait.

16. Madame Quillet se faisait-elle du souci avant la venue du docteur?

Oui, avant que le docteur n'arrive, ... / Elle s'inquiétait avant ...

17. Est-il surprenant que Jean-Pierre ait attrapé la grippe? Pourquoi?

Non, ce n'est pas du tout ... qu'il ait ... car ... / Ça n'a rien d'étonnant qu'il ... puisqu'il y a ...

18. Un docteur peut-il savoir exactement ce qu'a un malade avant de l'ausculter? de l'examiner?

Non, ... mais il a parfois une idée./ Oui, car il peut reconnaître les symptômes d'une maladie.

19. Qu'arrive-t-il quand on ne soigne pas une maladie bénigne?

Quand ... il y a des complications./ ... on court le risque de ...

20. Comment peut-on se protéger contre la grippe quand il y a une épidémie?

Pour se protéger contre ... il faut ... / ... il est conseillé de ...

21. Est-ce qu'on peut guérir sans prendre de médicaments?

Non, ... sans prendre de ... / Oui, on peut ... / Non, il est impossible de ... / ... c'est possible.

22. Qu'est-ce qui peut arriver si on prend trop de médicaments?

Si on ... on peut se détraquer l'estomac./ En prenant trop de ... on risque de ...

MISE EN PERSPECTIVE

Qu'est-ce qui inspire confiance en ce médecin? Comment les médecins de chez vous soignent-ils la grippe?

SCHÉMA D'INTONATION

LA PHRASE-EXPOSÉ—2

REMARQUE: Le schéma d'intonation d'une phrase varie suivant le nombre d'éléments qui la composent.

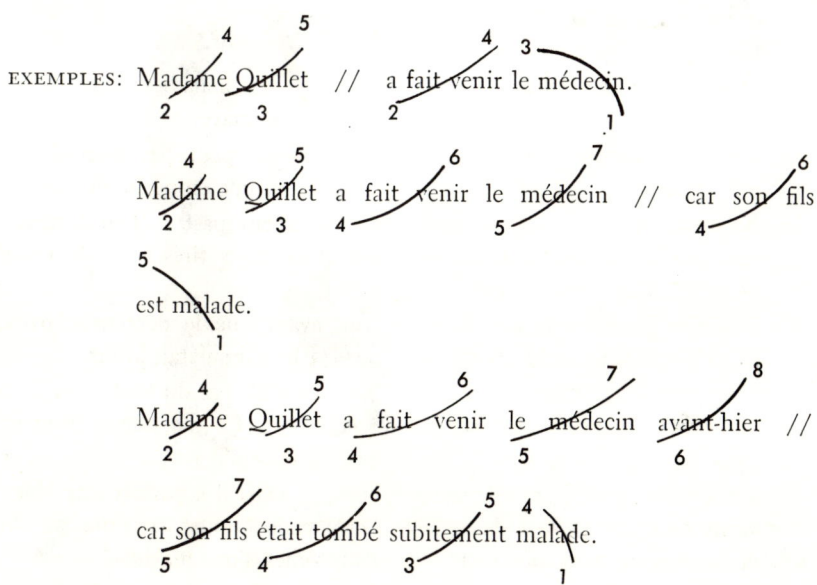

EXERCICE:

1. C'est sans doute // une grippe banale.
2. Ce doit // être ça.
3. L'enfant // n'a pas l'air très fatigué.
4. Il avait un peu de fièvre et ce matin // il est resté couché.
5. Les médicaments que je recommande dans mon ordonnance // devraient lui faire beaucoup de bien.

2. *La visite du médecin*

3. Un renseignement

Devant la Gare de Lyon à Paris. Un voyageur encombré de deux grosses valises, la valise de droite plus lourde que celle de gauche. Un agent, au garde-à-vous, salue. Au deuxième plan, une bouche de métro. A côté, une file de taxis.

Il est 23 h. 40. Un touriste encombré de deux énormes valises demande son chemin à un agent. Celui-ci, en uniforme bleu foncé et coiffé d'un képi, a salué poliment le touriste.

—Je voudrais aller 32 bis rue Raynouard, dans le XVIe.[1] Que dois-je faire, Monsieur l'agent?

—Prenez le métro direction Neuilly jusqu'à l'Étoile. Puis à l'Étoile,

---

[1] *Le XVIe*: un des 20 arrondissements de Paris; un des plus chics (Bois de Boulogne, Trocadéro, Passy, ...).

14

changez et prenez la correspondance direction Nation. Vous descendrez à Passy.

—Est-ce qu'il n'y a pas d'autobus direct? Ce serait plus pratique.

—Non, il n'y a pas de service direct. Si vous êtes pressé, je vous conseille de prendre un taxi. C'est bien plus rapide, surtout à cette heure-ci, mais ce sera un peu plus cher.

—Merci bien, Monsieur l'agent.

—À votre service, Monsieur.

QUESTIONS D'IDENTIFICATION

1. Où sommes-nous?   ... devant ... à ...
2. Quelle heure est-il?   ... 23 h. 40./ ... minuit moins vingt.
3. De quoi le touriste est-il encombré?   ... de deux ...
4. Laquelle des deux valises paraît la plus lourde?   C'est celle de ... qui ...
5. Que fait un agent quand on s'adresse à lui?   ... salue ...
6. Où le voyageur veut-il aller?   Il désire aller ...
7. Quelle ligne de métro lui faut-il prendre?   Il faut qu'il prenne ...
8. À quelle station devra-t-il changer?   Il faudra qu'il ...
9. Quelle direction prendra-t-il ensuite?   C'est la direction ... qu'il ...
10. Où est-ce qu'il doit descendre?   ... à ...
11. Peut-il prendre un autobus direct?   Non, ... parce qu' ...
12. Que lui conseille l'agent?   ... de prendre ...

QUESTIONS D'EXPLOITATION

1. Cet homme pourrait-il marcher longtemps dans Paris?   Non, ... valises trop lourdes.
2. À quoi reconnaît-on un agent?   ... à son uniforme./ ... à son ... et à sa tenue.
3. Quel est la tenue des agents à Paris?   ... képi, tenue bleu foncé, bâton.
4. Quel est le moyen le plus pratique de se déplacer dans Paris?   ... le métro./ ... de prendre ...

3. Un renseignement

5. Y a-t-il une seule classe dans le métro à Paris?

Non, ... a deux classes.

6. Pourquoi l'autobus est-il parfois plus pratique que le métro?

... direct.

7. A-t-on intérêt à acheter les billets de métro ou de bus par carnets? Pourquoi?

Oui, ... sont moins chers./ ... coûtent moins cher.

8. Le métro fonctionne-t-il toute la nuit à Paris?

Non, ... jusqu'à minuit et demi.

9. Et les bus?

Il en est de même pour certaines lignes.

10. Quel est l'avantage de se déplacer en taxi? Et l'inconvénient?

... le confort, ... direct./ ... cher.

11. Si ce voyageur arrivait en pleine nuit, aurait-il le choix entre métro, bus et taxi?

Non, il lui faudrait prendre .../ Il faudrait qu'il prenne .../ Il serait obligé de prendre ...

12. Pourquoi le touriste n'a-t-il pas envie de prendre le métro?

... il y a des correspondances./ ... pas direct.

13. Tous ceux qui travaillent à Paris y habitent-ils aussi?

Non, .../ Bien sûr que non.

14. Où habitent-ils alors?

... en banlieue./ ... aux environs de Paris./ ... dans la périphérie.

15. Le nombre d'habitants à Paris augmente-t-il?

Oui, ... d'environ 300.000 par an.

16. Quelle est la population actuelle de Paris?

... d'environ neuf millions d'habitants./ Paris a environ .../ La population de Paris s'élève à environ ...

17. Préférez-vous habiter une grande ou une petite ville?

Moi, je préfère ...

18. Pourquoi faut-il plus d'argent pour vivre dans une grande ville?

... à cause des loyers plus élevés, des frais de transport, des occasions de sortir, ...

MISE EN PERSPECTIVE

Pourquoi, à première vue, peut-il sembler plus facile de circuler à New-York qu'à Paris?

Niveau I

SCHÉMA D'INTONATION

L'INTERROGATION—1

La réponse à la question est *oui* ou *non*.

EXEMPLES: Puis-je prendre un autobus?

Je peux prendre un autobus?

Est-ce que je peux prendre un autobus?

EXERCICE:

1. Vous arrivez à Paris?
2. Vous venez d'arriver à Paris?
3. Est-ce qu'il n'y a pas d'autobus direct?
4. Il y avait du monde dans le train?
5. Savez-vous où il faut changer pour aller à Passy?

3. Un renseignement

4. L'embouteillage

Un grand carrefour à une heure de pointe. Voitures particulières, autobus, camions. Un cabriolet en panne, une femme au volant. Certains conducteurs ont l'air exaspéré.

Il est dix-huit heures, heure de pointe. La conductrice du petit cabriolet attendait que le feu passe au vert pour traverser le carrefour. En démarrant, elle a calé son moteur. Impossible de remettre la voiture en marche! L'agent, furieux, s'est mis alors à gesticuler, à siffler, à hurler. Il a quitté son poste d'observation au milieu du carrefour et s'est avancé, excédé, vers la jeune femme, en lui ordonnant de circuler. Quand il a enfin compris que la pauvre dame était en panne, il a demandé à quelques passants de l'aider à pousser la petite voiture afin de la ranger le long du trottoir. La conductrice, très vexée, se rend compte que sa voiture a paralysé la circulation et qu'elle a causé, en un clin d'œil, un énorme embouteillage. Elle ne sait plus où se mettre!

Niveau I

«Comment est-ce possible? Tout cet embouteillage!, se lamente-t-elle. C'est pourtant une si petite voiture!»

QUESTIONS D'IDENTIFICATION

1. Quelle heure est-il?
   ... 18 h./ ... 6 h. du soir.
2. Est-ce qu'il y a beaucoup de circulation à ce moment-là?
   Oui, c'est une heure de ...
3. Quel genre de voiture cette jeune femme conduit-elle?
   C'est un ...
4. Qu'est-ce que la dame attendait pour traverser?
   ... le feu vert./ ... que le feu passe ...
5. Qu'a-t-elle fait en démarrant?
   ... calé ...
6. Qu'a fait alors l'agent?
   Il s'est mis à ...
7. Où se trouvait-il?
   ... à son ...
8. Et où se trouvait son poste d'observation?
   ... au milieu ...
9. Qu'est-ce que l'agent a fait ensuite?
   Il a quitté ... / Il s'est avancé vers ...
10. Est-ce que l'agent a poussé la voiture tout seul?
    Non, il a demandé à ... de ...
11. De quoi la conductrice se rend-elle compte?
    ... que ...
12. Est-ce qu'il a fallu longtemps pour causer cet embouteillage?
    Non, ... très peu de temps ... / Il a suffi d'un clin d'œil ...

QUESTIONS D'EXPLOITATION

1. Y a-t-il toujours autant de voitures qui circulent dans les rues de Paris?
   Evidemment non, il y en a moins aux heures creuses.
2. Cette dame est-elle une bonne conductrice? Pourquoi?
   Non, elle est plutôt maladroite (gauche) parce qu'elle ...
3. Quand un moteur cale, c'est dû à quoi en général?
   ... au fait qu'on n'a pas assez accéléré./ ... qu'on a embrayé trop vite ... / ... qu'on a noyé le carburateur.
4. Croyez-vous que l'agent ait l'intention de donner une contravention à la jeune femme?
   Non, ce serait étonnant qu'il lui donne ...

4. *L'embouteillage*

5. Pourquoi? — Ce n'était pas de sa faute./ Elle ne l'a pas fait exprès.
6. Et si elle était passée au feu rouge? — Alors, elle aurait eu une .../ ... l'agent lui aurait donné ...
7. L'agent était-il content? — Non, ... furieux contre elle.
8. Comment s'est manifesté son mécontentement? — ... par des cris, des ...
9. A-t-il compris tout de suite ce qui se passait? — Non, ... au bout d'un certain temps./ Il lui a fallu un certain temps pour comprendre ...
10. Aurait-il pu pousser la voiture tout seul? — Sans doute, parce que c'était une voiture légère.
11. Pourquoi a-t-il demandé à des passants de l'aider? — ... pour aller plus vite.
12. Qu'est-ce que la dame éprouve? — ... de la gêne./ Elle est très gênée.
13. Qu'est-ce qu'elle n'arrive pas à comprendre? — ... comment elle a pu causer un tel embouteillage avec une si petite .../ ... un si énorme ... avec une si petite .../ ... tout cet embouteillage ...
14. Est-ce que le petit cabriolet est une voiture de grand luxe? — ... pas du tout ...
15. Est-ce qu'on en voit dans votre pays? — Oui, ... beaucoup./ ... pas mal./ Non, ... de moins en moins.
16. Nommez quelques marques de voitures de grand luxe. — On peut citer les ...
17. En dehors des heures de pointe, connaissez-vous d'autres moments dans l'année où la circulation est difficile? — Oui, ... à l'époque des fêtes./ ... des départs en vacances.
18. En France, quand deux voitures arrivent ensemble à un carrefour, laquelle a la priorité? — Celle qui a la voie libre à droite .../ La priorité est à celle de droite./ C'est celle qui n'a pas d'autre voiture à droite qui a la priorité.
19. Est-ce que les feux rouges dans une ville fonctionnent au hasard? — Cela dépend. Parfois ils sont synchronisés.
20. Est-ce qu'il vous est déjà arrivé de brûler un feu rouge? — Oui, ... une fois./ ... plusieurs fois .../ Non, ... jamais ...
21. L'aviez-vous fait exprès? — Oui, ... / Non, ...
22. Qu'auriez-vous fait si vous aviez eu une crevaison à ce carrefour à l'heure de pointe? — ... rangé la voiture le long du trottoir./ ... demandé à quelqu'un de m'aider./ ... téléphoné à un service de dépannage.

Niveau I

23. Comment peut-on qualifier de ... embarrassantes./ ... difficiles./
    semblables situations? ... ridicules./ ... vexantes.

MISE EN PERSPECTIVE

Les heures de pointe chez vous sont-elles les mêmes qu'à Paris? Expliquez.

SCHÉMA D'INTONATION

L'INTERROGATION—2

On ne peut pas y répondre par *oui* ou *non*.

EXEMPLE: Quelle heure est-il?

À qui ferez-vous croire cela?

EXERCICE:

1. Qui conduisait cette voiture?
2. Pourquoi êtes-vous passé au feu rouge?
3. Comment se fait-il qu'il y ait tant de monde ici?
4. Qu'est-ce que vous voulez que ça me fasse?
5. Qu'est-ce que vous avez fait de votre permis de conduire?

5. Un F3

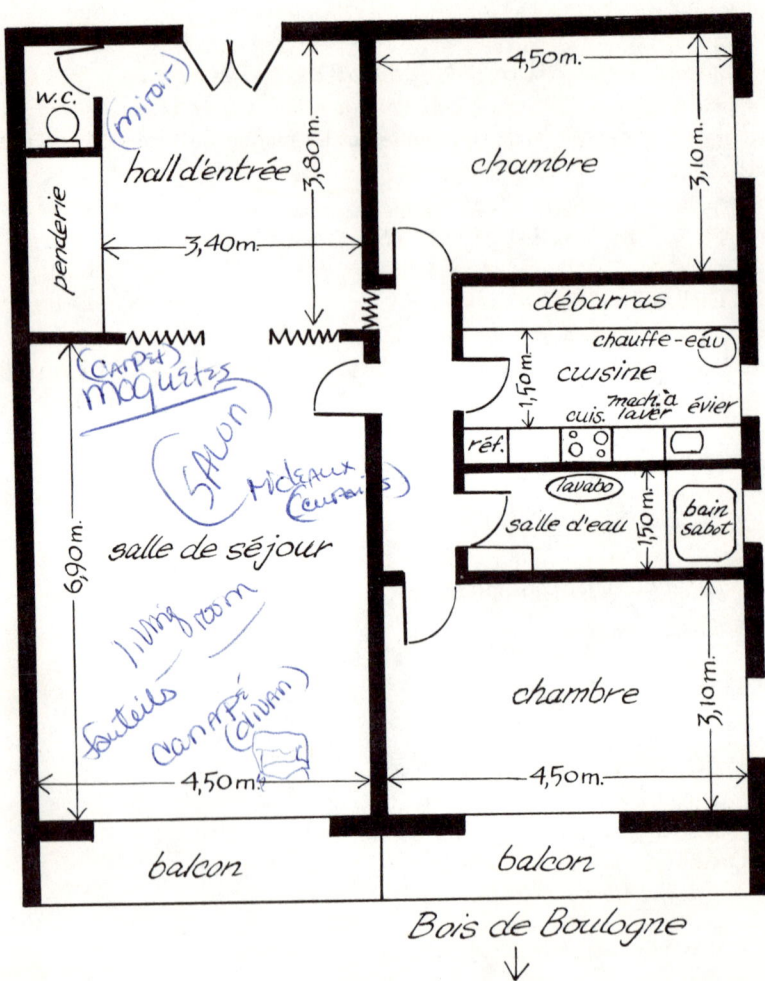

Plan d'un F3:[1] salle de séjour, cuisine, deux chambres à coucher, hall, débarras, penderie, salle d'eau, w. c., balcon.

Les Mangot viennent d'acheter ce logement F3 en face du Bois de Boulogne,[2] dans un grand immeuble en copropriété. Pour y arriver, il faut passer

[1] *F3:* formule qui désigne un logement à trois pièces principales.
[2] *Bois de Boulogne:* immense bois à l'ouest de Paris, bordé par la Seine et les banlieues de Neuilly, d'Auteuil, de Saint-Cloud et de Suresnes.

22

devant la loge du concierge et prendre l'ascenseur jusqu'au cinquième. Le vaste hall d'entrée peut servir de salle à manger quand on reçoit des invités. D'habitude, les Mangot prennent leurs repas dans la salle de séjour.

Dans la cuisine Madame Mangot trouve des appareils modernes bien pratiques: cuisinière à gaz, réfrigérateur, chauffe-eau électrique, machine à laver automatique. Elle n'a même pas eu à les acheter car la cuisine, dans ces appartements, est livrée entièrement équipée. A côté, dans la salle d'eau minuscule, il y a juste la place pour un lavabo et un bain-sabot. Pour le rangement, on dispose d'une penderie, d'un débarras et d'une cave au sous-sol.

Comme la plupart des immeubles parisiens, celui-ci n'est pas climatisé. D'ailleurs, ce n'est pas indispensable. Ce qui fait le charme de cet appartement, c'est le grand balcon où les Mangot s'installent quand il fait beau, et d'où l'on a une vue magnifique sur le Bois. Un seul ennui: le fils des voisins apprend à jouer de la trompette ... et les Mangot n'ont pas d'enfant!

QUESTIONS D'IDENTIFICATION

1. Dans quel genre d'immeuble se trouve l'appartement des Mangot?   ... dans un immeuble en ...
2. A quel étage est-il?   ... au ...
3. De quoi est-ce que le hall peut servir quand il y a des invités?   Il sert de ... / On l'utilise comme ...
4. D'habitude, dans quelle pièce les Mangot prennent-ils leurs repas?   ... dans la salle ...
5. Énumérez les appareils qu'on trouve dans la cuisine.   (cuisinière à gaz, réfrigérateur, chauffe-eau électrique, machine à laver automatique)
6. Est-ce que la salle d'eau est une grande pièce?   Non, au contraire, ...
7. Où les Mangot peuvent-ils descendre pour ranger certaines affaires?   ... à la cave, au sous-sol.
8. Sur quel parc donne l'appartement?   ... sur le Bois ...
9. Où habite le concierge?   ... dans une loge à proximité de l'entrée.
10. Qu'est-ce qui fait le charme de cet appartement?   C'est le ...

5. Un F3

11. Les Mangot ont-ils des voisins?   ... en ont.
12. Que fait le fils des voisins?   ... apprend à jouer de la ...
13. Combien de chambres à coucher y a-t-il dans cet appartement?   Il y a ...
14. Quelles sont les dimensions de la salle de séjour?   (Voir le plan.) Elle mesure ... mètres sur ... / Elle fait ... mètres sur ...

QUESTIONS D'EXPLOITATION

1. Comptez les pièces principales sur le plan et expliquez ce qu'est un F3.   Je compte ... / La formule F3 désigne ...
2. Que signifie alors F4 ou F5?   La formule F4 désigne ...
3. Quelles sont les fonctions d'un (ou d'une) concierge?   ... distribue le courrier, surveille les entrées et les sorties, nettoie les escaliers, ... / ... est chargé de distribuer ...
4. Dans les grands immeubles, y a-t-il un concierge?   Oui, dans presque tous ...
5. Tous les appartements de Paris sont-ils aussi grands et agréables que celui-ci?   Non, il y en a qui ... minuscules et déprimants.
6. Pourquoi celui-ci est-il particulièrement agréable?   ... il donne sur ... / ... le balcon donne sur ...
7. Quel est le seul ennui dans cet appartement?   ... est que le fils des voisins ... / ... que les voisins ont un fils qui apprend à jouer ... / ... qu'il faut supporter le fils des voisins qui ...
8. Pourquoi cette situation est-elle particulièrement pénible?   ... parce que les Mangot n'ont pas d'enfant qui ennuie les voisins./ ... sont obligés de supporter l'enfant des voisins.
9. Dans les ensembles modernes, est-ce que les architectes aménagent des garages et des parkings?   Oui, c'est indispensable aujourd'hui.
10. Croyez-vous que cet appartement soit confortable?   Oui, je crois qu'il est ... / Non, je ne crois pas qu'il soit ... / Je ne suis pas sûr qu'il soit ...
11. Faut-il donner quelque chose au   Oui, cela se fait./ C'est dans les

Niveau I

concierge au moment des fêtes de fin d'année?	habitudes./ C'est la coutume./ On peut lui offrir un petit cadeau, des étrennes.
12. Les charges (chauffage, eau, gaz, électricité, taxes, ...) sont-elles plus élevées dans un grand appartement?	Évidemment, elles ... / ... plus onéreuses ...
13. Où Madame Mangot peut-elle ranger son aspirateur?	... dans un placard ou dans un débarras.
14. Quelle est la surface de la salle de séjour?	Elle mesure ... en mètres carrés (m^2).
15. Madame Mangot a-t-elle une machine à laver la vaisselle?	Non, ... pas encore de ...
16. Est-ce qu'à Paris certains immeubles sont climatisés?	Oui, mais ils sont très peu nombreux.
17. Pourquoi n'est-il pas indispensable que les immeubles soient climatisés en France?	... à cause du climat tempéré./ ... parce que le Français n'est pas très exigeant sur certaines questions de confort.

MISE EN PERSPECTIVE

Comparez cet appartement et ceux du même genre dans votre pays. Vous semble-t-il aussi confortable?

SCHÉMA D'INTONATION

LA SURPRISE ou L'ÉTONNEMENT—1

La montée est légère (à la différence de l'interrogation).

EXEMPLE: (*interrogation*) C'est près du Bois de Boulogne?

(*surprise*) C'est près du Bois de Boulogne!

5. Un F3

EXERCICE:

1. Ils ont un F3? Ils ont un F3!
2. Il y a si peu de place que cela? Il y a si peu de place que cela!
3. L'appartement n'est pas climatisé? L'appartement n'est pas climatisé!
4. Il y a un ascenseur dans leur immeuble? Il y a un ascenseur dans leur immeuble!
5. On peut voir les allées du Bois de leur balcon? On peut voir les allées du Bois de leur balcon!

6. Aux sports d'hiver

Une piste de ski. Des skieurs qui descendent en slalom. Un autre groupe de skieurs en train d'apprendre à descendre sous la conduite d'un moniteur. Au fond un remonte-pente. Les maisons du village. Les hôtels en bordure de la piste.

Le village de Samoëns[1] est une petite station de sports d'hiver. Il n'y a que trois hôtels. Ils sont bondés dès le début de la saison, car les gens viennent ici de plus en plus nombreux chaque année. Les autres stations à la mode sont hors de prix mais on ne s'y amuse pas davantage. Il y a ici, depuis peu, un remonte-pente très pratique et pas cher du tout: un franc par siège. De plus, les pistes sont bien aménagées et très bien balisées.

Les Renouvier sont là depuis trois jours. Ils perfectionnent leur slalom. Leur fils Michel suit des cours pour débutants dans une école de ski. Un moniteur les entraîne deux heures chaque matin. Les voici en train d'ap-

[1] *Samoëns*: petite station en Haute-Savoie entre Morzine et Megève.

27

prendre à s'accroupir sur leurs skis avant de descendre. A la fin du séjour les Renouvier auront fait une cure d'air pur et de soleil. Il y aura sans doute des jambes et des bras cassés, des chevilles foulées, mais quel bronzage, quelle forme et quelle belle provision de souvenirs!

QUESTIONS D'IDENTIFICATION

1. Combien d'hôtels y a-t-il dans cette petite station? — Il y en a ...
2. Les gens sont-ils nombreux ici? — Oui, ... de plus en plus ...
3. Est-ce qu'on s'amuse davantage dans les autres stations? — Non, ... pas davantage./ La station de Samoëns est aussi agréable que les autres.
4. Depuis combien de temps y a-t-il un remonte-pente ici? — Depuis peu .../ C'est seulement depuis peu qu' ...
5. Combien faut-il payer pour l'utiliser? — ... seulement .../ Il suffit de payer ...
6. Dans quel état sont les pistes à Samoëns? — ... bien ... et bien .../ ... en excellent état.
7. Depuis combien de temps les Renouvier sont-ils là? — ... depuis .../ Il y a ... qu'ils ...
8. Que font Monsieur et Madame Renouvier en ce moment? — Ils sont en train de ...
9. Et Michel? — Michel, lui, est ...
10. Que fait le moniteur chaque matin? — Il entraîne les ...
11. Pendant combien de temps le moniteur les entraîne-t-il? — ... pendant deux heures./ ... deux heures.
12. Quels accidents arrivent souvent en montagne? — On se casse un bras, une jambe./ On se foule une cheville./ Il arrive parfois qu'on se casse ...
13. Qu'est-ce que les Renouvier rapporteront de leurs vacances en montagne? — ... un beau bronzage et une belle provision de ...
14. En quelle forme seront les Renouvier à la fin de leur séjour? — ... en pleine ...

QUESTIONS D'EXPLOITATION

1. Y a-t-il beaucoup de monde dans ces trois hôtels? — Oui, ... bondés.

Niveau I

2. Les gens venaient-ils nombreux ici autrefois? — Non, ... pas aussi nombreux qu'aujourd'hui.
3. Pourquoi viennent-ils ici de plus en plus? — ... parce que ... / ... à cause de ...
4. Que fallait-il faire autrefois quand il n'y avait pas de remonte-pente? — ... remonter à ski./ ... à pied.
5. Combien de personnes peuvent utiliser le même siège? — Deux ... / Le siège peut recevoir ...
6. Y a-t-il longtemps que les Renouvier sont arrivés? — ... pas longtemps ... / Il n'y a que ... que ...
7. Savaient-ils skier avant d'arriver ici? — Oui, ... déjà un peu ...
8. Étaient-ils de bons skieurs? — Non, ... car ...
9. Et Michel, est-ce qu'il savait skier? — Non, ... pas du tout ... / ... débutant.
10. Les débutants que vous voyez ici ont-ils tous le même âge? — Non, ... d'âge différent./ ... de tous les âges.
11. Les leçons pour débutants ont-elles lieu l'après-midi? — Non, c'est le matin que ...
12. Est-il difficile de s'accroupir sur les skis? — Oui, ... assez ... / Beaucoup trouvent ...
13. Est-il facile de trouver une chambre dans un hôtel de Samoëns pendant la saison des sports d'hiver? — ... assez difficile ... / ... réserver longtemps à l'avance./ ... retenir ...
14. Les prix sont-ils les mêmes en hiver qu'en été? — ... plus élevés.
15. Pourquoi paie-t-on plus cher dans les autres stations? — ... plus à la mode./ ... plus chic.
16. Samoëns a-t-elle les avantages d'une grande station? — ... certains ... / ... d'autres avantages.
17. Pourquoi est-ce qu'on va aux sports d'hiver? — ... on aime le ski./ ... pour faire une cure d'air pur./ ... pour se reposer./ ... c'est la mode maintenant.
18. Les gens des villes ont-ils besoin de respirer de l'air pur? — ... grand besoin ... / ... nécessité ...
19. Le climat de montagne est-il sain? — ... très ... / ... parce que l'air ...
20. A votre avis, ces cours pour débutants sont-ils gratuits? — ... sans doute payants.

6. Aux sports d'hiver

21. N'importe qui peut-il se payer des vacances à la montagne? Beaucoup ... / De plus en plus de personnes ... / ... de gens ...
22. Le ski est-il un sport dangereux comme le disent certains? Oui, il peut l'être./ Non, ... à condition de prendre certaines précautions.
23. Quels conseils donneriez-vous à quelqu'un qui veut faire du ski. (faire de la gymnastique préparatoire, des exercices d'assouplissement; commencer très jeune; ne pas s'aventurer tout de suite sur les pistes les plus avancées.)

MISE EN PERSPECTIVE

Avez-vous autant d'occasions d'aller aux sports d'hiver que les Français? Comment cela s'explique-t-il?

SCHÉMA D'INTONATION

LA SURPRISE ou L'ÉTONNEMENT—2

L'étonnement porte sur *deux* éléments distincts.

EXEMPLE: Il n'y a que trois hôtels, // et c'est tout!

EXERCICE:

1. Un remonte-pente, // et pas cher du tout!
2. Un franc, // par siège!
3. Il suit des cours, // dans une école de ski!
4. En pleine forme, // après tant d'efforts!
5. Son père ne sait pas skier, // et sa mère non plus!

Niveau I

7. Après l'examen

La cour du lycée à l'heure de la sortie. Au premier plan Patrice et Gilbert (17 ans environ). Gestes violents de Patrice, expression de colère sur son visage. Au second plan, la loge vitrée du concierge. Un panneau d'affichage, portant des listes de noms. La foule des autres élèves.

PATRICE: Ils m'ont collé,[1] dis donc! Les vaches! Huit sur vingt[2] à l'écrit seulement! Je viens de recevoir le relevé des notes. Et pourtant j'avais bien travaillé toute l'année.

GILBERT: Quelle malchance tu as eue, mon pauvre Patrice! Moi, j'ai eu de la veine.[3] J'ai appris ma note grâce à un professeur. J'ai eu treize de moyenne à l'écrit! Pourtant, tu sais, je croyais avoir raté ma dissertation sur Pascal et la science moderne. Dans huit jours je passe l'oral.

---

[1] *Coller, être collé*: expressions d'argot, jargon des étudiants—ne pas réussir à un examen, échouer.

[2] *Huit sur vingt*: Pour réussir à cet examen, Patrice aurait dû avoir la moyenne (10 sur 20).

[3] *Avoir de la veine*: avoir de la chance.

PATRICE: Qu'est-ce que je vais entendre à la maison ce soir! Je n'ose même pas rentrer!

GILBERT: Ne te fais pas de bile! Puisque tu as huit, tu n'auras pas besoin de redoubler en septembre.

PATRICE: C'est vrai, ça me rassure un peu. Et puis on ne sait jamais. J'ai encore une petite chance. Je vais demander au concierge s'il connaît déjà la date des repêchages.[4] Alors, bonne chance pour l'oral, mon pote. Et n'oublie pas de m'inviter quand tu célèbreras ton succès!

QUESTIONS D'IDENTIFICATION

1. Patrice est-il reçu ou collé? — Il est ...
2. Quelle moyenne a-t-il eue à l'écrit? — ... 8 sur 20 ... / ... n'a eu que 8 de moyenne.
3. Avait-il pourtant bien travaillé? — Oui, il avait ...
4. Est-ce qu'il a eu de la chance? — Non, ... pas de ... / ... de la malchance.
5. Pourquoi Gilbert peut-il être content? — Il est reçu ... / Il a eu ...
6. Est-ce qu'il a eu de la chance, lui? — Oui, lui, il a eu ...
7. Quel était le sujet de la dissertation? — ... était: «Pascal ...» / La dissertation était sur Pascal ... / C'était un sujet sur ...
8. Quand Gilbert passera-t-il l'oral? — ... dans ...
9. Est-ce que les parents de Patrice seront contents? — Non, ... furieux./ ... en colère./ ... consternés./ ... déçus.
10. Pourquoi Patrice a-t-il peur de rentrer chez lui? — ... à cause de la réaction de ses parents./ Ses parents vont sans doute le sermonner./ Il va passer un mauvais quart d'heure.
11. Comment pourra-t-il se rattraper? — ... repasser l'examen./ ... passer l'examen de rattrapage./ ... en passant ...
12. A-t-il encore une petite chance avec les repêchages? — Oui, il a même une assez bonne ...
13. A qui va-t-il demander la date des repêchages? — ... au ...

[4] *Repêchages*: examens de rattrapage pour ceux qui ont eu une note légèrement inférieure à la moyenne, et qui sont refusés.

Niveau I

QUESTIONS D'EXPLOITATION

1. Patrice est-il content et de bonne humeur?
   Non, ... mécontent./ ... de mauvaise humeur.
2. Les examens du baccalauréat sont-ils difficiles?
   Oui, ... mais peut-être moins qu'autrefois.
3. A quel âge passe-t-on le baccalauréat?
   ... vers 17–18 ans.
4. Qui prépare les sujets d'examens?
   Ce sont les professeurs qui ... / C'est un groupe de professeurs qui est chargé de préparer ...
5. Les élèves connaissent-ils à l'avance les sujets du baccalauréat?
   Non, certainement pas.
6. En France, on donne des notes chiffrées aux devoirs (par exemple 12 sur 20). Aimeriez-vous voir ce système introduit dans votre pays?
   Oui, ce serait un changement salutaire (amusant, positif)./ Non, je suis plutôt conservateur./ A quoi bon changer de système?
7. Est-ce qu'on refuse au bac tous les élèves qui n'ont pas la moyenne?
   Non, il y a les repêchages.
8. Qu'est-ce qu'on peut faire si on a 8 ou 9 sur 20?
   ... repasser les épreuves./ On peut être repêché./ On n'est pas obligé de redoubler.
9. Et si on obtient une note inférieure à 8?
   ... il faut ... / On est obligé de ...
10. Pourquoi les parents de Patrice seront-ils fâchés de l'échec de leur fils?
    ... il a travaillé./ ... il méritait de réussir./ ... les études coûtent cher.
11. Est-ce que ce sont toujours les meilleurs qui réussissent à un examen?
    Non, ... pas toujours ... / Il arrive que des élèves médiocres soient reçus./ ... que de bons élèves soient refusés./ ... échouent.
12. Gilbert, à quoi doit-il sa réussite?
    Il dit qu'il la doit à ... / Il dit qu'il a eu ...
13. Comment essaye-t-il de consoler Patrice?
    ... en lui disant: «Ne te ...» / ... en lui disant de ne pas se faire de ...
14. Est-ce que ce serait une bonne chose que de supprimer tous les examens, tous les tests?
    Oui, ... / Non, ...

7. Après l'examen

15. Devrait-on supprimer les notes également? Oui, ... / Non, ...
16. Si on les supprimait, qu'est-ce qu'on mettrait à leur place? ... des appréciations non chiffrées, comme par exemple: reçu, admis, refusé, non admis, reçu avec mention, avec excellence ...

MISE EN PERSPECTIVE

Trouvez-vous quelques aspects du système scolaire français supérieurs au vôtre? Lesquels?

SCHÉMA D'INTONATION

L'EXCLAMATION—1

Allure générale *descendante* dans toutes les phrases exclamatives. Légères *nuances* d'un genre de phrase à l'autre.

A. *Phrases légèrement exclamatives:* pas de termes proprement exclamatifs, pas d'intensité particulière, à peine plus d'emphase que dans la phrase-énoncé.

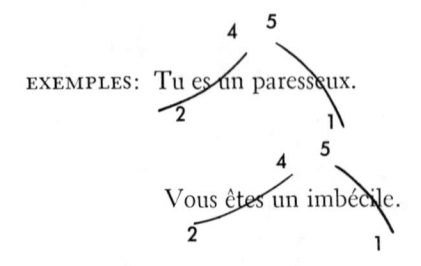

EXEMPLES : Tu es un paresseux.

Vous êtes un imbécile.

EXERCICE :

1. Il a été collé à son examen.
2. Les sujets ont été terriblement difficiles.

B. *Phrases plus nettement exclamatives:* plus émotives, mais sans terme exclamatif.

EXEMPLES: Tu c̲e̲ un pa̲ress̲eux!

Vous êtes un imbé̲cile!

EXERCICE:

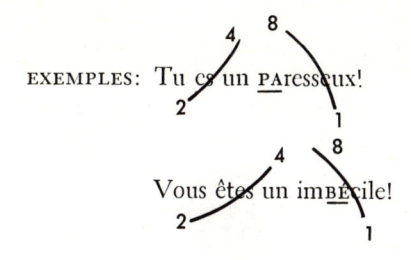

1. Il a été co̲llé à son examen!
2. Les sujets ont été te̲rriblement difficiles!
3. Elle n'a eu que ci̲nq sur vingt à l'écrit!
4. Les va̲ches, les bru̲tes!

7. *Après l'examen*

8. Au grand magasin

Le rayon d'ameublement des Galeries Lafayette.[1] Un couple d'une quarantaine d'années. Le vendeur zélé, carnet de commande à la main. Les meubles disposés en allées: canapés, fauteuils, lampes, lampadaires, buffets, salles à manger, chambres à coucher, ...

Monsieur et Madame Ponchon ont déjà passé trois heures à chercher des meubles pour leur nouvelle maison. Ils ont demandé au vendeur de leur

[1] *Galeries Lafayette*: grand magasin parisien, ne vend que des articles de bonne qualité, a des succursales en province et à l'étranger.

montrer presque tout ce qu'il a en rayon. Pour commencer, ils ont voulu acheter un imposant canapé marron clair à quatre places. Puis, Madame Ponchon a aperçu deux poufs moutarde irrésistibles. «Ce sera le clou de notre salon, chéri!», a-t-elle crié. Enfin elle a choisi des fauteuils anglais,[2] des lampadaires Art Nouveau,[3] un immense tapis persan, un buffet Empire[4] en ébène et deux tables de nuit Louis XVI.[5]

Monsieur Ponchon, en bon mari discipliné, ne s'oppose pas aux désirs de sa femme. Pourtant il se demande avec inquiétude comment il fera pour payer la facture. Le vendeur, lui, n'en revient pas. Jamais il n'a vendu autant de meubles en si peu de temps. Les problèmes financiers de Monsieur Ponchon l'intéressent peu. Il ne pense qu'à fixer la date de livraison.

Monsieur Ponchon hasarde timidement: «Tu ne crois pas que nous pourrions attendre pour acheter le buffet?»

«Ah! certainement pas! Je préfère l'acheter aujourd'hui, même si je devais ensuite danser devant!»[6]

QUESTIONS D'IDENTIFICATION

1. Dans quel magasin sommes-nous?	Nous ... / Ce sont les ...
2. Qui est-ce qui parle au vendeur?	Un couple d'une quarantaine ...
3. Dans quel rayon sont-ils?	... des meubles./ ... d'ameublement.
4. Depuis combien de temps sont-ils là?	... depuis trois ...
5. Qu'est-ce qu'ils ont demandé à voir?	... tout ce que le vendeur a en rayon.
6. L'imposant canapé était-il de couleur claire ou de couleur foncée?	... marron ...
7. Qu'est-ce que Madame Ponchon a aperçu ensuite?	... poufs moutarde.
8. Comment les a-t-elle trouvés?	... irrésistibles.
9. Qu'est-ce qu'elle a crié à son mari?	...: «Ce sera, chéri, le clou ...»

[2] *Fauteuils anglais*: Ce terme désigne des fauteuils très rembourrés aux contours arrondis.

[3] *Art Nouveau*: un des styles en vogue au début du siècle.

[4] *Empire*: le dernier des grands styles, évoque les expéditions de Napoléon Ier en Égypte.

[5] *Louis XVI*: roi de France en 1774, décapité en 1793.

[6] *Danser devant le buffet*: n'avoir rien à manger.

10. Quels autres meubles a-t-elle choisis? (fauteuils anglais, buffet Empire en ébène, tapis persan, lampadaires Art Nouveau, tables de nuit Louis XVI)
11. Est-ce que Monsieur Ponchon s'oppose aux désirs de sa femme? Non, en bon mari discipliné ...
12. Pourra-t-il payer la facture sans difficulté? Non, il se demande comment il fera pour ...
13. Le vendeur a-t-il les mêmes soucis? Non, le vendeur, lui ...
14. A quoi pense-t-il? ... à fixer la date de livraison.
15. Que demande Monsieur Ponchon à sa femme? ... «Tu ne crois pas ...» / ... si elle ne croit pas qu'ils pourraient ...
16. Que répond-elle? ... «Je préfère ...» / ... qu'elle préfère l'acheter ... même si elle devait danser ... / ... quand elle devrait danser ...

QUESTIONS D'EXPLOITATION

1. Trouve-t-on des Galeries Lafayette ailleurs qu'à Paris? Oui, ... dans les grandes villes de province (par exemple, à Marseille, à Lyon et à Bordeaux) ainsi qu'à l'étranger.
2. A quels grands magasins américains, canadiens ou britanniques peut-on comparer les Galeries? On peut les comparer à ...
3. Quels meubles choisiriez-vous pour un salon? Moi, je choisirais ...
4. A quelle époque est-ce que le style Empire a été créé? ... à l'époque napoléonienne./ ... à la fin du dix-huitième siècle et au début du dix-neuvième siècle.
5. Et l'Art Nouveau? ... au début du vingtième siècle.
6. Est-ce que Madame Ponchon avait un faible pour les poufs moutarde? Oui, ... irrésistibles./ Elle avait un penchant pour ...
7. Si Monsieur Ponchon ne peut pas payer comptant, qu'est-ce qu'il fera? ... payer à crédit./ ... à tempérament.
8. Est-ce qu'on ferait crédit à quelqu'un qui n'a pas d'emploi régulier? Non, pour avoir du crédit il faut ... / Pour qu'on vous fasse ... il faut ... / ... il ne faut pas être chômeur.

Niveau I

9. Si Monsieur Ponchon ne payait pas ses meubles, que ferait le magasin?

Il les reprendrait./ ... enverrait un huissier chez Monsieur Ponchon.

10. Préférez-vous les styles contemporains aux styles d'époque?

J'aime mieux ... que ...

11. Selon vous, quelle sorte de gens sont les Ponchon?

... ils ont un air très bourgeois./ Ils forment un couple excentrique./ Je trouve les goûts de Madame Ponchon très bizarres.

12. Est-ce qu'un mari doit toujours se plier aux désirs de sa femme?

Naturellement, .../ Mais non, ce serait une faiblesse de sa part./ Cela dépend de la situation.

13. Que doit faire un mari devant les extravagances de sa femme?

... s'opposer aux ... / ... mettre un terme aux ... / ... essayer de lui faire entendre raison.

14. Peut-on mettre en contraste les caractères de Monsieur et de Madame Ponchon?

Oui, Monsieur Ponchon est timide, alors que Madame est autoritaire (dure, décidée).

15. Approuvez-vous le comportement de Monsieur Ponchon?

Non, je le trouve ridicule./ Il est beaucoup trop passif./ Il se laisse mener par sa femme./ Oui, il n'aime pas discuter avec elle en public./ Il est dévoué à sa femme./ Il se laisse mener par le bout du nez./ Il a tort, s'il continue à ...

MISE EN PERSPECTIVE

Que dirait Monsieur Ponchon s'il était un peu moins docile?

SCHÉMA D'INTONATION

L'EXCLAMATION—2

A. *Phrases très fortement exclamatives:* exprimant une forte émotion, comportant *un mot exclamatif* (e.g. interjection, adjectif exclamatif, etc.).

EXEMPLES: Quel beau fauteuil!

8. *Au grand magasin*

Oh! qu'il était beau!

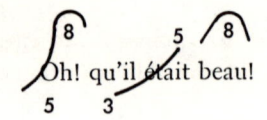

EXERCICE:

1. Comme j'ai envie de ce buffet Empire!
2. Oh! que Madame est enthousiaste!

B. *Phrases très fortement exclamatives,* mais comportant *une proposition incise.*

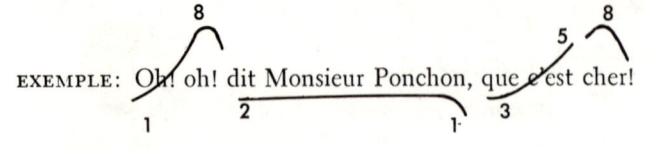

EXEMPLE: Oh! oh! dit Monsieur Ponchon, que c'est cher!

EXERCICE:

1. Ah! quelle classe a ce fauteuil, dit-il, quelle grâce!
2. Bigre! s'exclama-t-il, comme c'est vilain!
3. Dis donc! lança-t-il à sa femme, comme tu y vas!
4. Trois mille francs! s'écria-t-elle, quelle audace!

9. Une chambre d'étudiant

Une chambre mansardée. Table de travail, lit à une place, lucarne, malle, lavabo, abat-jour, articles de toilette sur une étagère, chaise, radiateur, tapis, gravures et photos. Sur la table: courrier, notes, stylos à bille, gomme, dictionnaires, rouleau de scotch, réveille-matin, trombones.

Robert Lincoln, étudiant américain en stage à Toulouse, vit dans cette chambre depuis trois mois. Il a rangé sa malle dans un coin. Elle lui sert de commode et d'armoire. La pièce est éclairée par un unique œil-de-bœuf d'où on aperçoit les toits de la ville. Un lit étroit, une table de travail, une petite bibliothèque, une chaise, un lavabo et un radiateur prennent presque toute la place. Du plafond pend un fil électrique qui supporte un immense abat-jour. Sur le plancher, Robert a mis un petit tapis en guise de descente de lit. Avec la permission du propriétaire, il a épinglé au mur quelques gravures et photos. Sur sa table, tout est rangé dans un ordre impeccable. Comme il n'y a pas de salle de bain particulière, Robert partage celle qui se trouve dans l'appartement du propriétaire à l'étage au-dessous. C'est une très petite chambre, mais Robert s'en contente. Il l'a trouvée en s'adressant au service de logement à l'Université. Le loyer n'est pas exorbitant et, chose inestimable, les propriétaires sont des gens charmants et très aimables. Ajoutez à cela que Robert a fait la connaissance d'une jolie brune, qui habite à côté, qui est étudiante comme lui, et presque du même âge. On comprend qu'il n'ait pas la moindre envie d'aller ailleurs.

QUESTIONS D'IDENTIFICATION

1. Dans quelle ville sommes-nous? ... dans la ville de ... / ... à ...
2. Où se trouve la chambre mansardée de Robert? ... sous le toit./ ... sous les combles.
3. Depuis combien de temps Robert est-il ici? ... depuis trois mois./ Voilà trois mois que ...
4. De quoi lui sert la malle? ... de commode et d'armoire.
5. Comment s'appelle l'ouverture ovale? On l'appelle un ... / Cela s'appelle un ...
6. Qu'est-ce qui pend du plafond? Un immense ...
7. Décrivez l'abat-jour. Il est ... , de forme ...
8. De quoi sert le tapis? ... de descente de ...
9. Qu'est-ce qui prend presque toute la place? (Faire l'inventaire de l'ameublement dans cette chambre.)
10. À qui Robert a-t-il demandé la permission d'épingler des gravures au mur? ... au ...
11. Énumérez les différents objets qui se trouvent sur la table. On y voit ...
12. Où est la salle de bain? ... à l'étage ...
13. Où Robert a-t-il trouvé cette chambre? ... au service de ...
14. Que pense Robert de la famille du propriétaire? Elle a été très ...
15. De qui Robert a-t-il fait la connaissance? ... d'une jolie ...

Niveau I

QUESTIONS D'EXPLOITATION

1. Pourquoi la malle de Robert est-elle si pratique?
Elle remplace à la fois une ... et une ...
2. Pensez-vous que Robert ait une très belle vue de sa chambre?
Oui, il est probable qu'il a ...
3. Pensez-vous que la chambre soit suffisamment éclairée?
Non, je ne pense pas que la chambre soit ... / Il doit faire assez sombre là-dedans.
4. Robert habite-t-il une chambre de grand luxe?
Au contraire, sa chambre est des plus modestes./ ... est simplement acceptable.
5. Qu'est-ce qui manque le plus dans cette chambre?
Il n'y a pas assez de lumière ... / Il y faudrait plus de ...
6. Robert est-il un locataire soigneux? Qu'est-ce qui le prouve?
Oui, tout est dans un ordre ... / Tout est à sa place.
7. Quand Robert est-il censé payer son loyer?
... au début du mois.
8. En voyant sa chambre, quel jugement porteriez-vous sur Robert?
... je dirais que c'est un garçon des plus sérieux./ A en juger par sa chambre ... ordonné et soigneux.
9. Est-ce que Robert pourrait faire sa cuisine dans sa chambre?
Non, c'est impossible parce qu'il n'a pas d'appareils ... / ... on ne voit ni réchaud ni cuisinière.
10. Y a-t-il peut-être une autre raison pour cela?
Le propriétaire lui a peut-être défendu de faire la cuisine dans sa chambre./ ... le lui a ...
11. Est-ce que Robert compte faire un long séjour à Toulouse?
Non, il restera jusqu'à la fin de l'année scolaire.
12. S'il devait rester plus longtemps, est-ce qu'il se contenterait d'une si petite chambre?
Non, s'il ... en chercherait une plus ... / Peut-être, car elle est ... / ... le loyer est ... / ... les propriétaires sont ...
13. À votre avis que ferait-il dans ce cas?
... il essayerait de changer de chambre./ ... relouerait la même.
14. Robert pourrait-il héberger un ami dans une si petite chambre?
Non, il lui serait impossible d' ...
15. Comment la famille du propriétaire s'est-elle montrée aimable pour Robert?
Ils l'ont invité, par exemple, à prendre le café./ Ils l'ont peut-être emmené à la campagne, au ...
16. Robert est-il heureux que ses propriétaires soient charmants?
Oui ... trouve inestimable que ... / ... précieux que ...

9. *Une chambre d'étudiant*

17. Qui est cette jeune fille dont il a fait la connaissance? — C'est une étudiante qui habite ... / C'est une jolie brune qui ...
18. A-t-il envie pour l'instant de changer d'appartement? — Non, il n'a pas la moindre envie de ... / Il n'en a pas la moindre envie./ Pourquoi changerait-il ... / On comprend qu'il n'ait pas ... / Il n'a pas ... et on le comprend fort bien.

MISE EN PERSPECTIVE

Quels commentaires critiques feriez-vous sur la chambre de Robert?

SCHÉMA D'INTONATION

INTERROGATION AVEC ÉCHO

Interrogation normale, suivie d'une proposition éclairant le contexte. Même schéma que pour l'interrogation simple, mais répété avec moins d'amplitude au niveau de l'implication.

EXEMPLE : Vous croyez qu'il ira la voir, comme il l'a promis?

EXERCICE :
1. Un étudiant américain, dans ce minuscule appartement?
2. Juste un lavabo, vous croyez que c'est tout?
3. Ce n'est pas indispensable, à votre avis?
4. Et Robert s'en contente, vous en êtes sûr?
5. Il a épinglé des gravures au mur, vraiment?

10. La salle de séjour des Lanier

La pièce principale et son mobilier, moderne dans l'ensemble: deux fauteuils, trois chaises, un divan-lit, un poste de télévision, une armoire-bibliothèque, deux tableaux. En plus, bibelots divers, lampes, stores aux fenêtres, interrupteurs, prises de courant. À droite, au second plan, Monsieur et Madame Lanier assis à table, en train de dîner. À gauche, la grande baie vitrée.

Les Lanier sont un jeune couple. Ils sont mariés depuis peu et cependant leur intérieur est déjà très bien meublé. Ils ont beaucoup de goût. Les voici qui dînent sur une petite table en acajou. Ce n'est que le soir qu'ils mangent chez eux, car ils travaillent tous les deux et sont obligés, en semaine, de déjeuner en ville. Ils ont installé le poste de télévision dans un coin de la pièce près d'une prise de courant. Le mur de gauche est décoré de deux reproductions de tableaux modernes. Des armes africaines sont accrochées à celui de droite. Les deux fauteuils sont de fabrication danoise, alors que la petite table basse, devant le lit-divan, vient d'Espagne. Les Lanier adorent voyager, et ils ont rapporté de leurs nombreux voyages une multitude de bibelots, de souvenirs divers. Ils les ont exposés sur le large rebord de la grande baie vitrée, qui leur sert ainsi d'étagère. Tous ces objets hétéroclites forment un ensemble à la fois original et de fort bon goût. Encore quelques années, quelques voyages de plus, et leur appartement sera un véritable petit Louvre.

QUESTIONS D'IDENTIFICATION

1. Est-ce que les Lanier sont mariés depuis longtemps? Non, ... depuis peu.
2. Leur intérieur est-il bien meublé? Oui, ... très bien meublé.
3. En quoi est la table sur laquelle ils sont en train de souper? ... en acajou.
4. Est-ce qu'en semaine ils mangent chez eux à midi? Non, en semaine ils ne déjeunent pas ...
5. Pourquoi? Ils sont pris par leur travail.
6. Qu'est-ce qu'on voit au-dessus du divan-lit? ... des reproductions de ...
7. Où est-ce qu'ils ont installé la télévision? ... dans un coin près d'une ...
8. Que voit-on sur le mur de droite? ... des armes ...
9. De quel pays proviennent les fauteuils? ... du Danemark.
10. Et la petite table basse? ... d' ...
11. Qu'est-ce que les Lanier ont rapporté de leurs voyages? ... un grand nombre de ...
12. Où sont-ils exposés? ... sur le rebord de ...
13. La salle de séjour est-elle décorée avec goût? Oui, ... agréablement décorée.
14. Que deviendra l'appartement des Lanier dans quelques années? ... un véritable petit ...

QUESTIONS D'EXPLOITATION

1. Les tables en acajou sont-elles meilleur marché que les tables en bois de sapin? Non, ... plus chères que ...
2. Où est-ce que les Lanier déjeunent le dimanche? ... chez eux.
3. Voyez-vous une antenne sur le poste de télévision? Non, ... pas d' ...
4. Reconnaissez-vous les deux reproductions de tableaux modernes? Oui, je les ...; ce sont ... / Non, je n'arrive pas à les ...

Niveau I

5. Où se trouvent les prises de courant?
... au-dessous du rebord de la baie et à droite du poste.

6. Les stores sont-ils levés ou baissés?
On voit bien qu'ils sont ...

7. Combien d'interrupteurs (boutons électriques) voyez-vous sur l'image?
J'y vois ... interrupteurs./ J'en vois ...

8. La table en acajou a-t-elle l'air d'être extensible?
Sûrement pas, puisqu'elle est ancienne./ Ce genre de table n'a pas de rallonges.

9. Quand vous voyagez, aimez-vous rapporter des souvenirs des pays visités?
Oui, ... / Non, je n'aime pas ...

10. Est-ce que vous les gardez pour vous-même, ou en faites-vous cadeau à quelqu'un?
Bien sûr, je les garde ... / J'en fais cadeau à ...

11. Des bibelots exposés (armes, vases, pots, guignols, poupées) lesquels vous semblent les plus originaux?
Les ... me semblent les plus originaux (-ales).

12. Est-ce qu'il suffit d'avoir de l'argent pour bien décorer une pièce? Faut-il aussi du goût?
Je crois qu'il vaut mieux ...

13. Les Lanier préfèrent-ils le moderne ou le classique?
Ils aiment bien les deux.

14. Si vous alliez en France, quels bibelots aimeriez-vous rapporter?
Si j'allais en France, je préférerais rapporter ... / De Paris, ...

15. Et si un ami français venait chez vous, quel cadeau lui feriez-vous?
Je lui donnerais ... en cadeau./ Je lui ferais cadeau de ... / Je lui donnerais ... en souvenir.

16. Qu'est-ce qui manque dans l'appartement des Lanier pour que ce soit un petit Louvre?
Il n'y a pas de statues, par exemple./ S'il y avait plus de statues et de tableaux, on pourrait dire que c'est un ... / Encore quelques statues et quelques tableaux et ce sera un ...

MISE EN PERSPECTIVE

Qu'est-ce qui vous fait dire que les Lanier ont vraiment beaucoup de goût (ou qu'ils n'en ont pas)?

10. *La salle de séjour des Lanier*

SCHÉMA D'INTONATION

PHRASE ÉNONCIATIVE AVEC IMPLICATION

Courbe montante dans le premier membre de la phrase, reprise dans le second avec très peu d'ampleur, quand il y a vraiment implication. (NB: Le second membre de phrase peut être *sous-entendu.*)

EXEMPLES: Bonsoir, mon petit. Bonsoir (, mon petit).

Je l'ai vu à la télévision (, vous savez).

EXERCICE:

1. Ils ont un bel appartement (, vous savez).
2. Elle n'a pas beaucoup de goût (, tu sais).
3. Je préfère le moderne et de loin (, mon cher ami).
4. Rien ne vaut l'Espagne (, mon vieux).
5. Sa femme préfère les parquets en bois (, n'est-ce pas étrange?).
6. Ils ne mangent chez eux à midi que deux fois par semaine (, est-ce croyable?)

11. Dans un "Économat"[1]

Intérieur d'une épicerie: boîtes de conserve, bouteilles (vin, lait, eau gazeuse, liqueurs), corbeilles de fruits et de légumes, frigo pour denrées congelées et produits laitiers. Une dame qui achète de quoi préparer le repas de midi.

L'ÉPICIER: Bonjour, Madame, vous désirez?
LA CLIENTE: Bonjour, Monsieur. Avez-vous du pâté de foie gras bien frais?
L'ÉPICIER: Mais oui, Madame, j'en ai d'excellent. Regardez! J'ai aussi du pâté de porc en réclame.
LA CLIENTE: Donnez-moi deux cents grammes[2] de foie gras. Nous aurons du monde aujourd'hui. Je voudrais également six bananes, mais pas plus de deux kilos.[3] Et avez-vous des artichauts?
L'ÉPICIER: Ils viennent d'arriver. Mais ils sont chers en cette saison.

[1] *Économat*: épicerie faisant partie d'une chaîne de magasins (on dit aussi magasins à succursales multiples).
[2] *Gramme*: 1/28e d'une once (*ounce*). Mille grammes font un kilo (système métrique).
[3] *Kilo*: kilogramme (kg), à peu près 2,2 livres (*pounds*).

LA CLIENTE: Il m'en faut quatre tout de même.
L'ÉPICIER: Et après?
LA CLIENTE: Deux bouteilles de rouge ordinaire.
L'ÉPICIER: Avec la consigne ça fait deux cents quatre-vingt-quinze francs[4] la bouteille.
LA CLIENTE: Oh là là! Tout augmente! Et pour terminer cinquante grammes de fromage râpé.
L'ÉPICIER (*faisant l'addition*): Ça vous fait deux mille deux cent vingt-six, en tout, Madame.
LA CLIENTE (*lui donnant un billet de cinquante francs*):[5] Je regrette, je n'ai pas de monnaie.
L'ÉPICIER: Aucune importance, Madame. (*Rendant la monnaie.*) Volà, Madame. Au revoir, Madame. Bon appétit.
LA CLIENTE: Au revoir, Monsieur.

QUESTIONS D'IDENTIFICATION

1. Dans quelle boutique sommes-nous? — ... dans un ...
2. Que demande l'épicier quand il voit entrer la dame? — ...: «Bonjour, Madame, vous ...»
3. Quel est le premier achat que veut faire la cliente? — Elle désire acheter d'abord du ...
4. Est-ce qu'elle préfère le pâté en réclame? — Non, elle choisit ...
5. Combien de foie gras demande-t-elle? — ... deux cents ...
6. Quel poids de bananes est-ce qu'elle prend? — Elle n'en prend pas plus de deux ...
7. Les artichauts sont-ils chers en cette saison? — Oui, ... excessivement ...
8. Pourquoi est-ce qu'elle en prend tout de même? — ... attend des invités./ ... aura du monde à la maison.
9. Quelle sorte de vin est-ce qu'elle choisit? — ... du rouge ...
10. Quel est le prix de la bouteille avec la consigne? — Avec la consigne cela fait ... la bouteille.

---

[4] *Deux cents quatre-vingt-quinze francs*: l'épicier compte, bien sûr, en anciens francs.
[5] *Cinquante francs*: le billet de la cliente est en nouveaux francs (NF), créés en 1959.

Niveau I

11. Quel achat fait-elle en dernier?   Pour terminer, elle prend cinquante grammes de ...
12. Quelle est la somme à payer?   En tout ...
13. Est-ce qu'elle a de la monnaie?   Elle regrette de ne pas avoir de ...
14. Combien l'épicier doit-il lui rendre?   En anciens francs, cinq mille moins deux mille deux cent vingt-six, cela fait ... / En nouveaux francs, cinquante moins vingt-deux francs vingt-six font ...

QUESTIONS D'EXPLOITATION

1. Ce magasin est-il très grand?   Non, ... une petite épicerie de quartier.
2. Si elle voulait acheter de la viande, cette dame viendrait-elle dans ce magasin?   Non, elle ne viendrait pas ...
3. Où est-ce qu'elle irait alors?   ... chez un boucher ou chez un charcutier./ ... dans une boucherie ou dans une charcuterie.
4. Qu'est-ce que c'est qu'une boucherie chevaline?   ... où l'on vend de la viande de ...
5. La viande de cheval est-elle moins chère que celle de bœuf?   Oui, ... un peu moins ...
6. Dans quoi cette cliente mettra-t-elle ce qu'elle a acheté?   ... un filet à provisions./ ... un sac à ...
7. En quelle saison trouve-t-on des artichauts?   ...l'été.
8. En avez-vous jamais mangé en conserve?   Oui, ... (souvent) ... / Non, je n'ai ...
9. Quel est l'avantage des produits en conserve?   ... en toutes saisons.
10. A un grand dîner, est-ce qu'on pourrait servir du vin ordinaire?   Non, ... un vin de marque./ ... un grand vin./ ... un vin fin.
11. Pouvez-vous citer quelques grands crus bien connus?   Je connais le bourgogne, les bordeaux, le beaujolais, les vins d'Anjou, les champagnes, ... (consulter la carte des anciennes provinces).
12. Avec quels plats doit-on servir du vin rouge? Et du vin blanc?   On sert le ... surtout avec le poisson, et le ... de préférence avec les viandes.
13. Et au dessert que peut-on servir?   ... un vin blanc doux, ou du champagne.

11. Dans un «Économat»

14. Préférez-vous le vin rouge ou le vin blanc? — Je préfère le ... au ... / C'est le ... que j'aime le mieux./ J'aime mieux le ... que le ...
15. Si on n'aime pas le vin, par quoi le remplace-t-on? — ... par des boissons non alcoolisées, par exemple, de l'eau ordinaire, de l'eau minérale, des jus de fruits.
16. Que fait-on des bouteilles consignées? — On les rend./ Il faut les ... / On doit les ...
17. Existe-t-il des supermarchés dans les villes françaises? — Oui, ... de plus en plus./ Ils sont de plus en plus nombreux.
18. Pourquoi est-il si difficile pour un étranger de compter l'argent français? — ... les Français comptent indifféremment en anciens et en nouveaux francs.
19. Rendez la monnaie à un client qui vous achète pour quatre-vingts francs de marchandises et qui paye avec une pièce d'un franc. — Je lui rends ... en anciens francs./ Je lui rends ... centimes en nouveaux francs.

MISE EN PERSPECTIVE

Quelles différences remarquez-vous dans la façon de faire le marché en France et chez vous?

SCHÉMA D'INTONATION

L'ORDRE (PHRASE IMPÉRATIVE)

EXEMPLES: Regardez.

Jacques, ne te salis pas.

EXERCICE:

1. Donnez-moi deux cents grammes de fromage.
2. Et trois artichauts.
3. N'achète pas n'importe quoi.
4. Demande à l'épicier combien valent les petits suisses.
5. Edouard, ne touche pas aux fruits de l'étalage.

12. Une soirée en famille

Les Delez-Termoz à la fin du repas du soir. Monsieur lisant son journal, l'air décontracté, en manches de chemise. Madame, portant un énorme tablier, les cheveux coiffés en chignon, desservant sur un plateau. La fillette faisant la moue devant son assiette.

MADAME DELEZ-TERMOZ: Dépêche-toi! Il est presque sept heures vingt. Tu ne veux pas manquer *Bonne nuit les petits*,[1] n'est-ce pas?

ANGÉLIQUE: Je n'ai plus faim, Maman. Tu sais que je déteste la compote de pommes.

MADAME DELEZ-TERMOZ: Allons, allons. Pas de télé pour les retardataires. Tu vas te coucher si tu n'as pas fini ton assiette dans deux minutes.

MONSIEUR DELEZ-TERMOZ: Est-ce qu'il serait possible d'avoir un peu la paix chez soi? Dis donc, chérie, qu'est-ce qu'il y a sur la deuxième chaîne[2] ce soir, après les actualités?

---

[1] *Bonne nuit les petits*: courte émission pour les enfants diffusée vers sept heures et demie du soir.

[2] *Deuxième chaîne*: définition de l'image—441 lignes; les images sont de bonne qualité. *Première chaîne* (fut mise en service avant l'autre): définition de l'image —819 lignes; les images sont d'excellente qualité. (Aux U.S.A. la définition de l'image est de 525 lignes.) Les émissions de la première chaîne sont, en principe, de niveau plus élevé que celles de la deuxième qui diffuse surtout des films, des pièces de théâtre, des jeux télévisés, ...

MADAME DELEZ-TERMOZ: On passe un vieux film de Garbo, je crois, en version française. Vérifie dans ton journal. De toute façon nous allons voir le feuilleton américain ce soir. Quel est le titre? Je ne m'en souviens jamais.
MONSIEUR DELEZ-TERMOZ: *Les Incorruptibles*.[3]
MADAME DELEZ-TERMOZ: C'est cela. Je sais que tu tiens à le voir. C'est pourquoi je t'ai fait manger plus tôt ce soir. Je ne veux pas que les enfants regardent ces films violents. Les gangsters avec leurs mitrailleuses forment un mauvais exemple pour eux.
ANGÉLIQUE: J'ai fini, Maman!
MONSIEUR DELEZ-TERMOZ: C'est bon. J'ouvre la télé. Voilà Nounours.[4] Ensuite tu iras gentiment te coucher.

QUESTIONS D'IDENTIFICATION

1. Quelle heure est-il? — Il est presque ... / Il va être ...
2. Comment Monsieur Delez-Termoz est-il habillé? — Il est en manches ...
3. Comment Madame est-elle coiffée? — Elle a les cheveux ...
4. Avec quoi dessert-elle la table? — ... avec un ... / ... à l'aide d'un ...
5. Pourquoi Angélique a-t-elle intérêt à se dépêcher? — ... parce qu'elle veut voir ...
6. Qu'est-ce qu'elle mange? — ... de la ...
7. A-t-elle très faim, Angélique? — Non, elle n'a pas l'air d'avoir ...
8. Qu'est-ce qui va se passer si elle ne finit pas sa compote? — Elle ne regardera pas ... / ... ira directement au lit sans regarder ...
9. Que passe-t-on sur la deuxième chaîne ce soir? — ... un vieux ...
10. Ce film est-il en français ou bien sous-titré? — ... en version ...
11. Quelle émission Madame Delez-Termoz se propose-t-elle de regarder? — ... le feuilleton ...
12. Pourquoi Madame Delez-Termoz a-t-elle fait manger tout le monde plus tôt que d'habitude? — ... elle ne veut pas qu'Angélique regarde des ...

[3] *Les Incorruptibles*: vieux feuilleton connu aux U.S.A. sous le nom de *The Untouchables*. Les films policiers et les «westerns» ont un public énorme en France, surtout parmi les jeunes.

[4] *Nounours*: gros ours gentil à la voix grave, ami de Nicolas et Pimprenelle. Ce sont les personnages principaux de l'émission *Bonne nuit les petits*.

13. Angélique a-t-elle fini son as- Oui, ... juste à temps.
    siette à temps?
14. Qui apparaît sur l'écran? C'est ... qui apparaît ... / On voit
    apparaître ...
15. Que fera Angélique ensuite? ... gentiment se coucher./ ... genti-
    ment au lit.

QUESTIONS D'EXPLOITATION

1. Est-ce qu'il est déjà 7 h. 20? Non, ... pas encore ...
2. La télévision en France est-elle ... nationalisée.
   privée ou nationalisée?
3. Combien de chaînes y a-t-il En France ... / Dans ma région ...
   actuellement en France? Et dans
   votre région?
4. L'O.R.T.F. (Office de la Radio En principe, ... pas ...
   et Télévision françaises) admet-
   il la publicité?
5. Puisqu'Angélique a fini de man- ... après avoir vu Nounours./ ... après
   ger à temps, quand est-ce qu'elle l'émission.
   ira se coucher?
6. En France, est-ce que les émis- Non, ... n'ont lieu que vers midi et le
   sions de télé durent toute la soir.
   journée?
7. La télévision en couleurs fonc- Oui, on l'a mise en service./ On a
   tionne-t-elle déjà en France, en dépassé le stade expérimental.
   Angleterre, en Russie?
8. Est-ce qu'on reçoit en Europe Oui, ..., et inversement l'Amérique
   des émissions en direct trans- peut recevoir ...
   mises par satellite?
9. Est-ce qu'il faut payer une taxe Oui, ... assez élevée.
   annuelle si on possède un appa-
   reil de télévision?
10. Est-ce qu'il existe en France des Oui, ... beaucoup./ ... chaque jour
    émissions scolaires? de classe.
11. Les télé-spectateurs sont-ils de Oui, ils sont ...
    plus en plus nombreux dans les
    campagnes et villages de France?
12. Les images de la télévision fran- Oui, ... bien plus nettes, surtout sur
    çaise sont-elles plus nettes que la première chaîne.

12. Une soirée en famille

celles de la télévision britannique?

13. Peut-on écouter à la radio des émissions éducatives ou de la grande musique?

Oui, ... sur des chaînes spéciales, sur France III (ou France-Culture), par exemple.

14. Aimeriez-vous passer une soirée à regarder la télévision sans voir de publicité?

Oui, que j'aimerais ...!/ Non, ma foi, je n'ai rien contre la publicité.

15. À votre avis, est-ce qu'il est bon de passer beaucoup de films de guerre à la télévision?

Oui, cela ne fait de mal à personne./ Non, ces films de guerre incitent à la violence.

16. Est-ce qu'il existe dans votre pays des feuilletons pour enfants?

Oui, il en existe pas mal, comme, par exemple, ... / Non, ça n'existe pas ... / Il n'y a pas de ...

17. Est-ce qu'il vous arrive de les regarder parfois?

Moi, je ne regarde jamais ces émissions enfantines./ Au contraire, moi, je les suis régulièrement./ ... à l'occasion./ J'en raffole!/ Ah non, c'est trop enfantin pour moi!

MISE EN PERSPECTIVE

Que pensez-vous du nombre et de la qualité des émissions télévisées chez vous?

SCHÉMA D'INTONATION

PHRASES EN SUSPENS—1   (*L'hésitation*)

A. *Le dernier mot est accentué:* c'est un verbe, un adjectif, un nom, un adverbe ...

EXEMPLE: Les films américains sont de qualité ...

EXERCICE:

1. Maman, la compote de pommes me fait ...
2. L'actrice s'appelait Greta ...

56   *Niveau I*

B. *Le dernier mot n'est pas accentué:* c'est un article, un relatif, ...

EXEMPLE: C'est un documentaire sur la ...

EXERCICE:

1. Il y a Nicolas et puis aussi ...
2. La première chaîne est plus ..., moins ..., enfin ...
3. Il me faudrait un peu de ...

12. *Une soirée en famille*

13. Les nouvelles de midi

Une salle à manger modeste, table presque desservie. Serviettes, carafe d'eau, carafon de vin, verres, tasses à café. Un récepteur de radio posé sur un meuble. Les Biarnès (père, mère, et deux grands garçons), immobiles et très attentifs.

La famille Biarnès déjeune en écoutant les dernières nouvelles à la radio. Comme beaucoup de Français, ils sont à l'écoute de Paris-Inter,[1] dont le bulletin d'informations de midi est très complet et bien présenté.

Le journaliste au micro annonce que ce matin s'est tenue à l'Élysée[2] une conférence réunissant le ministre des Affaires Étrangères et son homologue allemand. A Bruxelles, les négociations sur la politique agricole du Marché Commun sont sur le point d'aboutir. Il y a du brouillard sur Londres, mais ce n'est pas vraiment une nouvelle, et seuls les avions équipés d'un système d'atterrissage automatique pourront se poser à l'aéroport de Heathrow. Un tremblement de terre d'une rare violence endeuille le Chili, et on invite tout le monde à venir au secours des sinistrés par des dons en argent ou en nature.

[1] *Paris-Inter:* chaîne de radio qui diffuse des émissions de variétés, des chansons, et des bulletins d'informations.

[2] *L'Élysée* (palais de): résidence parisienne du Président de la République, située près des Champs-Élysées.

C'est une speakerine qui donne les prévisions météorologiques: temps nuageux sur l'est de la France et le Bassin Parisien, soleil dans l'après-midi sur la Côte d'Azur et la vallée du Rhône. Il fait dix-neuf degrés à Paris.

Le soir, c'est autour de la télé que se groupent les membres de la famille. Ils aiment surtout les émissions de variétés. À la radio c'est aussi ce genre d'émissions qu'ils écoutent volontiers, comme bon nombre de Français moyens. Après une rude journée de travail, on n'aspire qu'à se détendre un peu.

QUESTIONS D'IDENTIFICATION

1. A quelle heure la famille Biarnès écoute-t-elle le bulletin d'informations? ... à midi./   ... à l'heure du déjeuner.
2. Quelle chaîne écoutent-ils? ... sont à l'écoute de ...
3. Qu'est-ce qui a eu lieu ce matin à l'Élysée? ... une ... s'est tenue ...
4. Qu'est-ce qui se passe à Bruxelles? ... les ... sont sur le point ...
5. Quel temps fait-il sur Londres? Il y a du ...
6. Est-ce que c'est une surprise? Non, ... pas une nouvelle.
7. Tous les avions pourront-ils se poser à Londres-Heathrow? Non, seuls ceux qui ...
8. Qu'est-ce qui est arrivé au Chili? ... il y a un ...
9. Qui est-ce qui donne les prévisions météorologiques? Une ...
10. Quel temps prévoit-on sur la vallée du Rhône? On prévoit ... /   Il fera du ...
11. Et sur le Bassin Parisien? On prévoit un ...
12. Quelle est la température à Paris? À Paris, il fait ... /   La température est de ...
13. Quels programmes les Biarnès écoutent-ils ou regardent-ils? ... uniquement ... de variétés.

QUESTIONS D'EXPLOITATION

1. Pourquoi les Biarnès choisissent-ils d'écouter Paris-Inter plutôt qu'une autre station? ... parce que le bulletin d'informations de midi est ...
2. Qu'est-ce que c'est que le palais de l'Élysée? C'est la ...

13. Les nouvelles de midi

3. Où se trouve-t-il? Pourriez-vous le situer sur le plan de Paris?

... près des ...

4. Avez-vous entendu parler du Marché Commun?

Oui, j'en ai ...

5. Votre pays est-il favorable ou non au Marché Commun?

Il est ... / Il n'est pas ...

6. Quand il y a une catastrophe quelque part dans le monde, comment la radio peut-elle aider à secourir les victimes?

... en invitant les gens à contribuer à des caisses de secours, à envoyer une contribution à la Croix-Rouge, à donner des vêtements pour les victimes.

7. Comment est-ce qu'on peut aider des gens qui sont à des milliers de kilomètres de soi?

On peut leur envoyer de l'argent, des vêtements, des médicaments.

8. Beaucoup d'aéroports sont-ils équipés pour les atterrissages automatiques?

Oui, un assez grand nombre ... / Les plus grands ..., par exemple, ...

9. Le temps est-il plus brumeux en France qu'en Angleterre?

Non, ... pas aussi ... qu'en ... / ... moins ... qu'en ...

10. D'habitude fait-il plus beau sur la Côte d'Azur que sur le reste de la France?

Oui, la Côte est renommée pour son beau temps. / En général ... / Le plus souvent ...

11. Pourquoi?

... la région est abritée. / Le climat méditerranéen est doux, même en hiver.

12. Ce tremblement de terre au Chili, qu'est-ce qui montre qu'il est important?

On compte de nombreuses victimes. / On demande à tout le monde de ...

13. Convertissez 19 degrés centigrades en fahrenheit.

Dix-neuf degrés centigrades font ... (voir la table d'équivalences, p. 192)

14. Pourquoi les Biarnès écoutent-ils les nouvelles?

... pour se tenir au courant de la situation en France et dans le monde. / ... pour savoir ce qui se passe ... / ... pour se tenir informés de ce qui ... / ... des principaux événements ...

15. Arrivent-ils quand même à avoir une certaine culture?

Oui, grâce à la radio et à la télévision ...

16. Les émissions de variétés permettent-elles de se cultiver?

Non ..., simplement de se détendre. / ... de se distraire. / Pour se cultiver, il faut regarder ou écouter des émissions culturelles. / ... plus sérieuses.

17. Beaucoup de gens regardent-ils les émissions de variétés?
18. Peut-on leur reprocher de regarder de préférence ces émissions?

Oui ... / ... la plupart des Français moyens ...
Non, après une rude journée de ... il est normal qu'ils préfèrent ... / On comprend qu'ils ... / ... ils n'ont pas envie de ... / Ils sont trop fatigués pour les profondes réflexions./ Oui, ils ont tort./ ... un film sérieux n'est pas forcément ennuyeux.

MISE EN PERSPECTIVE

Écouter les nouvelles tout en mangeant, cela se fait-il aussi chez vous? Le faites-vous vous-même? Quels avantages ou quel plaisir y trouvez-vous?

SCHÉMA D'INTONATION

PHRASES EN SUSPENS—2 (*L'arrêt volontaire. La menace non formulée.*)

REMARQUE: assez semblable à l'hésitation dans la phrase terminée par un mot accentué, mais arrêt brusque et à un plus haut niveau de voix.

EXEMPLE: Si tu ne finis pas ton pain, je te ...

EXERCICE:

1. Baisse donc la télé, sinon ...
2. S'il pleut encore demain, je vais ...
3. J'ai bien envie de te priver de ...
4. Cette présentatrice me fait horreur, j'ai envie ...
5. J'en ai assez de ces feuilletons ...

13. Les nouvelles de midi

14. Consultation chez le docteur Teste

Le cabinet de consultation d'un médecin. Chaise longue. Rayons de livres, de revues et de dossiers. Sur le bureau: stéthoscope et paperasses. Le docteur en blouse blanche raccompagnant une cliente âgée. Par la porte entrebâillée de la salle d'attente on voit d'autres clients qui attendent, certains depuis plus d'une heure.

Nous voici chez le docteur Teste. Madame Bert sort de son cabinet de consultation. C'est une vieille cliente du docteur, et sa fiche médicale est bien remplie. Elle vient le voir régulièrement à cause de son cœur. Elle a souvent besoin d'une piqûre. Le docteur lui fait une dernière recommandation en lui remettant sa feuille de Sécurité Sociale.[1] Dans la salle d'attente, le client suivant est déjà debout. Il avait pris un rendez-vous la semaine précédente pour se faire faire une radio des poumons. Il y a une heure qu'il est là. Pour la première fois, le docteur va utiliser le nouvel appareil qu'il a reçu récemment et dont il est très fier. C'est un appareil très au point, et bien plus précis et plus pratique que l'ancien.

[1] *Sécurité Sociale:* en gros, système d'aide médicale soutenu financièrement par l'État. Tous les Français en bénéficient. Les cotisations sont obligatoires et proportionnelles au salaire.

Quel travail! Que de monde! Les jours de consultation, le docteur Teste a parfois l'impression de travailler à la chaîne. Et il lui arrive de maudire la Sécurité Sociale grâce à laquelle beaucoup de gens qui ne sont pas vraiment malades vont chez le médecin.

QUESTIONS D'IDENTIFICATION

1. Où sommes-nous? ... chez ... dans ...
2. Qui sort de son cabinet? C'est Madame Bert qui ...
3. De quoi a-t-elle souvent besoin? ... d'une piqûre à cause de ...
4. Que savez-vous de sa fiche médicale? ... elle est bien ...
5. Que lui dit le docteur avant qu'elle parte? ... lui fait ...
6. Y a-t-il du monde dans la salle d'attente? Oui, la salle est ...
7. Depuis combien de temps certains clients attendent-ils? ... depuis plus d'une heure.
8. Quand le client suivant avait-il pris un rendez-vous? ... la semaine ...
9. Pourquoi est-il venu? ... pour se faire faire ...
10. Qu'est-ce que le docteur vient de recevoir? ... un nouvel ...
11. Est-il fier de son appareil? Oui, il en est ...
12. Comparez cet appareil à l'ancien. Il est plus ... et plus ... que l'ancien.
13. Les jours de consultation, quelle impression a le docteur Teste? ... à la chaîne.
14. Quelle administration le docteur maudit-il? ... la Sécurité Sociale./ Il lui arrive de maudire ...

QUESTIONS D'EXPLOITATION

1. Madame Bert est-elle en bonne santé? Non, elle a ...
2. Est-ce une femme jeune? Non, ... plutôt âgée./ ... assez âgée./ ... d'un certain âge.
3. Les gens d'un certain âge sont-ils souvent malades? Oui, ... plus souvent ... que les jeunes.
4. Où le docteur écrit-il le nom et les maladies de ses clients? ... sur une fiche ... / dans un dossier.

14. Consultation chez le docteur Teste

5. Les médecins font-ils toujours des recommandations à leurs malades? — Oui, ils en font ... / Oui, ils leur en font ...
6. La salle d'attente est-elle vide? — Non, loin de là, elle ...
7. Faut-il attendre longtemps chez les médecins? — Oui, ils sont souvent en retard./ Ils nous font attendre parfois un temps fou.
8. Attendriez-vous aussi longtemps que ces gens-là? — Que voulez-vous? Il faut bien être patient.
9. Le client suivant s'est-il impatienté? — Sans doute, puisqu'il attendait depuis une heure.
10. A quoi le voyez-vous? — Au fait qu'il est debout avant que Mme Bert soit partie.
11. De quoi souffre-t-il? — ... des poumons.
12. Le docteur Teste est-il bien équipé pour faire une radio? — Oui, il a tout ce qu'il faut pour ... / ... il ne manque de rien ...
13. Y a-t-il longtemps qu'il a reçu ce nouvel appareil? — Non, il l'a seulement depuis ...
14. Pourquoi a-t-il fait venir ce nouvel appareil? — ... parce que l'ancien n'était pas très au ...
15. Le docteur Teste est-il, selon vous, un spécialiste? — Non, c'est plutôt un médecin de médecine générale.
16. Que fait le docteur quand il reçoit un malade pour la première fois? — ... remplit une fiche ... / ... lui demande tous les renseignements utiles./ ... nécessaires.
17. Pourquoi le docteur a-t-il besoin d'une fiche pour chaque client? — Autrement il ne se souviendrait pas de chacun de ses clients./ ... de chaque cas particulier.
18. Que remet-il à Madame Bert avant qu'elle sorte? — Il lui remet sa feuille de ...
19. À quoi sert cette feuille de Sécurité Sociale? — Cette feuille permet au malade de se faire rembourser le prix de la consultation.
20. Les médicaments sont-ils remboursés? — Oui, ... aussi ...
21. Tous ces frais sont-ils remboursés à 100%? — Non, ... à 70% environ.
22. Pour être remboursé au maximum, que faut-il faire? — ... être inscrit à une Mutuelle.[1]

---

[1] *Mutuelle*: système d'assurance non soutenu par l'État qui fonctionne uniquement grâce aux cotisations des membres adhérents (mutualistes). Par exemple, la Mutuelle

23. Sait-on si le client suivant est gravement malade?	Non, ... pas encore ... / On le saura après l'examen radioscopique.
24. Fait-on couramment de tels examens?	Oui, ... régulièrement. Par exemple, pour dépister la tuberculose.
25. Tous ceux qui vont chez le médecin sont-ils malades?	Non, beaucoup de ceux ... ne sont pas ... / ... beaucoup d'entre eux ... / Certains sont des malades imaginaires.
26. Comment se fait-il que ces gens qui ne sont pas vraiment malades aillent quand même chez le médecin?	C'est que leurs frais médicaux sont presque entièrement remboursés par la Sécurité Sociale./ Ils abusent de leur privilège d'être remboursés par ...

MISE EN PERSPECTIVE

En quoi trouvez-vous le système d'aide médicale en France supérieur à celui de votre pays? Quels inconvénients voyez-vous à ce système?

SCHÉMA D'INTONATION

LA PHRASE INCISE (LA PARENTHÈSE)

EXEMPLE: Mon père, ajouta-t-il fièrement, était un héros.

EXERCICE:

1. Le Docteur Dubois, qui est très connu, habite près de chez nous.
2. Certains malades, les vieux principalement, sont difficiles à soigner.
3. Madame Bert, sa fiche médicale le montre assez bien, est une fidèle cliente.
4. La salle d'attente, vous le voyez, est pleine à craquer.
5. Cet appareil à rayons X, que je viens à peine de recevoir, est d'une précision remarquable.

Générale de l'Éducation Nationale—MGEN—à laquelle adhèrent presque tous les enseignants.

14. Consultation chez le docteur Teste

15. Le départ en vacances

À *l'intérieur de la familiale, Monsieur et Madame Bourgoin; leur fille partageant le siège arrière avec deux caniches. La voiture remorque une caravane. Sur la galerie: des valises, des matelas pneumatiques roulés, des cannes à pêche. Deux agents, leurs motos tout près. Route très droite, bordée de peupliers. Au fond, une file de voitures. À droite, une borne.*

C'est le premier août. Nous voici dans la vaste plaine de la Beauce, sur la Nationale 20[1] bordée de peupliers. Un agent vient de faire signe à une

---

[1] *Nationale 20*: les routes nationales (R. N.) sont les axes à grande circulation. Beaucoup partent de Paris (ou y aboutissent). La R. N. 20 part de Paris et va vers le sud—Orléans, Châteauroux, Limoges, l'Espagne ...

voiture, une familiale Renault,[2] de s'arrêter. Il demande au conducteur, Monsieur Bourgoin, de lui montrer ses papiers. Celui-ci présente sa carte d'identité,[3] sa vignette,[4] sa carte grise,[5] et enfin sa carte verte.[6] L'agent vérifie lentement que tout est en règle.

De l'autre côté de la route, un second agent motocycliste surveille les voitures qui roulent en sens inverse vers Paris. Tout à l'heure les Bourgoin vont déposer leurs caniches chez des amis. Puis ils continueront leur voyage vers le sud. Monsieur Bourgoin commence à s'impatienter, car voilà bien dix minutes qu'ils sont arrêtés. Madame s'évente très calmement, au moyen d'une carte Michelin,[7] en attendant que tout soit fini.

QUESTIONS D'IDENTIFICATION

1. Quel jour sommes-nous? — C'est le ...
2. Où nous trouvons-nous? — Nous voici dans ... sur ...
3. Qu'est-ce qui borde la route? — Elle est bordée de ...
4. Quelle sorte de voiture ont les Bourgoin? — Ils ont une ...
5. Qu'est-ce qu'on voit sur la galerie? — Il y a ...
6. Que remorque la voiture? — Elle ...
7. Que demande l'agent à Monsieur Bourgoin? — Il lui demande ...
8. Citez les pièces que lui présente Monsieur Bourgoin. — Monsieur Bourgoin lui présente ...
9. Qu'est-ce que l'agent vérifie? — Il vérifie que ...
10. Où se trouve l'autre agent? — ... de l'autre côté de ...
11. Vers quelle ville roulent les voitures allant en sens inverse? — ... vers ...
12. Où les Bourgoin vont-ils laisser leurs chiens? — ... chez ...
13. Que fait Madame? — Elle ...

[2] *Familiale Renault:* voiture fabriquée par Renault, compagnie nationalisée.
[3] *Carte d'identité:* document que chaque Français doit avoir sur lui portant nom, prénoms, âge, adresse et signes particuliers du titulaire.
[4] *Vignette:* taxe qui varie selon la puissance de la voiture; s'achète chaque année avant le Ier décembre; timbre qui prouve qu'on l'a payée.
[5] *Carte grise:* prouve que la voiture vous appartient.
[6] *Carte verte:* prouve que votre voiture est convenablement assurée.
[7] *Carte Michelin:* carte routière d'excellente qualité, éditée par Michelin, grand fabricant de pneumatiques (appelés aussi radiaux) fusionné avec Citroën.

15. Le départ en vacances

QUESTIONS D'EXPLOITATION

1. Où vont les Bourgoin? — ... partent en vacances./ ... en congé.
2. Beaucoup de Français partent-ils en vacances en août? — Oui, la plupart des ... / Nombre de ... / Un grand nombre ...
3. Les routes bordées d'arbres sont-elles nombreuses en France? — Oui, il y a beaucoup de ... qui sont ...
4. Monsieur et Madame Bourgoin ont-ils une grosse caravane? — Non, la leur est ...
5. A quoi sert la carte grise? — ... à prouver que ... (voir notes.)
6. Et la carte verte? — ... prouve que ...
7. Les agents se déplacent-ils seuls? — Non, d'habitude ... par deux.
8. Comment ces deux-là se déplacent-ils? — ... à moto.
9. Qu'est-ce que la vignette? — (Voir notes.)
10. Ce genre de droits existe-il dans votre pays? — Non, nous n'avons rien de semblable./ Oui, nous l'avons également./ Nous en avons l'équivalent.
11. Que se passera-t-il si Monsieur Bourgoin n'est pas en règle? — ... aura une contravention./ Il sera obligé de payer une amende.
12. Monsieur Bourgoin roule-t-il en direction de Paris? — Non, ... en sens inverse./ ... dans la direction opposée./ En direction de ...
13. Que devra faire Monsieur Bourgoin pour éviter un accident? — ... rouler lentement.
14. Les Bourgoin ont-ils l'intention de coucher dans un hôtel? — Non, ce n'est pas leur intention.
15. Qu'est-ce qui vous fait dire cela? — C'est le fait qu'ils ont une ...
16. Quelle est la durée des congés payés en France? — ... de quatre semaines, parfois de cinq semaines.
17. Est-ce que vous avez entendu parler des Auberges de la Jeunesse?[8] — Oui, ... / Non, ... jamais ... / C'est ...
18. Pourquoi un break est-il plus pratique pour les vacances qu'une quatre places ordinaire? — ... plus spacieux et plus logeable.

---

[8] *Les Auberges de la Jeunesse* (A. J.): équivalent des «youth hostels», organisation qui s'occupe de loger les jeunes à peu de frais dans des centres d'hébergement répartis dans de nombreux pays.

19. Citez quelques villes de France   (Penser à la mer, à la montagne; voir
    où les Français aiment passer   la carte de France.)
    leurs vacances.

MISE EN PERSPECTIVE

Quels documents faut-il avoir pour être en règle quand on conduit une voiture chez vous? Donnez l'équivalent français de ces divers papiers.

RÉVISION DES EXERCICES D'INTONATION

1. LA PHRASE-EXPOSÉ—1   (1, À la station-service)

    RAPPEL: Monsieur Brou // vérifie le niveau d'huile.

    EXERCICE: L'agent vérifie que tout est en règle.

2. LA PHRASE-EXPOSÉ—2   (2, La visite du docteur)

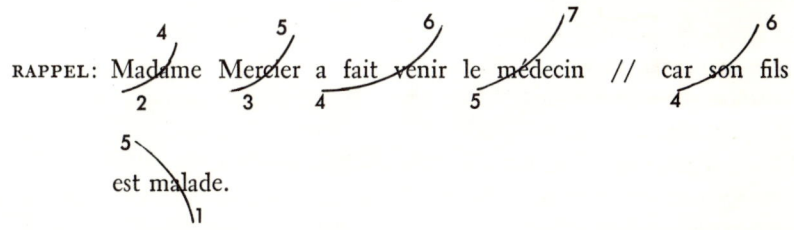

    RAPPEL: Madame Mercier a fait venir le médecin // car son fils est malade.

    EXERCICE: De l'autre côté de la route, un second agent motocycliste surveille les voitures qui roulent en sens inverse vers Paris.

3. L'INTERROGATION—1   (3, Un renseignement)

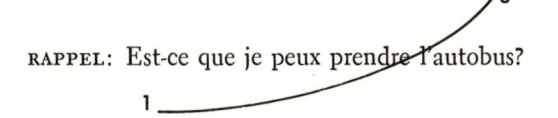

    RAPPEL: Est-ce que je peux prendre l'autobus?

    EXERCICE: Est-ce que Monsieur Bourgoin s'impatiente? Les Bourgoin emmènent-ils leurs caniches avec eux?

15. Le départ en vacances

4. L'INTERROGATION—2 (*4, L'embouteillage*)

RAPPEL: Pourquoi êtes-vous passé au feu rouge?

EXERCICE: Qu'est-ce que l'agent demande à Monsieur Bourgoin?

16. Au kiosque à journaux

Un kiosque à journaux, tapissé de périodiques. Au second plan une affiche-réclame de la loterie nationale. Un monsieur et une dame qui se parlent. Une vendeuse qui attend avec résignation.

MONSIEUR: Regarde le dessin dans *Le Canard*.[1]
MADAME: Ils sont impitoyables pour les ministres!
MONSIEUR: Tu n'achètes pas *Elle?*[2]
MADAME: J'ai déjà lu ce numéro. Je me laisse tenter par *Plaisir de France*.[3] J'ai entendu dire qu'il y a un article sensationnel concernant les alunissages.
MONSIEUR: Ça ne m'emballe pas.[4] Puisque nous avons choisi de passer la soirée à lire, je prendrai *Le Monde diplomatique*.[5]

[1] *Le Canard enchaîné* (titre complet) : hebdomadaire satirique.
[2] *Elle*: revue féminine.
[3] *Plaisir de France*: revue de grand luxe, avec des articles de fond et de belles photos.
[4] *Emballer:* (familier) plaire énormément, enthousiasmer.
[5] *Le Monde diplomatique*: journal spécialisé dans les affaires étrangères.

MADAME: Tu es cinglé! Pourquoi ne pas acheter une revue sportive, ou bien un petit roman policier?
MONSIEUR: Tiens, j'achète le dernier numéro de l'*Argus*,[6] plus l'*Indicateur Chaix*.[7] Je me rends à Quimper[8] vendredi et j'ai besoin de savoir les horaires.
MADAME: Tu seras gentil de payer ma revue. Je n'ai plus un sou, chéri.
MONSIEUR: Je m'en doutais! (*À la vendeuse:*) Ce sera combien, Madame?
LA VENDEUSE (*faisant le calcul*): Voyons. Neuf cinquante; douze quatre-vingt; vingt et un francs trente. Vous prenez *Le Canard* avec?
MONSIEUR: Oui, Madame, et donnez-moi aussi *Le Monde*.[9]
LA VENDEUSE: Un franc et cinquante centimes. Ça fait vingt-deux francs quatre-vingt.
MONSIEUR (*regardant dans son porte-monnaie*): Je n'ai que des billets de cinq mille.[10]
LA VENDEUSE: Ça ne fait rien, Monsieur. Je vous rendrai la monnaie.

QUESTIONS D'IDENTIFICATION

1. Où sommes-nous? ... juste devant ...
2. Que voit-on derrière le kiosque? ... une affiche-réclame de la loterie nationale.
3. Qui vise le dessin dans *Le Canard enchaîné*? ... impitoyable pour ...
4. Pourquoi Madame n'achète-t-elle pas *Elle*? Elle l'a déjà lue ...
5. Quel périodique choisit-elle? Elle prend ...
6. Quelle lecture Monsieur se propose-t-il d'abord? D'abord, ...
7. Que propose Madame à la place? ... une revue ... ou un roman ...
8. Qu'est-ce que Monsieur choisit finalement? Il finit par choisir ...
9. Qui doit payer les journaux et revues? C'est Monsieur ...

[6] *L'Argus*: hebdomadaire qui donne les prix courants des voitures d'occasion, plus des nouvelles concernant l'automobile.
[7] *Indicateur Chaix* [ʃɛ]: périodique qui donne les horaires de la S.N.C.F. (Société Nationale des Chemins de Fer Français) pour toute la France.
[8] *Quimper*: ville de Bretagne, à 568 kilomètres à l'ouest de Paris (chef-lieu du Finistère).
[9] *Le Monde*: grand quotidien national, paraissant l'après-midi.
[10] Il s'agit ici d'anciens francs.

10. Combien ça fait? ... vingt-deux francs quatre-vingt.
11. Quelle somme Monsieur donne-t-il à la vendeuse? ... 5000 F. puisqu'il n'a que des billets de cinq mille francs.

QUESTIONS D'EXPLOITATION

1. Sommes-nous à l'intérieur? Non, nous sommes dehors, dans la rue.
2. À part les kiosques à journaux dans les rues, où peut-on acheter des périodiques en France? ... dans certains bureaux de tabac, papeteries, librairies, chez les marchands de journaux.
3. Le dessin dans *Le Canard* est-il flatteur pour les ministres? Non, ... pas du tout./ ... désobligeant.
4. Savez-vous les noms des grands journaux parisiens? ... *Le Monde, Le Figaro, Paris-Presse* ...
5. Paraissent-ils le dimanche et en semaine? Cela dépend; certains ...; d'autres ...
6. Existe-t-il une presse régionale ou locale? Bien sûr, elle est très importante.
7. Si vous cherchez un appartement, une voiture d'occasion, de la main d'œuvre, quelle rubrique du journal consultez-vous? ... les petites annonces.
8. Quels hebdomadaires ressemblent à *Life*, à *Time*? ... *Paris-Match, L'Express.*
9. Quelles sortes d'articles trouve-t-on dans les journaux féminins? ... sur la couture, la cuisine, la famille, la mode. On y trouve des nouvelles, des romans-feuilletons.
10. Et dans les revues sportives, quels articles trouve-t-on? ... sur les vedettes du sport, les grands matches, les concours olympiques, les championnats, peut-être aussi sur des sports plus individuels comme la pêche, l'alpinisme, ...
11. Les prix cotés dans *L'Argus* sont-ils généralement respectés? Oui, ils font foi./ On s'y fie./ Ils servent de base à ...
12. Décrivez en quelques phrases un reportage photographique qui vous a beaucoup impressionné. Le sujet du reportage était ... / Je l'ai vu dans ...
13. Avez-vous jamais décoré les murs de votre chambre de photos tirées des magazines illustrés? Oui, surtout des photos de ... (voitures de sport, matches sportifs, pin-ups, mode, ...)

16. *Au kiosque à journaux* 73

14. Quand vous ouvrez un journal, lisez-vous de préférence les articles de fond ou les faits divers? — De préférence, je lis ...

15. Lisez-vous toujours les bandes dessinées? — Oui, ça m'amuse./ Non, je suis trop sérieux pour lire ces machins pour gosses./ Jamais de la vie!/ C'est bon pour des enfants!

16. Êtes-vous abonné à un journal, à des périodiques? Depuis longtemps? — Oui, ... depuis ...

17. Est-ce que vous lisez en entier les journaux ou revues que vous achetez? — Non, parfois je les jette sans les lire./ Je les jette sans les avoir lus en entier./ Oui, ... d'un bout à l'autre./ ... de la première à la dernière page.

MISE EN PERSPECTIVE

Quels périodiques de votre pays correspondent à ceux du texte? Lesquels emporteriez-vous en voyage?

RÉVISION DES EXERCICES D'INTONATION

1. LA SURPRISE—1   (5, *Un F3*)

   RAPPEL: C'est près du Bois de Boulogne!

   EXERCICE: Tu n'achètes pas *Elle!*

2. LA SURPRISE—2   (6, *Aux sports d'hiver*)

   RAPPEL: Il n'y a que trois hôtels, et c'est tout!

   EXERCICE: J'ai bien compris, tu n'achètes pas *Elle!*

Niveau I

3. L'EXCLAMATION—1   (7, *Après l'examen*)

RAPPEL: Tu es un paresseux. (Phrase légèrement exclamative.)

EXERCICE: Je m'en doutais.

4. L'EXCLAMATION—1   (7, *Après l'examen*)

RAPPEL: Tu es un p<u>a</u>resseux! (Phrase plus nettement exclamative.)

EXERCICE: Ils sont imp<u>i</u>toyables pour les ministres!

16. Au kiosque à journaux

17. Un amphi

Un amphithéâtre d'université, bondé d'étudiants. À gauche, l'appariteur qui vient de faire entrer le professeur. Les étudiants debout. Nicole et Dominique chuchotent.

NICOLE (*chuchotant*): C'est aujourd'hui qu'il nous donne les sujets de dissertation?

DOMINIQUE: Je crois. Mais je ne pense pas qu'il ait fini la bibliographie. Ça fait déjà deux séances qu'il énumère les études sur Voltaire. J'aimerais mieux savoir ce qu'il a à dire sur *Candide*,[1] puisque c'est au programme.

NICOLE: C'est pas marrant,[2] la bibliographie. Je n'aurai jamais le temps de lire tout cela. Mais dis donc, quand faudra-t-il remettre la dissertation?

DOMINIQUE: Sais pas. Sûrement avant Pâques. On a le temps.

NICOLE: Moi, j'ai décidé de ne pas la faire. Je suis débordée cette année. Quel travail! Je prépare trois certificats,[3] tu sais. D'ailleurs, je me suis

---

[1] *Candide*: conte philosophique de Voltaire (1759).
[2] *C'est pas marrant*: tournure familière.
[3] *Certificat*: la licence ès lettres (ou ès sciences) comporte quatre certificats. Les

inscrite pour deux explications de texte.

DOMINIQUE: Trois certificats! Tu en as un courage! Mais fais attention, le prof ne sera pas content si tu ne lui remets rien avant les examens.

NICOLE: Je risque le coup quand même. Je me tirerai d'affaire avec le cours polycopié[4] à la fin de l'année.

QUESTIONS D'IDENTIFICATION

1. Sommes-nous dans une salle de classe? — Non, dans un ...
2. Reste-t-il beaucoup de places libres? — Non, ... l'amphi est bondé./ Toutes les places sont prises.
3. Qui a introduit le professeur dans l'amphithéâtre? — C'est ...
4. Nicole parle-t-elle à haute voix à Dominique? — Non, elle parle en ...
5. Qu'est-ce que le professeur n'a pas encore fini? — Il lui reste à finir ...
6. Depuis combien de temps parle-t-il des études sur Voltaire? — Cela fait ... qu'il ...
7. Sur quel texte fait-il son cours cette année? — C'est ... / ... un conte célèbre de ...
8. A-t-il déjà donné les sujets de dissertation? — Non, ... pas encore ... de ...
9. Quand veut-il qu'on lui remette les dissertations? — Il veut qu'on ... / ... qu'on les lui fasse avant ...
10. Pourquoi Nicole ne veut-elle pas remettre de dissertation? — Elle est débordée de travail./ Elle prépare trois ...
11. Comment est-ce qu'elle va se tirer d'affaire? — ... en achetant le cours ...

QUESTIONS D'EXPLOITATION

1. Pouvez-vous dire à peu près quel est le nombre d'étudiants dans cet amphithéâtre? — Ils sont à peu près ... / Ils doivent être ...

étudiants préparent un ou deux certificats par an. La maîtrise, qui remplace la licence, comporte un nombre variable de certificats. Les deux diplômes sont à peu près équivalents au «Masters».

[4] *Cours polycopié*: texte, imprimé à la ronéo, de toutes les conférences du professeur, et vendu aux étudiants.

17. *Un amphi*

2. Est-ce beaucoup?
Oui, ... bien trop pour ce local.

3. Est-ce qu'ils font du bruit en ce moment?
Non, ... pas de chahut./ Ils parlent à voix ...

4. Quel diplôme les deux jeunes filles préparent-elles?
... des certificats de licence.

5. Combien de certificats faut-il pour être licencié? Pour avoir la maîtrise?
Pour la licence, il faut ... / Pour la maîtrise, il faut ...

6. En combien d'années un étudiant moyen peut-il avoir sa licence? Et sa maîtrise?
... en 2 ou 3 ans.

7. Pouvez-vous expliquer ce qu'est un cours polycopié?
... (voir notes.)

8. A quelle époque de l'année ont lieu les examens en faculté?
... en mai-juin./ Tout est fini vers le 1er juillet.

9. Croyez-vous que Nicole soit une étudiante très sérieuse?
Non, je ne crois pas qu'elle soit ... / Non, ... car elle ne fait pas beaucoup de zèle.

10. Nicole et Dominique suivent-elles d'autres cours de littérature française?
Oui, ... puisqu'elles préparent un certificat.

11. Les cours universitaires sont d'habitude très spécialisés. Quels avantages trouvez-vous à des cours spécialisés, en général?
Par exemple, ils permettent une connaissance approfondie des quelques sujets étudiés.

12. Et quels en sont les inconvénients?
Par exemple, ils empêchent d'avoir des vues plus générales.

13. Est-il vraiment indispensable de suivre le cours de ce professeur?
Non, on peut se passer de le suivre./ ... s'en passer.

14. Pourquoi?
L'assistance au cours n'est pas obligatoire./ On n'y fait jamais l'appel.

15. Est-ce qu'il existe la même chose dans votre pays?
Oui, ... / Non, ...

16. Si ça existait, iriez-vous suivre les cours des professeurs à l'Université?
Oui, ... / Non, ...

17. Qu'est-ce qui vaut mieux, un cours écrit ou un cours qu'on a entendu donner par un professeur?
Cela dépend de beaucoup de facteurs. Par exemple, un bon ... vaut mieux qu'un médiocre ...

MISE EN PERSPECTIVE

Que pensez-vous de l'habitude qui consiste à se lever quand le professeur entre dans la classe?

RÉVISION DES EXERCICES D'INTONATION

1. L'EXCLAMATION—2   (8, *Au grand magasin*)

   RAPPEL: Quel beau fauteuil! (Phrases très fortement exclamatives, comportant un mot exclamatif)

   EXERCICE: Quel travail!
   Comme je suis débordé cette année!

2. L'EXCLAMATION—2   (8, *Au grand magasin*)

   RAPPEL: Dis donc, lança-t-il à sa femme, comme tu y vas! (Phrase très fortement exclamative, comportant une proposition incise)

   EXERCICE: Trois certificats, lui dit-elle très impressionnée, quel courage tu as!

3. L'INTERROGATION AVEC ÉCHO   (9, *Une chambre d'étudiant*)

   RAPPEL: Et Robert s'en contente, vous êtes sûr?

   EXERCICE: C'est aujourd'hui qu'il nous donne les sujets de dissertation, tu crois?

17. Un amphi

4. PHRASE ÉNONCIATIVE AVEC ÉCHO (*10, La salle de séjour des Lanier*)

RAPPEL: Elle n'a pas beaucoup de goût (,tu sais).

EXERCICE: Je prépare trois certificats (,tu sais).

18. Une villa de banlieue

Une maison à deux étages de style Louis XIII.[1] Devant la maison, le jardin, une fontaine, une balustrade, la grille d'entrée. Une femme de ménage en train de nettoyer vigoureusement une fenêtre au premier étage.[2]

C'est un grand industriel lyonnais qui habitait cette maison, à vingt minutes du centre de la ville. On distingue, à gauche, des parterres soigneusement entretenus, à droite quelques arbres, en particulier des mûriers, et deux bancs près d'une fontaine, à l'ombre des arbres. Une terrasse avec balustrade en fer forgé ceinture la maison, qui est de style Louis XIII.

Le rez-de-chaussée de cet imposant édifice est éclairé par quatre portes-fenêtres séparées par une grande porte d'entrée à deux battants. Il y a autant

[1] *Style Louis XIII*: un des grands styles d'époque, typique de la première moitié du dix-septième siècle, et remarquable par le mélange harmonieux de la brique et de la pierre.
[2] *Le premier* (étage) : en France, on ne compte pas le rez-de-chaussée comme étage.

d'ouvertures au premier qu'au rez-de-chaussée, et c'est une véritable corvée pour la bonne que d'avoir à nettoyer toutes ces vitres. Au deuxième étage, deux cheminées encadrent les lucarnes, situées juste au-dessus de la chambre des maîtres.

Le domaine est à vendre, car la propriétaire ne supporte plus le climat humide de la région lyonnaise. Comme son mari est décédé il y a six mois, la veuve a pris la décision de se retirer sur la Côte.[3] Peut-être a-t-elle l'intention secrète de chercher là-bas un nouveau mari; c'est du moins ce que racontent les mauvaises langues. Ce sont ses petits-enfants qui vont être déçus! Ils aimaient tant jouer dans le grand parc derrière la maison. Une agence immobilière s'occupe de la vente.

QUESTIONS D'IDENTIFICATION

1. Qui est-ce qui habitait cette maison? — C'est un ...
2. Où cet industriel habitait-il? — ... à Lyon./ ... aux environs de Lyon./ ... dans la banlieue lyonnaise.
3. Où sont placés les deux bancs? — ... près d' ...
4. En quoi est la balustrade de la terrasse? — ... en fer ...
5. De quel style est cette maison? — ... de style ...
6. Combien d'ouvertures y a-t-il au rez-de-chaussée? — J'en compte ...
7. Et au premier étage? — ... autant qu'au ...
8. Qu'est-ce que la femme de ménage a à faire? — ... a à nettoyer ...
9. Où se trouvent situées les lucarnes du deuxième? — ... juste au-dessus de ...
10. Pourquoi la propriétaire veut-elle vendre la maison? — ... son mari est ... et elle ne supporte plus le ...
11. Quelle autre raison peut-elle avoir pour se retirer sur la Côte? — Peut-être a-t-elle l'intention de ... / Peut-être qu'elle a ...
12. Pourquoi les petits-enfants seront-ils déçus? — ... ils aimaient ...
13. Qui s'occupe de la vente? — Une agence ...

---

[3] *Côte:* la Côte d'Azur.

82 Niveau I

QUESTIONS D'EXPLOITATION

1. A qui appartient cette grande villa?
   Elle est à ... / C'est celle d' ...
2. Est-ce qu'elle est loin du centre de Lyon?
   Non, ... à vingt ...
3. Combien d'ouvertures y a-t-il en tout sur la façade?
   J'en vois ... / J'en compte ...
4. Est-ce que cela fait beaucoup de vitres à nettoyer?
   Oui, ... un nombre considérable de ...
5. Est-ce un travail fatigant que de nettoyer ces vitres?
   Oui, c'est une corvée./ On n'en finit pas de ...
6. Décrivez ce que vous voyez devant la maison.
   (parterres, mûriers, bancs, fontaine, balustrade)
7. Par quoi sont encadrées les lucarnes du second?
   Elles ... par les ...
8. Que s'est-il passé il y a six mois?
   Il y a six mois, l'industriel ...
9. Est-ce l'industriel qui ne supporte pas le climat de la région?
   Non, c'est sa ...
10. Quelle sorte de climat les personnes âgées ne peuvent-elles pas supporter?
    ... les climats humides et froids, aux hivers longs.
11. Le climat de la Côte est-il le même que celui de la région lyonnaise?
    Non, le climat de la Côte est moins ... / ... est plus tempéré, plus sec ...
12. Que racontent les mauvaises langues?
    ... qu'elle a peut-être l'intention de ... / Elles répandent le bruit que la veuve ... / Elles font courir le bruit que ...
13. Est-il gentil de raconter de telles choses?
    Non, c'est très méchant./ Les mauvaises langues parlent sans savoir./ C'est très cruel car cette femme a peut-être beaucoup de peine./ ... n'a pas du tout l'intention de se remarier./ ... était bien trop attachée à son mari pour songer à se ...
14. Les petits-enfants de la veuve, vont-ils être contents?
    Au contraire, ... déçus.
15. Pourquoi?
    Parce qu'ils aimaient ...
16. Est-ce qu'ils pourront venir jouer dans le parc quand la maison sera vendue?
    Non, une fois que la maison sera ...

18. *Une villa de banlieue*

17. Est-ce qu'ils jouaient sur la pelouse devant la maison? — Non, c'était strictement défendu./ ... derrière, dans le ...
18. Une seule domestique suffit-elle dans cette grande maison? — Non, une seule domestique ne suffit pas ... / ... ne peut pas tout faire. (cuisinier, chauffeur, jardinier)
19. Quels sont les autres domestiques qu'il pourrait y avoir chez ces gens-là?
20. Ce domaine, a-t-il une grande valeur, d'après vous? — Oui, il me semble que c'est un domaine de grande ... / Cette maison a dû coûter une petite fortune.
21. Aimeriez-vous l'habiter? — Oui, je rêve d'habiter une immense maison avec beaucoup de domestiques./ Non, je ne serais pas à l'aise là-dedans./ Non, je préfère de beaucoup ... / Qu'on ne me parle pas d'une telle maison!

MISE EN PERSPECTIVE

Si vous faisiez construire une belle maison, quel style choisiriez-vous et pourquoi?

RÉVISION DES EXERCICES D'INTONATION

1. L'ORDRE   (*11, Dans un «Économat»*)

   RAPPEL: Donnez-moi du pâté de foie.

   EXERCICE: Qu'on ne me parle plus du style Louis XIII.

2. LA PHRASE EN SUSPENS   (*12, Une soirée en famille*)

   RAPPEL: Maman, la compote de pommes me fait ... (Hésitation, le dernier mot est accentué.)

   EXERCICE: Si cette vieille femme reste à *Lyon* ...

Niveau I

19. L'accident

Une route luisante de verglas. Une D. S.[1] sur le bas-côté, l'avant défoncé par un camion. Le camion moins endommagé. La voiture et le camion sur la gauche. Une autre voiture sur la droite de la route, bien rangée. Le témoin, l'agent, les blessés sur des brancards, l'ambulance. Le témoin, près du médecin, l'aide à panser un blessé.

La route était glissante à cause du verglas et un terrible accident est arrivé. Monsieur Pierre Berry, ingénieur, rentrait à Paris en D. S. avec trois confrères. Très pressé, il conduisait à grande vitesse. Soudain, dans un virage, sa voiture a dérapé et est allée se jeter contre un poids lourd qui arrivait lentement en sens inverse. La D. S. est très endommagée, plus que le camion.

[1] D. S.: voiture fabriquée par Citroën, réputée pour son confort exceptionnel (suspension à air et huile) et sa ligne inhabituelle.

Un autre automobiliste a été le témoin de l'accident. En freinant brusquement pour éviter la collision, il a failli, lui aussi, suivre le sort de M. Berry. Après avoir rangé sa voiture, le témoin a téléphoné, d'une ferme voisine, à la gendarmerie la plus proche.

En ce moment, un agent règle la circulation pour éviter un autre accident. Un médecin, arrivé dans l'ambulance, s'occupe des blessés. Le témoin l'aide de son mieux. Quant à Monsieur Berry, le conducteur de la D. S., il est très grièvement blessé et mourra des suites de ses blessures. Il a payé bien cher son imprudence. Le chauffeur du camion, lui, n'a que de légères contusions. Il est furieux, pourtant, et jure comme un charretier, maudissant les D. S., les ingénieurs, les chauffards, le verglas, les routes et le gouvernement!

QUESTIONS D'IDENTIFICATION

1. Qu'est-ce qui est arrivé?   Il est arrivé ...
2. Pourquoi la route était-elle glissante?   ... à cause du ...
3. Avec qui l'ingénieur était-il dans sa voiture?   ... avec trois ...
4. Comment conduisait-il?   ... à grande vitesse.
5. Qu'est-il arrivé dans un virage?   ... a dérapé et ...
6. Qu'est-ce qui a failli arriver au témoin?   ... a failli suivre le sort ...
7. Qu'a fait le témoin?   ... téléphoné à ...
8. Pourquoi l'agent règle-t-il la circulation?   ... pour éviter ...
9. Que fait le médecin pendant ce temps?   ... il soigne les ...
10. Que va-t-il arriver à M. Berry?   Il mourra ...
11. Le chauffeur du camion, qu'est-ce qu'il a?   ... n'a ...
12. Que fait-il?   Il jure comme ... et il maudit ...

QUESTIONS D'EXPLOITATION

1. Est-ce un petit accident qui est arrivé?   Non, ... très grave ...
2. Combien de véhicules y a-t-il sur la route?   Maintenant il y a ...

3. Comptez-vous la moto?   Oui, ... / Non, ... / J'avais oublié de ...

4. A qui est la moto?   ... est à ... / C'est celle de ... / ... appartient à ...

5. Monsieur Berry conduisait-il lentement?   Non, loin de là ... / Au contraire, ...

6. Avait-il du temps devant lui?   Non, il était pressé de rentrer à ...

7. Approuvez-vous Monsieur Berry?   Non, je le désapprouve. / Je n'aurais pas fait comme lui.

8. Une voiture comme la D. S. tient-elle bien la route?   Oui, ... a une bonne tenue de route. / ... une tenue de route exceptionnelle.

9. Peut-on freiner sur une route verglacée?   Non, il vaut mieux ne pas ... / Il est dangereux de ...

10. Aurait-on pu éviter cet accident?   Oui, on aurait pu l'éviter. / Il aurait pu être évité. / Non, on ne ... pas ... / ... il était inévitable.

11. Qui en est responsable?   Le responsable est ... / C'est Monsieur B. qui ... / ... a causé l'accident. / C'est la faute de ... si l'accident est arrivé.

12. Le témoin a-t-il fait son devoir?   Oui, il l'a fait. / Il a fait ce qu'il fallait faire.

13. Qu'auriez-vous fait à sa place?   ... comme lui. / ... la même chose.

14. Qu'est-ce qui arriverait sans l'agent de police?   Il arriverait un autre ... / ... pourrait arriver ... / ... arriverait peut-être.

15. Qu'est-ce qui arriverait s'il n'y avait pas de médecin?   ... les blessés risqueraient de mourir.

16. Qui donne un coup de main au docteur?   C'est le ... qui ...

17. Emporte-t-on le chauffeur du camion sur un brancard?   A quoi bon? C'est inutile puisqu'il n'a ... / Il est inutile d' ...

18. Est-ce qu'il a raison de se plaindre?   Oui, mais il a tort de ... / Oui, il a des motifs de se plaindre et d'être furieux, mais à quoi bon jurer et ... / ... pourquoi s'en prendre à tout le monde? / ... au lieu de crier et de jurer il ferait mieux de donner un coup de main ...

19. Monsieur Berry est-il mort sur le coup?   Non, ... peu après l'accident.

20. Est-ce que les imprudences se paient?   Oui, souvent ... / Un jour, tôt ou tard, ...

19. *L'accident*

21. Trouvez-vous que Monsieur Berry a payé la sienne bien cher?
Oui, je trouve qu'il ... / ... qu'il l'a bien payée./ Il me semble qu'il ... / À mon avis ...

22. Avez-vous commis des imprudences dans votre vie?
Non, je n'ai jamais ... d' ... / ... aucune ... / Oui, ... beaucoup d' ... / J'en ai ... quelques-unes./ ... certaines.

23. Les avez-vous payées?
Non, ... / ... pas encore ... / Oui, ... cher./ ... bien cher.

24. Cet accident vous donne-t-il envie d'être prudent sur les routes?
Oui, il me donne envie d'être très ...

25. Devrait-on publier dans les journaux les photos d'accidents pour impressionner les gens?
Oui, ... / Oui, ça pourrait les rendre plus ... / Peut-être feraient-ils attention./ Non, ce serait inutile./ Ça ne changerait rien./ Ça n'aurait aucun effet sur ...

MISE EN PERSPECTIVE

Est-ce que vos concitoyens conduisent en général avec beaucoup de prudence? Donnez des exemples pour et contre.

RÉVISION DES EXERCICES D'INTONATION

1. LA PHRASE EN SUSPENS   (12, *Une soirée en famille*)

RAPPEL: Il y a Nicolas et puis aussi ... (Hésitation, dernier mot inaccentué.)

EXERCICE: Il rentrait à Paris avec ...

2. LA PHRASE EN SUSPENS   (13, *Les nouvelles de midi*)

RAPPEL: J'ai bien envie de te priver de ... (Arrêt volontaire, menace)

EXERCICE: Si vous conduisez à trop vive allure ...

3. LA PHRASE INCISE, LA PARENTHÈSE (*14, Consultation chez le docteur Teste*)

RAPPEL: Certains malades, les vieux surtout, sont difficiles à soigner.

EXERCICE: Soudain, dans un virage, sa voiture a dérapé.

19. *L'accident*

Niveau II

1. Rencontre au «Champo»

Le café «Le Champo»[1] dans la rue des Écoles, un peu après midi. Des étudiants, garçons et filles, sont assis à des tables, à l'intérieur et à la terrasse vitrée, dégustant leur café. Un garçon sert des consommations à un groupe de jeunes et, à une table voisine, un étudiant présente une jeune fille à un de ses amis qui est en train de boire une bière à petites gorgées. Toutes les tables sont encombrées de bouteilles vides, de soucoupes, de carafes, de tasses, car les clients sont nombreux à cette heure de la journée. Au-dessus du comptoir, à droite, près de la caisse on distingue une horloge qui marque deux heures moins le quart. Les jeunes gens sont habillés simplement mais élégamment. Les jeunes filles en particulier ont beaucoup de chic.

[1] *Le Champo*: café dans la rue des Écoles (V[e] arrondissement), tout près de la Sorbonne.

Le Champo est le rendez-vous d'un grand nombre d'étudiants pour une raison bien simple: il est à deux pas de la Sorbonne et tout près de quatre ou cinq salles de cinéma. C'est là qu'on retrouve les copains toujours à peu près à la même table, à l'heure du café. On en profite pour discuter sans fin et à grand bruit de toutes sortes de problèmes: les cours, les profs, les films, la politique, les amis, le monde ... Il règne parmi ces jeunes gens une atmosphère de franche camaraderie qui fait plaisir à voir. On fume beaucoup, tout en buvant son express.[2] Michel, que ce café trop fort énerve, a commandé une bière. Plongé dans de profondes pensées, il n'a pas vu arriver Pierre, accompagné d'une charmante jeune fille.

PIERRE: Michel! toujours aussi distrait! Bonjour mon vieux! Je te présente Evelyne, une amie. Evelyne est en Philo[3] au lycée d'Orsay.[4] C'est une future étudiante en Lettres.

MICHEL: Dis donc, tu as des amies drôlement jolies! Comment allez-vous, Evelyne?

EVELYNE: Très bien, merci. Et vous?

MICHEL: On ferait aussi bien de se tutoyer,[5] vous ne croyez pas? Tu n'y vois pas d'inconvénient, au moins, Pierre?

PIERRE: Bien sûr que non, voyons Michel. Entre copains, il est normal de se tutoyer.

EVELYNE: Tiens, cela me rappelle que l'autre jour, dans la cour du lycée, j'ai tutoyé une surveillante, sans le faire exprès. Je l'avais prise pour une élève de terminale.[6]

MICHEL: Et comment a-t-elle trouvé ça?

EVELYNE: Pas du tout à son goût. Mais la prochaine fois je la vouvoierai sans faute, croyez-moi. Pardon, crois-moi!

PIERRE: Je te le conseille vivement. On ne sait jamais avec ces «pionnes»!

MICHEL: C'est dommage que vous arriviez si tard. Nous venons à peine de faire connaissance et il va falloir nous séparer. J'ai un cours à deux heures.

EVELYNE: Oh! c'est dommage en effet. Mais nous aurons d'autres occasions de bavarder sans doute.

---

[2] *Express*: café noir, très fort (de l'italien «espresso»).

[3] *Philo* (pour Philosophie): une des trois classes terminales des lycées. Les autres sont Sciences Expérimentales et Mathématiques Élémentaires. (Quelques changements ont été apportés récemment à ce système.)

[4] *Orsay*: ville au sud-ouest de Paris, dans la grande banlieue, sur la ligne de Sceaux (voir la carte du métro).

[5] *Tutoyer*: dire «tu» à quelqu'un, par opposition à «vouvoyer» qui revient à dire «vous».

[6] *Terminale*: voir note 3.

1. Rencontre au «Champo»

Michel, à regret, prendra donc congé de ses amis qui vont occuper sa table devenue libre. Il paraît que Pierre et Evelyne sortent ensemble depuis quelque temps. On dit même que c'est assez sérieux entre eux.

QUESTIONS D'IDENTIFICATION

1. Où se trouve le Champo? — ... à deux pas de ... / ... tout près de ...
2. De quoi discutent les étudiants? — ... discutent de ... des ... du ...
3. Que font-ils en buvant leur café? — ... fument ... discutent.
4. Quelle atmosphère règne parmi les étudiants? — Il règne ... / Une atmosphère de ... règne parmi eux.
5. Comment appelle-t-on la sorte de café qu'ils boivent? — On l'appelle un express./ ... café-express./ C'est un ...
6. Qu'est-ce que Michel a commandé? — C'est une bière que ...
7. Pourquoi? — ... le café ...
8. Qu'a fait Evelyne dans la cour du lycée? — ... a tutoyé ... sans le faire ...
9. Pourquoi les trois amis se séparent-ils si tôt? — ... parce que Michel a ...

QUESTIONS D'EXPLOITATION, Première Série

1. Pourquoi beaucoup d'étudiants vont-ils au Champo? — ... pour une raison bien ... / ... pour deux raisons: ... / ... parce qu'il est ...
2. Les étudiants discutent-ils de nombreux problèmes? — Oui, ... de toutes sortes de ... / ... s'intéressent à toutes sortes de ... / Toutes sortes de ... les intéressent.
3. Y a-t-il des barrières entre garçons et filles? — Non, ... pas de ... / ... aucune barrière./ Il y a une franche camaraderie ... / ... saine amitié ...
4. Michel peut-il supporter le café-express? — Non, ... trop fort pour lui./ ... lui fait mal.
5. Pourquoi n'a-t-il pas vu Pierre arriver? — ... il était plongé ... / ... il est toujours distrait.
6. Pierre est-il seul? — Non, ... accompagné d'une ... / ... il est avec une ...

Niveau II

7. Comment Michel trouve-t-il Evelyne?	Il la trouve drôlement ... / Il dit qu'elle est ...
8. Qu'est-ce qui est normal entre copains?	Entre copains, il est normal de ... / ... normal qu'on se ...
9. Comment se fait-il qu'Evelyne ait tutoyé une surveillante?	Elle l'avait prise pour ... / C'est qu'elle l'avait prise pour ... / Elle l'a fait par mégarde./ ... pas fait exprès.
10. Qu'est-ce que Pierre conseille à son amie?	... de vouvoyer la ... la prochaine fois./ Il lui recommande de ...
11. Pierre aime-t-il les surveillants?	Non, ... pas beaucoup ... / ... puisqu'il les appelle des «pions».
12. Michel est-il heureux de quitter ses amis?	Non, ... / Il les quitte à regret./ Il regrette de les ... / ... de devoir les ...

QUESTIONS D'EXPLOITATION, Deuxième Série

1. Quels sont les avantages du Champo?	Il est près de ... et entouré de ... / Il a l'avantage d'être ...
2. Tout le monde a-t-il la même façon de discuter?	Non, chacun a la sienne./ ... sa propre manière.
3. D'habitude comment discutent les gens âgés?	... calmement./ ... d'une manière calme, posée./ ... sans s'emporter./ ... en gardant leur calme.
4. Et les jeunes?	... à grand bruit./ ... parfois en s'emportant./ Les jeunes, eux, ...
5. Les étudiants de ce pays-ci discutent-ils librement de politique? de leurs amis?	Oui, ils en discutent ... / Non, ils n'en discutent pas./ Oui, ils abordent ces sujets./ C'est volontiers qu'ils ...
6. La présence d'Evelyne gênerait-elle les garçons s'ils parlaient de filles?	Non, ... pas beaucoup./ ... les obligerait à plus de tact./ ... moins de grossièreté./ ... plus de délicatesse, de retenue, peut-être.
7. Quel est le défaut de Michel?	Son défaut, c'est d'être ... / ... c'est la distraction./ C'est un grand distrait.
8. Vous est-il difficile de tutoyer vos camarades de classe quand vous parlez français?	Oui, il m'est difficile de ... / Oui, ça m'est difficile./ Il m'est très difficile de les ... / Je trouve qu'il ... de les ... / Je n'arrive pas à les ...

1. Rencontre au «Champo»

9. Si vous étiez en France verriez-vous un inconvénient à ce qu'on vous tutoie?
Non, ... aucun inconvénient ... / ... pas le moindre inconvénient à ce ... / ... trouverais normal qu'on me ... / ... que les gens me ... / ... normal de me faire tutoyer.

10. Est-ce que vous diriez «Tu» à vos amis?
Oui, je leur dirais «Tu.»/ Je les tutoierais./ J'essayerais de les ...

11. Par contre, est-ce que vous diriez «Tu» à vos professeurs et à vos surveillants?
Non, oh! non, ... / Certainement pas!

12. Les présentations sont-elles vite faites entre jeunes gens?
Oui, ... très vite faites./ ... vite réglées./ On passe très vite sur les ...

13. Ces jeunes gens ont-ils décliné leur nom de famille?
Non, ... / ... ont donné seulement leur prénom./ ... n'ont donné que ...

14. Connaissez-vous quelques répliques à faire lorsqu'on vous présente quelqu'un en français?
On peut dire: «Enchanté.»/ ... «Je suis enchanté de faire votre connaissance.»/ ... ravi de faire ... / ... ravi de vous connaître./ ... d'avoir eu l'honneur de faire ...

15. Savez-vous comment on se présente en français?
On dit: «Permettez-moi de me présenter: je suis ...»

16. Et savez-vous comment on présente quelqu'un?
Dans ce cas, on dit: «Madame, permettez-moi de vous présenter Monsieur ...»/ ... «Je vous présente Monsieur ...»/ «Voici Monsieur ... que je suis heureux de vous présenter.»

17. Quand on présente un homme à une femme, duquel doit-on d'abord donner le nom?
Dans ce cas, il faut nommer l'homme d'abord./ Il convient de ... / C'est le nom de l'homme qu'on doit donner en premier. Par exemple: «Madame, je vous présente Monsieur Un tel; voici Madame Une telle.»

18. Les gens suivent-ils toujours cette règle?
Non, peu de gens ... / ... bien peu de personnes la connaissent./ Les manières se perdent, hélas!

19. Pierre l'a-t-il suivie ici?
Oui, ... / Pierre connaît les usages.

20. Est-on aujourd'hui aussi à cheval sur les principes qu'autrefois?
Non, ... pas aussi strict sur ces questions.

Niveau II

21. Est-ce la même chose dans tous les pays?
Non, on est plus traditionaliste dans certains pays./ ... accorde encore beaucoup d'importance à ces questions.

22. Les jeunes gens accordent-ils beaucoup d'importance à ces questions-là?
Non, ... peu d'importance .../ ... n'accordent aucune importance .../ ... se désintéressent de ces .../ ... se préoccupent peu de ces ...

23. Est-ce mieux ainsi?
Oui, ... / Non, à mon avis ... / Je regrette les temps anciens./ Moi, je trouve que ces questions ont leur importance./ Il était temps qu'on simplifie ...

24. Que dit-on de Pierre et d'Evelyne?
On dit ... / Il paraît qu'ils ... / On dit que c'est ... / C'est assez sérieux, dit-on./ ...; c'est ce qu'on dit./ On raconte que ... / Le bruit court que ...

25. Est-ce qu'on est certain de cela?
Non, c'est un simple bruit./ C'est ce que les gens racontent./ Ce ne sont que des on-dit.

26. Si c'est sérieux, que croyez-vous que Pierre et Evelyne feront?
Si c'est sérieux, ils se marieront./ ... il est probable qu'ils ... / ... cela finira par un mariage.

MISE EN PERSPECTIVE

1. L'anglais ne possède plus le pronom *tu*. Vous paraît-il indispensable?
2. De quoi discutez-vous le plus souvent avec vos amis en dehors des cours?

1. Rencontre au «Champo»

2. Une ferme

Voici la cour d'une grande ferme. On distingue un tracteur au centre de la cour, et d'autres machines agricoles: une herse, un chariot, un tombereau. Un peu à l'écart se dressent les silos à maïs, et par delà les grilles, on distingue les champs labourés et une grande prairie où paissent des vaches. La maison d'habitation, à gauche, est vaste, coquette et de construction récente. L'antenne de télévision se dresse sur le toit d'ardoises grises. Deux beaux saules pleureurs flanquent un parterre de fleurs devant l'entrée. Un ouvrier agricole sort du garage, à l'extrémité de la maison. On entrevoit, derrière un rideau d'arbres, les premières maisons du village.

Après la Beauce, c'est en Picardie[1] que se trouvent les plus grandes propriétés de France. Celle-ci, qu'on peut considérer comme une ferme modèle, a près de cent hectares[2] de superficie. Elle appartient au maire du village, dont on peut voir les premières maisons par delà les champs. Monsieur le maire, il y a quelques jours, a acheté un tracteur neuf, plus puissant que celui qu'il avait déjà et qu'il a décidé de conserver. Un tracteur est indispensable dans une grande propriété pour labourer, herser et rentrer les foins. Presque tous les grands fermiers de la région en ont au moins deux. La mécanisation a permis à beaucoup d'entre eux de réduire la main-d'œuvre agricole. C'est le cas du maire qui n'emploie plus qu'un seul journalier au lieu des trois dont il avait besoin autrefois. C'est sa femme qui, en plus des soins du ménage, s'occupe des vaches. Cet élevage, outre qu'il rapporte relativement peu d'argent, oblige à rester en permanence à la ferme, car les bêtes exigent une attention de tous les instants. En revanche, il assure des revenus plus réguliers, répartis tout au long de l'année.

Le fils et la fille du fermier terminent leurs études, lui dans une école d'agriculture, elle au Lycée de jeunes filles d'Amiens. C'est sans doute lui qui succédera à son père à la tête de l'exploitation. Il n'aura pas à envier les autres jeunes gens qui ont choisi de vivre à la ville, car il aura ici, à la campagne, tout le confort moderne. Maintenant, ce n'est plus comme autrefois, au temps des lampes à huile! Et puis, avec une voiture, il est si facile de se déplacer. La ville n'est plus qu'à quelques minutes de la ferme. Même les petits fermiers se modernisent. Ils s'y mettent eux aussi et suivent le mouvement.

QUESTIONS D'IDENTIFICATION

1. Où se trouve cette ferme? ... en ...
2. Combien d'hectares le maire possède-t-il? Il a ... / Il est propriétaire de ...
3. Pour quels travaux un tracteur est-il indispensable? ... pour labourer ...
4. De quoi s'occupe la femme du maire? .. des soins du ... et des ...
5. Combien de personnes le maire emploie-t-il à la ferme? ... un seul ...
6. Pourquoi faut-il quelqu'un en permanence à la ferme? ... à cause des ... / ... parce que les bêtes exigent ...

---

[1] *Picardie*: une des trente-quatre anciennes provinces françaises, dans le nord de la France. C'est une région de grandes cultures (blé, betterave à sucre) et d'élevage. C'est aussi une des nouvelles «régions économiques» de création récente. Mais les limites des deux ne se superposent pas (voir cartes).

[2] *Hectare*: mesure de surface (= 2.47 acres).

2. *Une ferme*

7. Que font les enfants du fermier? — Le fils ... et la fille ...
8. Y a-t-il du confort dans les fermes d'aujourd'hui? — Oui, aujourd'hui ...
9. Que font même les petits fermiers? — Ils se ... / Ils s'y mettent ...

QUESTIONS D'EXPLOITATION, Première Série

1. La ferme se trouve-t-elle très en dehors du village? — Non, ... pas très en dehors ... / ... assez près du ...
2. A-t-elle exactement cent hectares? — Non, ... à peu près ... / ... environ ...
3. Une ferme de cette superficie serait-elle une grande ferme aux U.S.A.? — Non, ... / Ce serait ... / Une telle ferme ...
4. Comparer la puissance du nouveau tracteur à celle de l'ancien? — Celui-ci est plus ... que ... / L'ancien est moins ... que ...
5. Les petits fermiers ont-ils tous un tracteur? — Non, certains n'ont pas de ... / ... n'en ont pas./ Il y en a qui ...
6. Quels sont les principaux travaux de la ferme? — ... les labours, les semailles, la fenaison, la moisson./ Ce sont les labours ...
7. Citez un avantage de la mécanisation. — Elle a permis de réduire ... / Grâce à elle on a pu réduire ...
8. La femme du maire travaille-t-elle aussi à la ferme? — Oui, c'est elle qui s'occupe des ...
9. Pourquoi le maire élève-t-il des vaches? — Cela assure ... / Parce qu'élever des vaches assure ...
10. Quels produits retire-t-on de l'élevage des vaches? — ... du lait, des veaux, de la viande, du cuir./ Les vaches donnent ...
11. Cela rapporte-t-il beaucoup d'argent? — Non, ... pas beaucoup d'argent./ ... peu d'argent./ C'est peu rentable en fin de compte.
12. Peut-on laisser les bêtes seules plusieurs jours à la ferme? — Non, on ne peut pas ... / Il est impossible de les laisser ... / C'est impossible.
13. Quelles études font les enfants du fermier? — Son fils ... alors que sa fille ... / ... des études pratiques ... des études secondaires.
14. Que fera son fils plus tard? — Il succédera à son ... / Il lui ... / ... le remplacera à la tête ...

15. Les paysans d'aujourd'hui vivent-ils comme autrefois? — Non, ... / Ils vivent mieux ... / ... bien mieux qu'autrefois./ Ils ont une vie plus facile./ ... plus agréable./ ... ont plus de confort.

16. Qu'est-ce qu'on peut faire aujourd'hui grâce à la voiture? — On peut se déplacer ... / Avec la voiture il est facile de ...

QUESTIONS D'EXPLOITATION, Deuxième Série

1. Si le maire était un tout petit fermier, achèterait-il un tracteur neuf? — Non, ... / Il lui serait inutile ... / Ce ne serait pas la peine qu'il achète ... / A quoi lui servirait d'acheter ...?

2. Ce fermier est-il aisé? A quoi le voyez-vous? — Oui, il semble être aisé./ Il semble aisé./ Il semble l'être./ ... si j'en juge par la superficie et l'état de la ferme./ ... à en juger par ...

3. Peut-on se passer de tracteur dans une petite propriété? — Oui, ... / Il est possible de s'en passer./ On doit pouvoir s'en ... / Dans ... n'est pas indispensable.

4. Et dans une ferme comme celle du maire? — Non, ... / Non, là, il n'est pas possible de ... / Non, dans ce cas ...

5. L'élevage des vaches présente-t-il des avantages? Des inconvénients? — Oui, ... des avantages et des inconvénients./ ... peu d'avantages et beaucoup d'inconvénients./ ... plus d' ... que d' ... / ... d'énormes ...

6. Lesquels? — Il a l'avantage d'assurer .. et l'inconvénient d'obliger ..

7. Quelqu'un pourrait-il facilement remplacer la fermière pour s'occuper des vaches? — Oui, sans doute quelqu'un ... / Certainement ... / Quelqu'un serait sans doute capable de ... / Il serait possible à la fermière de se faire remplacer ...

8. Comment vivaient les fermiers autrefois? — ... assez mal./ ... d'une manière inconfortable./ ... menaient une vie dure.

9. Qu'est-ce qui a permis d'améliorer leur condition? — C'est la mécanisation ... / Entre autres choses l'électrification des campagnes, l'utilisation des engrais, les prêts de l'État ont ...

10. Les petits fermiers sont-ils aussi avantagés que les grands? — Non, ... / ... moins avantagés qu'eux./ ... forcément moins ...

2. *Une ferme*

11. Les fils et filles de fermiers restent-ils tous à la campagne? — Non, ... pas tous ... / Non, un grand nombre d'entre eux quittent la ... pour la ville./ Beaucoup d'entre eux quittent la campagne./ ... vont vivre à la ville./ ... fuient la campagne./ ... préfèrent travailler à la ... plutôt qu'à la ... / C'est un véritable exode rural.

12. Pour quelles raisons, à votre avis, les jeunes préfèrent-ils vivre à la ville? — La vie est plus facile à la .. qu'à la ... / ... moins pénible ... / Il y a plus de loisirs à la ... / ... plus de distractions ... / ... les horaires sont plus réguliers ... / ... plus de confort ... / Les salaires ... plus élevés ...

13. Qu'est-ce qui peut encore retenir les jeunes à la campagne? — La mécanisation, le confort accru, la rentabilité des exploitations peuvent encore ... / Les jeunes peuvent encore être attirés par ...

14. Pourquoi faut-il que les jeunes restent à la campagne? — ... parce que seuls les jeunes peuvent moderniser les exploitations./ ... sont ouverts aux idées neuves./ ... peuvent rénover l'agriculture./ ... appliquer des méthodes de culture modernes.

15. Que croyez-vous que fera la fille de ce fermier? — Sans doute ira-t-elle vivre ... / Elle épousera peut-être un autre propriétaire./ ... elle continuera ses études et deviendra ...

MISE EN PERSPECTIVE

1. Accepteriez-vous d'épouser la fille (le fils) d'un fermier? Pourquoi (ou pourquoi pas)?
2. Pourquoi les gens de la campagne sont-ils souvent plus équilibrés que ceux de la ville?

3. Un match de football

L'équipe de Nantes dispute un match de football (soccer) contre celle de Nice. Nous sommes devant les buts de Nice. L'avant-centre nantais Simon vient de tirer au but. Le gardien de buts niçois plonge et saisit la balle. Trois arrières le protègent. Un arbitre est là, bien placé. Plus loin, sur la ligne de touche, on aperçoit l'arbitre de touche. Les tribunes sont noires de monde. On distingue même des caméras de télévision, une dans les tribunes, une autre sur la ligne de touche.

C'est un grand jour pour Nantes qui a une brillante équipe de football. Elle est deuxième au classement de première division. L'équipe locale, en effet, reçoit Nice, la grande rivale, qui n'a encore perdu aucun match au cours de cette saison et qui est en tête du championnat. Jusqu'ici, après trente minutes de jeu dans la première mi-temps, les Nantais n'ont pas cessé de dominer leurs adversaires. Comme on peut le voir, ce sont encore les Nantais qui viennent de manquer une belle occasion de marquer un but. Le gardien de but de Nice, bien protégé par ses trois arrières, a plongé au bon moment et a saisi la balle avant qu'elle n'entre dans ses filets. Voilà une phase de jeu qui fera sensation à la télévision. Beaucoup de Français suivent ce match qui est télévisé en direct, étant donné son importance.

L'arbitre et l'arbitre de touche surveillent de très près l'emplacement des joueurs. Dans les tribunes, après l'échec de Simon, les spectateurs sont déçus et poussent des «Oh!» de mécontentement. Ils espèrent bien que Simon, qui est un excellent joueur et qui vient d'être sélectionné dans l'équipe de France, trouvera une autre occasion de battre le gardien de but adverse.

Une foule énorme est venue assister à ce match. C'est que cette rencontre est d'une importance capitale et aussi que le football est le sport le plus populaire dans cette région de France. Plus au sud, on préfère le rugby, qui est un sport plus brutal, mais aussi plus spectaculaire et parfois d'une grande beauté. Les mordus de ce sport vous diront, par exemple, que rien ne peut se comparer à l'ambiance d'une finale de rugby à quinze. Mais on n'est pas obligé de les croire. Chacun son goût, après tout!

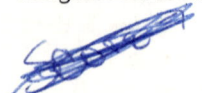

QUESTIONS D'IDENTIFICATION

1. Quel est le classement de Nantes?
   Nantes est ...
2. Et celui de Nice?
   Nice est en tête ... / ... première.
3. Quel poste occupe Simon dans l'équipe de Nantes?
   Simon est l'avant-centre ... / ... occupe le poste d' ...
4. Depuis combien de temps le match est-il en cours?
   Il est en cours depuis ... / Il y a ... que le match ... / Il y a ... que l'on joue.
5. Qui protège le gardien de but?
   Ce sont les ... qui ... / Il est protégé par ses ...
6. Que savons-nous de Simon?
   Nous savons qu'il est ... et qu'il ... / C'est un ... et il vient d'être ...
7. Comparez le rugby au football.
   Le rugby est plus ... et plus ... que le football.

Niveau II

8. Que disent les mordus du rugby? — Ils disent que rien ... / Ils prétendent que rien ...
9. Tout le monde est-il de cet avis? — Non, ... / On n'est pas obligé de les croire./ Chacun son goût.

QUESTIONS D'EXPLOITATION, Première Série

1. L'équipe de Nice est-elle une grande équipe? Pourquoi? — Oui, c'est une ... / ... la meilleure équipe en principe, puisqu'elle est ... / ... puisqu'elle est la première au classement./ ... elle a le meilleur classement.
2. Est-il normal que Nice soit en tête du championnat? — Oui, ... / ... tout à fait normal ... / Nice mérite sa place.
3. Quel est le rôle de l'avant-centre? — Son rôle est de marquer des buts./ ... tirer au but./ Il est là pour ...
4. Et celui des arrières? — Leur rôle est de ... / ... d'empêcher les adversaires de marquer ... / ... de s'approcher des buts.
5. Le gardien de but a-t-il le droit de saisir la balle avec les mains? — Oui, ... / Lui seul a le droit de ... / ... de faire cela./ ... en a le droit.
6. Et les autres joueurs? — Les autres ... eux, n'ont pas le droit de ... / ... n'en ont pas le droit.
7. Combien de joueurs y a-t-il dans une équipe de football? — Dans une ... il y a onze ... / Il y en a ... /
8. Que feraient les arbitres si un joueur n'était pas à sa place? — Si ... les arbitres siffleraient un hors-jeu.
9. Et si une faute était commise? — Si une faute ... ils siffleraient un coup franc./ ... une pénalisation.
10. Simon est-il un bon joueur? — Oui, sans doute, puisqu'il vient ... / ... puisqu'on vient de le ...
11. Est-ce qu'on sélectionne n'importe quels joueurs dans l'équipe de France? — Non, ... / ... que les meilleurs./ ... ceux qui semblent les meilleurs.
12. Le football est-il partout aussi populaire en France? — Non, ... / ... plus populaire dans le Nord, l'Est et l'Ouest./ ... mais il y a d'excellentes équipes de football dans le Midi.
13. Et ailleurs, quel sport préfère-t-on? — Ailleurs ... le rugby./ ... c'est le rugby qui est plus ...

3. *Un match de football*   105

14. Pourquoi ce match est-il télévisé? ... c'est un match important./ ... capital./ ... d'une importance capitale.

QUESTIONS D'EXPLOITATION, Deuxième Série

1. Quel jour ont lieu les matches importants en France? C'est le dimanche qu'ont lieu ... / Les matches ... se déroulent le ...
2. N'y en a-t-il jamais le samedi? Il y en a parfois le ... / Certains ont lieu le ... / Il arrive que certains aient lieu le ...
3. Est-ce toujours l'équipe gagnante qui est forcément la meilleure? Non, ce n'est pas ... / Non, il arrive que l'équipe gagnante ne soit pas ... / C'est parfois celle qui perd qui est ...
4. Le football est-il, comme on le prétend, un sport pour fillettes? Non, ... / Le football est parfois brutal./ ... dangereux./ ... est un sport viril.
5. Comment appelle-t-on les joueurs dont la profession est seulement de jouer au football? On les appelle des professionnels./ ... des joueurs professionnels./ Ce sont des footballeurs.
6. Et les autres? Les autres sont des amateurs./ ... s'appellent des ...
7. Aimeriez-vous mieux être amateur ou professionnel? ... amateur parce que ... / ... professionnel pour ...
8. Si Simon avait marqué un but, quels cris auraient poussés les Nantais? ... des «Ah» sans doute./ ... de satisfaction.
9. Auraient-ils été déçus? Non, ... / Au contraire ... ravis./ ... comblés./ ... enthousiasmés.
10. Et les supporters de Nice? Les supporters de Nice, eux, ... déçus./ ... par contre auraient été ...
11. Est-ce un honneur d'être sélectionné dans l'équipe de France? ... un grand honneur ... / ... mais aussi c'est une grande responsabilité.
12. Pardonnerait-on à Simon de manquer un but s'il était seul devant la cage? Non, on ne le lui pardonnerait pas./ Il serait impardonnable de ... / S'il faisait cela, il serait ...
13. Les joueurs niçois surveillent-ils Simon de près? Oui, ils ... de très près./ Ils l'ont à l'œil.
14. Pourquoi? ... c'est un bon joueur./ ... remarquable tireur./ ... brillant ...

15. Pourquoi est-il connu? ... pour sa classe./ ... son habileté./ ... sa vitesse./ ... son esprit d'équipe.
16. Pourquoi Joe DiMaggio était-il connu? Et Muhammad Ali (Cassius Clay), pourquoi est-il célèbre? ... pour sa ...
17. Un excellent joueur peut-il à lui seul gagner un match? Non, ... / Il est rare ... puisse ... / Gagner un match est l'affaire de toute l'équipe.
18. Pourquoi y a-t-il foule dans le stade? Il y a foule ... parce que ce match est ... / ... les deux meilleures équipes sont là./ ... ce sport est très goûté dans cette région.
19. Y aurait-il autant de monde pour un match de rugby? Non, ... / Il est probable qu'il n'y aurait pas autant ... / Un match de rugby attirerait sans doute moins de monde./ ... spectateurs.

MISE EN PERSPECTIVE

1. Trouvez-vous normal qu'un sport devienne une profession?
2. Quel est le sport qui attire le plus de spectateurs dans votre région? Et dans un autre pays tel que l'Angleterre, le Canada, l'Autriche, ...?

3. Un match de football

4. Les deux affiches

Deux amis discutent dans la rue, devant un cinéma. On peut lire l'heure (6h. 15) au cadran d'une horloge au deuxième plan. Sur la première affiche qui annonce un film policier on voit représentée une scène du film: des bandits masqués attaquant une voiture blindée. Les noms des vedettes et du metteur en scène apparaissent en caractères plus ou moins gras. L'autre affiche rappelle une dernière représentation d'Othello au théâtre Récamier.[1]

[1] *Théâtre Récamier*: salle de théâtre de Paris, dans le VIIe arrondissement (Sèvres-Babylone).

PAUL: Eh bien, tu t'es décidé? Où allons-nous, au cinéma ou au théâtre?
ANDRÉ: Je ne sais pas encore. J'hésite. J'aimerais bien voir ce policier, car on m'en a dit beaucoup de bien. Mais *Othello* me tente aussi.
PAUL: On peut aller voir ce film policier, puisque tu y tiens. Mais il faut faire vite. La séance de six heures et demie va commencer. De toute façon, il est presque trop tard maintenant pour voir le documentaire et les actualités.
ANDRÉ: A quelle heure sortirons-nous?
PAUL: A huit heures. Mais j'y pense: huit heures, c'est juste assez tôt pour bondir jusqu'au théâtre Récamier et voir s'il reste encore des places abordables pour *Othello*!
ANDRÉ: C'est une idée. Mais nous aurons une soirée bien chargée, tu ne crois pas? Et d'autre part, ce sera une assez grosse dépense.
PAUL: Oh! on peut bien se payer ça, une fois en passant. Et puis, ça vaut la peine. La troupe qui joue *Othello* est excellente, d'après Janine. Et crois-moi, elle s'y connaît.
ANDRÉ: Ça, c'est vrai! Elle a fait du théâtre amateur deux années de suite dans une troupe de la région parisienne. Je crois même l'avoir entendue dire qu'elle avait joué des rôles de premier plan. Et pas dans des pièces de troisième ordre, mais dans des pièces à succès.
PAUL: Raison de plus pour lui faire confiance!

QUESTIONS D'IDENTIFICATION

1. Où les deux amis veulent-ils aller? — ... au cinéma ou au théâtre.
2. Savent-ils exactement où ils iront? — Non, ... pas encore où ... / ... ils hésitent.
3. Quel film André aimerait-il voir? — ... un film policier.
4. Pourquoi? — ... on lui en a dit ...
5. Qu'est-ce qui le tente aussi? — *Othello* ... / C'est *Othello* qui ...
6. Les jeunes gens pourront-ils voir le documentaire et les actualités? — Non, il est trop tard pour qu'ils puissent ... / ... trop tard pour les voir en entier.
7. À quel théâtre joue-t-on *Othello*? — ... au théâtre Récamier./ *Othello* se joue au ...
8. Qu'est-ce qu'on dit de la troupe qui joue *Othello*? Qui dit cela? — ... que c'est une troupe excellente./ ... qu'elle est excellente. / C'est Janine qui dit cela./ ... qui le dit./ C'est ce que dit Janine.

4. Les deux affiches

9. Est-ce vrai? Pourquoi? — C'est sans doute vrai parce que Janine ... / ... car elle s'y ...

10. Qu'est-ce qu'André a entendu dire par Janine? — ... qu'elle avait joué ... / Il l'a entendue dire qu'elle ...

QUESTIONS D'EXPLOITATION, Première Série

1. André s'est-il enfin décidé? — Non, ... pas encore ... / Il n'arrive pas à se ...

2. Est-ce qu'on dit du bien de tous les films policiers? — Non, ... dit du mal de certains./ Certains ne valent absolument rien./ ... n'ont aucun mérite./ ... aucune valeur./ ... sont des fours./ ... des «navets.»

3. Est-ce qu'il y a de bons films parmi les policiers? — Oui, il arrive qu'il y ait un ... / Parfois, on voit de bons policiers.

4. *Othello*, est-ce une comédie ou une tragédie? Qui l'a écrite? — ... tragédie./ C'est une des plus grandes ... de ... / C'est un chef-d'œuvre ...

5. Est-ce que Paul tient à voir ce policier lui aussi? — Non, ... n'est pas particulièrement désireux de ... / ... pas autant qu'André./ Il y tient moins qu'André.

6. Est-ce qu'ils pourront voir le film et la pièce de théâtre? — Oui, il leur sera possible de ... / Ce sera possible.

7. À quelle condition? — À condition qu'ils aillent ... / ... qu'ils se décident à ... / ... qu'ils sortent du cinéma à ... / ... et qu'ils se dépêchent d'aller au ...

8. La séance de 6h. 30 est-elle déjà commencée? — Non, ... pas encore commencée./ Elle va commencer dans ... minutes./ ... bientôt.

9. Le documentaire et les actualités, passent-ils avant ou après le grand film? — ... en général avant ... / D'habitude, ...

10. Combien de temps leur reste-t-il à attendre avant le début de la séance? — Il leur reste ... minutes à ... / ... avant que le séance commence./ ... ne commence.

11. À quelle heure débutent les pièces de théâtre d'habitude? — ... vers 21 heures./ ... 9 heures du soir./ Le rideau se lève, d'habitude, ...

110   Niveau II

12. Janine est-elle une actrice professionnelle? — Non, c'est une amateur./ Elle fait simplement du théâtre amateur.
13. Comment André sait-il qu'elle a joué des rôles importants? — ... car il l'a entendue le dire./ ... il a entendu Janine le dire elle-même./ ... il le lui a entendu dire./ ... c'est elle-même qui l'a dit.
14. Dans quelles pièces a-t-elle joué? — ... des pièces à succès./ ... d'une certaine importance./ ... de premier ordre.

QUESTIONS D'EXPLOITATION, Deuxième Série

1. Est-ce que c'est courant d'aller le même soir au théâtre et au cinéma? — Non, ... pas courant ... / Cela ne se fait pas tous les jours./ C'est assez singulier./ Il est rare qu'on aille ... / Il est peu courant d'aller ...
2. Le feriez-vous vous-même? Dans quel cas? — Oui, ... si je voulais ... / ... si j'étais pressé par le temps./ ... si je n'avais pas le choix./ Je m'y résoudrais si ... /
3. Pourquoi André et Paul font-ils cela? — Sans doute parce qu'ils n'ont pas de temps à perdre./ ... qu'ils n'auront pas le temps le lendemain ou les jours suivants./ ... peut-être parce que le film ou la pièce vont être retirés de l'affiche.
4. Est-ce qu'ils prendront des places chères? — Non, ... pas trop chères./ ... à un prix raisonnable.
5. Est-ce une grosse dépense pour les deux jeunes gens? — Oui, ... / Les étudiants ont souvent peu d'argent.
6. Pourraient-ils se permettre cela souvent? — Non, ... / Ils peuvent se le permettre une fois en passant./ ... de temps en temps seulement.
7. Pourquoi est-ce que cela vaut la peine de faire cette dépense? — ... le film est un bon film ... la pièce est ... / ... les deux spectacles sont à voir.
8. Est-ce qu'il est important de connaître la valeur d'une troupe de théâtre? — Oui, ... très important ... / ... car en fait tout dépend de la qualité de la troupe qui joue./ ... de la classe de la troupe./ ... des acteurs ...

4. Les deux affiches

9. Que risque une bonne pièce d'être jouée par de mauvais acteurs?

Une bonne ... risque d'être un fiasco./ ... un four ... / ... quelque chose d'épouvantable./ ... une horreur./ ... «un navet.»

10. Les jeunes gens font confiance à Janine. Pourquoi?

... elle s'y connaît./ ... c'est un connaisseur./ ... elle doit aller souvent au ... / ... elle se tient au courant des pièces ... / ... elle est très avertie des choses du théâtre./ ... elle a elle-même une grande expérience ...

11. Est-ce qu'on peut toujours se fier aux autres pour juger une pièce ou un film?

Non, ... pas toujours ... / Parfois il vaut mieux ne se fier qu'à soi./ ... car certains n'y connaissent rien./ ... n'ont aucun goût./ Ce qui ne leur a pas plu peut fort bien me plaire à moi./ Chacun réagit à sa façon.

12. Connaissez-vous quelqu'un à qui vous puissiez vous fier en ce domaine?

Oui, ... quelqu'un à qui je peux ... / Non, ... personne à qui je puisse ... / Je voudrais connaître quelqu'un à qui je puisse me fier ... / ... à qui je puisse faire confiance./ ... dont je puisse suivre les avis, les conseils.

13. Que font parfois les gens qui aiment beaucoup le théâtre?

Les gens qui ... en font eux-mêmes./ ... font partie d'une troupe de théâtre amateur./ ... d'une troupe d'amateurs.

14. Comment savoir quels films ou quelles pièces on joue dans une ville?

On peut savoir ... en consultant le journal à la rubrique des spectacles./ ... achetant des revues spécialisées./ ... un guide des spectacles, quand cela existe.

15. Est-ce qu'on fait beaucoup de publicité pour certains films?

Oui, ... une publicité énorme ... / On dépense des sommes folles pour la publicité de ... / On vous assomme de publicité pour ...

16. Ces films-là sont-ils forcément les meilleurs?

Non, ... pas forcément les meilleurs./ En fait, ces films-là ... médiocres./ Un bon film n'a pas besoin d'une publicité tapageuse.

17. Que pensez-vous des extraits des films à venir qu'on projette tou-

Ça m'intéresse beaucoup./ ... cela me donne une idée de ce que sera

Niveau II

jours dans les salles de cinéma? | le prochain film./ Je peux me faire une idée sur ... / Je les trouve tendancieux./ ... uniquement destinés à attirer les spectateurs./ ... mensongers./ Ils ne mettent en relief que des scènes osées, érotiques ... / ... des passages saisissants.

18. Vous laissez-vous souvent prendre au piège de la publicité de choc? | Non, ... jamais ... / Oui, ... toujours ... / ... je reste sur mes gardes./ ... je me laisse posséder./ ... influencer./ ... j'ai beau être sur mes gardes, je succombe./ ... c'est chaque fois la même chose, je me laisse faire./ Il n'y a rien à faire, c'est plus fort que moi./ Je ne peux m'empêcher de ... / À chaque fois, je me dis: «C'est fini», et cependant, la fois d'après ...

MISE EN PERSPECTIVE

1. Est-il juste de verser aux grandes vedettes de cinéma des traitements très élevés?
2. L'immoralité d'un film est-elle excusable si le film a une valeur artistique?

4. Les deux affiches

5. Au cabaret

Deux couples de jeunes gens, des étudiants, passent la soirée ensemble dans un cabaret. C'est une salle au plafond bas, aux lumières tamisées. Seule la piste de danse, au centre de la pièce, est un peu plus éclairée. La table qu'occupent nos amis, au premier plan, est encombrée de verres. Au milieu de la table trône un seau à champagne. Un des deux couples reste assis; les deux autres jeunes gens se lèvent pour aller danser.

—Nous allons danser; j'adore le rock et Linda aussi. Vous ne venez pas?

—Voyons, Jacques, tu sais bien que je déteste cette musique de sauvages. Ça me donne le vertige! Et Simone est du même avis.

—Je vois! Vous attendez le tango! C'est plus sentimental, n'est-ce pas, André?

—Mais ils ont raison, Jacques. Un tango, c'est merveilleux. Moi aussi j'aime ça, le tango, surtout avec toi ...

—Oh! C'est gentil de dire cela, Linda, je m'en souviendrai ...

—Ne buvez pas tout le champagne pendant notre absence!

—Ne crains rien, Linda, ni Simone ni moi ne toucherons à ce machin-là! C'est bien trop mauvais! Et c'est bien de ma faute. Si j'avais su, j'aurais choisi une autre marque. Allez donc vous trémousser, la danse va être finie! Et tenez-vous bien: je vous observe!

En effet, il y a bien dix minutes que l'orchestre joue des airs de rock, etc. Comme il y a une pause tous les quarts d'heure, si Jacques et Linda ne se pressent pas, ils atteindront la piste de danse trop tard et André, qui est toujours prêt à tourner quelqu'un en ridicule, ne manquera pas cette occasion de se moquer de ses amis.

QUESTIONS D'IDENTIFICATION

1. Qui adore le rock? — Jacques et Linda ... / Ce sont ... qui ... / C'est ... qui ...
2. Qui le déteste, au contraire? — André ... / Ce sont ... qui ... / C'est ... qui ...
3. Simone est-elle du même avis qu'André? — Oui, ... / ... du même avis./ ... de son avis.
4. Quelle danse André et Simone attendent-ils? — ... le tango./ C'est le tango qu'ils ...
5. Pourquoi? — C'est plus ... / C'est une danse plus ...
6. Linda, est-ce qu'elle aime le tango elle aussi? — Oui, elle aussi ...
7. Avec qui surtout aime-t-elle le danser? — ... avec Jacques./ C'est avec Jacques surtout qu'elle ...
8. Qu'est-ce que les jeunes gens boivent? — ... du champagne.
9. Qui a choisi cette marque? — André ... / C'est André qui ...
10. Depuis combien de temps l'orchestre joue-t-il? — ... depuis ... / Il y a ... que ...

5. *Au cabaret* 115

QUESTIONS D'EXPLOITATION, Première Série

1. De qui Simone est-elle la partenaire?
   ... d'André.
2. Comment André appelle-t-il le rock?
   ... une musique de ... / Il appelle cela une musique de ...
3. Êtes-vous de son avis?
   Non, ... pas du tout ... / Oui, ... tout à fait ... / ... entièrement ... / Il a parfaitement raison.
4. Quelle danse donne le plus le vertige, le rock ou la valse?
   C'est la valse qui ...
5. Linda, que pense-t-elle du tango?
   Elle dit que c'est ... / ... qu'elle aime ...
6. Et vous, qu'en dites-vous?
   Je ne sais pas ce que c'est./ Ça ne se danse plus./ Ce n'est plus à la mode./ J'adore ça./ Ça repose.
7. Est-ce que les danses lentes sont à la mode aujourd'hui?
   Non, ... / Oui, ... / ... moins en vogue qu'autrefois./ Les jeunes préfèrent ..., les vieux préfèrent ... / On y revient, semble-t-il./ Même le fox revient ...
8. Avec qui est-ce que Linda est sortie ce soir?
   ... avec Jacques./ Elle est la cavalière de ...
9. À quoi Jacques voit-il que Linda est gentille?
   Elle lui a dit: «J'aime ... avec toi.»/ Elle lui a dit qu'elle ... avec lui./ ... et ça, c'est gentil de sa part.
10. Jacques oubliera-t-il ce qu'a dit Linda?
    Non, il s'en souviendra./ Oui, demain il n'y pensera déjà plus.
11. Pourquoi Linda n'a-t-elle rien à craindre pour le champagne?
    ... il est mauvais./ ... bien trop ... / ... ni André ni Simone ne toucheront ... / ... n'y toucheront.
12. C'est la faute à qui si le champagne est si mauvais?
    ... à André si ... / ... d'André si ...
13. Qu'est-ce qu'André dit à ses deux amis?
    ... leur dit: «Allez ... observe!» / ... d'aller se ... parce que la danse ... et leur conseille de bien se ... il les observe.
14. L'orchestre joue-t-il sans arrêt?
    Non, ... / ... s'arrête de jouer tous les quarts d'heure./ Il y a un arrêt ...
15. Pourquoi Jacques et Linda doivent-ils se presser?
    ... parce que l'orchestre ... / ... il ne reste que cinq minutes avant ...

QUESTIONS D'EXPLOITATION, Deuxième Série

1. Est-ce que les deux couples vont danser en même temps? — Non, ... séparément.
2. Que fait l'un des couples pendant que l'autre va danser? — ... reste assis./ ... regarde l'autre couple danser./ ... bavarde tranquillement.
3. Ces jeunes gens ont-ils l'air de bien s'entendre? — Oui, ... / ... on a l'impression qu'ils ... / ... Il semble qu'ils ... / Ils donnent l'impression de bien ...
4. À quoi le voyez-vous? — ... au fait qu'ils plaisantent./ ... ils se taquinent./ ... font des plaisanteries.
5. Quand André dit: «Tenez-vous bien,» parle-t-il sérieusement ou plaisante-t-il? — Il plaisante évidemment./ C'est une plaisanterie.
6. Que savons-nous du caractère d'André? — Il aime plaisanter et tourner les gens en ... / Il est moqueur.
7. Est-ce que les jeunes gens ont commandé le meilleur champagne? — Non, ... / Loin de là, le champagne qu'ils ont commandé est ...
8. Qu'aurait fait André s'il avait su que ce champagne serait si mauvais? — ... il aurait ... / ... il en aurait choisi un autre.
9. Qu'est-ce qu'il aurait dû faire pour être sûr d'avoir du bon champagne? — ... choisir une autre marque ... / ... marque plus chère ... / Pour cela ... payer plus cher.
10. Est-ce agréable de passer une soirée avec des amis? — Oui, ... très agréable ... / Il n'y a rien de plus agréable que de ... / Je ne connais rien de plus ... que de ... /
11. Et avec des gens qu'on n'aime pas? — Au contraire, ce n'est pas ... / Rien de plus désagréable que de ... / Il est insupportable de ...
12. Y a-t-il beaucoup de gens qui ne vous sont pas sympathiques? — Oui, ... beaucoup ... / ... certaines personnes ... / Il y en a quelques-unes./ Non, très peu de personnes me sont antipathiques.
13. Accepteriez-vous de passer une soirée avec de telles personnes? — Non, ... / Non, au grand jamais ... / Je refuserais de ... / Oui, à la rigueur ... / ... s'il le fallait ab-

5. *Au cabaret*

14. Un jeune homme comme André vous serait-il sympathique?

solument./ ... si je ne pouvais faire autrement.
Oui, ... / Non, ... / Je déteste ces gens qui font toujours des réflexions./ ... jugent les autres./ ... sont moqueurs./ ... plaisantent tout le temps./ ... font sans cesse des plaisanteries./ Ces gens-là m'amusent beaucoup./ Je recherche leur compagnie.

15. Nos deux couples, ici, vous paraissent-ils sympathiques?

Oui, ... / Oui, ma foi ... / C'est difficile à dire./ Nous les connaissons trop peu pour dire ...

16. Les inviteriez-vous à une soirée chez vous?

Oui, ... / Non, ... / Pourquoi pas?/ André ferait beaucoup rire ... / Je n'aimerais pas qu'André vexe ...

17. Aimeriez-vous qu'on vous les présente?

Oui, ... / ... être présenté à eux./ ... leur être présenté./ ... faire leur connaissance.

18. Présentez-les à un ou à une de vos camarades de classe.

... je te présente ... / ... permets-moi de te présenter ...

19. Si ces deux jeunes gens vous invitaient à sortir avec eux, auquel donneriez-vous la préférence, Mesdemoiselles? Pourquoi?

... à Jacques./ ... à André./ Je préférerais sortir avec ... / Je choisirais ... / ... choisirais de sortir avec ... / ... c'est un garçon calme./ ... plein d'entrain ... charmant garçon./ ... joli garçon./ ... sérieux./ Je ne donnerais pas la préférence à ... parce que c'est un raseur./ ... il est prétentieux./ ... il est fatigant./ ... il ne danse pas./ ... il danse mal./ ... c'est un piètre danseur./ ... c'est un coureur de filles.

20. Et vous, Messieurs, laquelle de ces deux jeunes filles vous semble la plus sympathique?

C'est ... qui ... / ... me paraît la plus ... / Je préfère ... à ... / J'aime mieux ... que ...

MISE EN PERSPECTIVE

1. Pourquoi les jeunes préfèrent-ils le «rock» aux danses plus anciennes?
2. Quelles boissons aimez-vous consommer à une soirée? Et à un bal?

6. Conversations au village

Devant le bâtiment de la mairie-école d'un village, le maire bavarde avec l'instituteur, cependant que d'autres personnes, les membres du Conseil Municipal, gravissent les marches de la mairie. À gauche, du côté de l'église, le curé parle avec une vieille femme très voûtée et qui s'appuie sur une canne. Des voitures sont garées sur la place. Celle du curé est stationnée tout près de l'église.

—Monsieur le maire! Ah! enfin, voici plusieurs jours que je cherche à vous voir! Je voulais vous rappeler que j'ai absolument besoin de ces trois cents francs[1] de crédit dont nous avons parlé le mois dernier. Ils me sont in-

---

[1] *Francs:* Monsieur Vivet parle en nouveaux francs.

dispensables pour acheter les fournitures scolaires[2] à la rentrée prochaine.

—Je sais, mon cher Vivet! Je vous promets que le Conseil[3] votera ces crédits. On ne peut pas vous refuser cela. Nous allons nous réunir à l'instant, puisque tout le monde est là maintenant, à ce qu'il me semble. Vous pouvez assister à la séance, vous savez.

—Hélas! Je voudrais bien, mais je n'ai pas le temps, car il faut que je prépare la fête de la distribution des prix. Je n'ai plus que quelques jours devant moi, et il reste tant à faire. Je me demande si j'y arriverai!

—Monsieur le curé, ma petite-fille Claire n'a pas pu venir au catéchisme[4] jeudi dernier. Elle était malade et a dû rester couchée toute la journée. Voulez-vous bien l'excuser?

—Mon Dieu, puisqu'elle a une raison valable, j'y consens, Madame Pinchon. Mais j'espère qu'elle sera là jeudi prochain, c'est-à-dire après-demain. Maintenant, je vous demanderai de m'excuser à mon tour, car je dois partir immédiatement pour Saint-Pair[5] où je dois rencontrer un confrère. Je crains d'être en retard, et vous savez que je déteste conduire vite. À propos, comment vont vos rhumatismes?

—De mal en pis. Vous voyez, maintenant je ne peux plus me passer de ma canne. Mais allez donc puisque vous êtes pressé, et soyez prudent, surtout! Mieux vaut arriver en retard que jamais!

QUESTIONS D'IDENTIFICATION

1. De combien d'argent l'instituteur a-t-il besoin?	... de trois cents francs./ Il faut 300F. à l'instituteur./ Il lui faut 300F.
2. Pourquoi a-t-il besoin de cet argent?	Il en a besoin pour ... / C'est pour ... qu'il en a besoin.
3. Qu'est-ce que le maire promet?	... que le Conseil votera ... / ... que les crédits seront votés par ...

[2] *Crédits, fournitures scolaires:* Les fournitures scolaires (livres, cahiers, buvards, etc. ...) sont données gratuitement aux élèves des écoles primaires publiques en France. Il revient aux municipalités de fournir aux directeurs d'écoles l'argent nécessaire à l'achat de ces fournitures.

[3] *Conseil:* Il s'agit du Conseil Municipal, qui se réunit régulièrement (ou exceptionnellement lorsqu'une décision doit être prise, ou bien un crédit voté d'urgence). Ces réunions se font sous la présidence du maire.

[4] *Catéchisme:* cours d'instruction religieuse, donné le jeudi. C'est pourquoi les écoles publiques sont fermées ce jour-là.

[5] *Saint-Pair:* petite ville du département de la Manche.

4. Quand le Conseil va-t-il se réunir? — ... à l'instant./ ... dans un instant./ ... immédiatement.
5. Monsieur Vivet peut-il assister à la séance? — Oui, ... peut ... / ... a le droit d' ...
6. Y assistera-t-il? — Non, il ne peut pas y assister.
7. Pourquoi? — ... il n'a pas le temps./ ... il doit préparer ... / ... il faut qu'il prépare ...
8. A-t-il beaucoup de temps devant lui? — Non, ... plus que ... / Il ne lui reste que ...
9. Quel jour Claire n'a-t-elle pu aller au catéchisme? — ... jeudi dernier.
10. Est-ce qu'elle avait une raison valable? — Oui, ... / Être malade est une raison ...
11. Pourquoi le curé s'excuse-t-il? — ... parce qu'il doit ... / ... car il faut qu'il parte pour ...

QUESTIONS D'EXPLOITATION, Première Série

1. L'instituteur a-t-il grand besoin de cet argent? — Oui, ... absolument besoin de ... / Il en a absolument besoin./ ... lui est indispensable pour ...
2. Qui vote les crédits pour l'école? — C'est le ... qui ... / C'est le travail du ... de voter ... / Il revient au ... de ...
3. En France, les enfants achètent-ils leurs fournitures scolaires? — Non, ... (voir note)./ Les petits Français n'ont pas à ... / Elles sont fournies gratuitement.
4. Trois cents francs, est-ce une grosse somme? — Non, ce n'est pas ... / C'est assez peu./ Ça n'est pas beaucoup.
5. Le Conseil se réunira-t-il le lendemain? — Non, ... le jour même./ ... va se réunir dans quelques ... / ... incessamment.
6. L'instituteur a-t-il le droit d'assister à la séance? — Oui, ... a la permission d' ... / ... l'autorisation d' ... / ... est autorisé à ... / ... car c'est une séance publique./ ... comme tout le monde.
7. Qui prépare la distribution des prix? — C'est ... qui ... / ... qui a la charge de préparer la ... / C'est à l'instituteur qu'il revient de ... / ... qu'il incombe de ...

6. Conversations au village

8. Cette fête aura-t-elle lieu bientôt? — Oui, ... très bientôt./ ... dans quelques jours seulement.
9. Qu'est-ce que se demande M. Vivet? — ... s'il y arrivera./ ... s'il pourra y arriver.
10. Qu'est-ce que le curé demande à la vieille femme? — ... de l'excuser à son ...
11. Que lui dit-il ensuite? — ... qu'il craint ... et qu'il déteste ... / ... sa crainte d'être ... et son horreur de ...
12. Comment s'informe-t-il de la santé de la vieille femme? — ... en lui demandant: «Comment vont ...»/ ... en lui demandant comment vont ses ...
13. Que lui dit-elle à propos de sa santé? — ... que ses rhumatismes vont de mal en pis et qu'elle ne peut plus ...
14. Que conseille au curé la grand-mère de Claire en terminant? — ...: «Soyez prudent ...»/ ... lui dit d'être prudent et qu'il vaut mieux ... / ... lui conseille la prudence.

QUESTIONS D'EXPLOITATION, Deuxième Série

1. L'instituteur est-il content de voir le maire? Pourquoi? — Oui, ... il cherchait à le voir ... / ... essayait de le rencontrer ... / Il y avait quelques jours qu'il cherchait ...
2. Comment Monsieur Vivet manifeste-t-il sa satisfaction? — ... en disant: «Ah! enfin.»/ ... en s'exclamant ...
3. Monsieur le maire est-il sûr que le Conseil votera les crédits? — Oui, ... certain que ... / Il en est certain./ ... puisqu'il le promet./ ... puisqu'il en répond./ Il ne voit pas pourquoi on refuserait de ...
4. Si le Conseil Municipal ne votait pas les crédits, l'instituteur serait-il content? — Non, ... serait déçu./ Il serait déçu qu'on lui refuse les crédits./ ... qu'on les lui refuse.
5. L'instituteur semble pressé. Pourquoi? — ... parce qu'il doit ... et qu'il n'a plus que ... devant lui./ ... car il doit ... et qu'il ...
6. À quel âge suit-on les cours d'instruction religieuse en France? — ... de sept ou huit ans à douze ou quatorze ans./ ... de l'âge de sept ... jusqu'à l'âge de ...
7. Faut-il avoir une bonne raison pour manquer la classe? — Oui, ... raison valable pour ... / On ne peut manquer la classe que si on a ... / ... à condition d'avoir une ... /

Niveau II

8. Quel jour de la semaine se passe la scène? ... un mardi puisque le surlendemain est un jeudi.
9. Les enfants vont-ils en classe le jeudi? Pourquoi? Non, ... restent chez eux ... / ... sont en congé le jeudi./ Les classes n'ont pas lieu ce jour-là pour permettre aux enfants de suivre les cours ... / ... d'aller au catéchisme.
10. L'instituteur public enseigne-t-il le catéchisme à ses élèves? Non, ... / C'est le curé du village qui ... / ... un prêtre qui est chargé d'enseigner ...
11. Comment appelle-t-on les écoles où on enseigne aussi le catéchisme? On les appelle des écoles libres./ ... confessionnelles./ ... catholiques./ C'est dans les écoles libres qu'on ... /
12. Et les autres? Les autres sont des écoles publiques./ ... laïques./ Ce sont les écoles laïques.
13. La division est-elle très nette entre ces deux sortes d'écoles? Oui, ... très nette ... / Il y a une grande rivalité entre les deux.
14. Comment le curé se rendra-t-il à Saint-Pair? ... en voiture./ Il s'y rendra ... / Il utilisera sa voiture.
15. Quelle est sa façon de conduire? Il déteste ... / Il ne conduit pas ... / ... lentement./ ... doit être prudent.
16. Quels conseils donneriez-vous à quelqu'un qui va prendre la route? Je lui conseillerais d'être ... / ... de conduire ... / ... de se montrer ... / ... courtois./ ... de respecter le code de la route./ ... de ne pas s'emporter./ ... de bien rouler à droite.

MISE EN PERSPECTIVE

1. Quelles sortes d'écoles existent aux États-Unis, et en quoi sont-elles différentes les unes des autres?
2. Quelles questions sont discutées à l'heure actuelle aux réunions du Conseil municipal de votre ville?

7. Pierre et Jacqueline

Une jeune fille est en train de lire une revue sur un banc du jardin du Luxembourg.[1] Sur des bancs voisins, toutes sortes de gens sont assis au soleil, pendant que des enfants assaillent la voiture d'un marchand de glaces qui passait par là. Un jeune homme arrive en courant.

Pierre et Jacqueline se connaissent depuis près de deux mois. Ils ont la charmante habitude de se donner rendez-vous ici, sur ce banc du Luxembourg. Aujourd'hui, exceptionnellement, c'est Pierre qui est en retard et Jacqueline, sans doute, va lui reprocher en souriant de l'avoir fait attendre. Comment peut-on être en retard lorsqu'on a rendez-vous avec une si jolie jeune fille! Gageons qu'un baiser arrangera tout. Ensuite, les deux amoureux iront se promener dans le jardin, à moins qu'ils ne descendent le boulevard pour aller flâner le long des quais de la Seine, jusqu'à la tombée de la nuit.

[1] *Luxembourg* (jardin du): jardin qui entoure sur trois côtés le palais du Luxembourg, lequel abrite le Sénat; il est situé près de la Sorbonne.

124   Niveau II

Il n'y a qu'un mois que Pierre et Jacqueline se fréquentent sérieusement, mais ils s'entendent si bien et se plaisent tellement qu'ils ont décidé de se fiancer. Ils aimeraient se marier à la fin de l'année prochaine, une fois que Pierre aura terminé ses études de Droit. Leurs parents semblent d'accord. Dans le cas contraire, les jeunes gens pourraient se passer de leur consentement, puisqu'ils sont tous deux majeurs. Mais tout est tellement mieux quand les deux familles sont consentantes. Il est fort possible aussi que Jacqueline ait son diplôme de documentaliste[2] à la fin de l'année. Dans ce cas, elle trouverait aisément un emploi bien rémunéré à Paris même, et nos deux jeunes gens pourraient songer à se marier plus tôt que prévu. Précisément la revue que lit Jacqueline contient un article très intéressant sur les nombreuses situations offertes aux documentalistes. Soyez sûr que Pierre va lire cet article attentivement, lui aussi!

QUESTIONS D'IDENTIFICATION

1. Depuis combien de temps les jeunes gens se connaissent-ils? ... depuis ... / Il y a ... que ...
2. Qui est en retard aujourd'hui? Aujourd'hui, c'est ... qui ...
3. Que fait Jacqueline en l'attendant? ... elle lit ... assise sur ...
4. Qu'est-ce qui va tout arranger? Un baiser ...
5. Que feront les amoureux ensuite? Ensuite ...
6. Quand souhaitent-ils se marier? ... à la fin de ... / ... une fois que ...
7. À quelle condition pourraient-ils se marier plus tôt? ... à la condition que Jacqueline ait ... et qu'elle trouve ...
8. Que contient la revue que lit Jacqueline? ... un article ... sur ...

QUESTIONS D'EXPLOITATION, Première Série

1. Pierre est-il toujours en retard à ses rendez-vous avec Jacqueline? Non, ... pas souvent ... / Il est exceptionnel qu'il soit en retard ...
2. Qui est-ce qui est le plus souvent en retard? C'est Jacqueline qui ...

[2] *Documentaliste*: personne qui réunit, classe et fournit les documents (articles, revues, ouvrages, etc., ou simplement leur titre et leur résumé) d'une entreprise, d'une école, d'une administration, etc. ...

7. Pierre et Jacqueline

3. À votre avis, Jacqueline a-t-elle attendu longtemps?
Non, ... pas longtemps./ ... n'a pas dû attendre bien longtemps.

4. Sera-t-elle très fâchée contre Pierre?
Non, ... pas très fâchée contre lui.

5. Si elle était très fâchée, de quelle façon parlerait-elle à Pierre?
... sur un ton de reproche./ ... sèchement./ ... sans sourire.

6. Pourquoi les deux jeunes gens se donnent-ils rendez-vous dans ce jardin?
... c'est un endroit agréable./ ... près de l'université./ ... on y est tranquille.

7. Sont-ils seuls dans ce jardin?
Non, il y a d'autres personnes ... / ... ils sont entourés de promeneurs, de gens qui flânent, qui se reposent au soleil.

8. Y a-t-il longtemps que les deux amoureux sortent ensemble?
Non, il n'y a que deux mois qu'ils ... / ... il y a seulement deux mois qu'ils ... / Cela fait assez peu de temps que ...

9. Pourquoi ont-ils décidé de se fiancer?
... parce qu'ils se ... et qu'ils ... / ... ils semblent faits pour s'entendre./ ... ils sont bien assortis.

10. Pierre a-t-il fini ses études?
Non, ... pas encore fini ... / Il les aura finies à la fin de ... / ... il lui faut encore plus d'un an avant de terminer ...

11. À quel âge est-on majeur?
On ... à vingt et un ans./ On atteint sa majorité à vingt et un ans./ L'âge de la majorité est ..., mais ...

12. Les parents sont-ils toujours d'accord quand il s'agit du mariage de leurs enfants?
Non, il arrive qu'ils ne soient pas ... / Parfois il ne le sont pas./ ... n'arrivent pas à se mettre d'accord./ ... à tomber d'accord.

13. Que peuvent faire les enfants majeurs dans ce cas-là?
... se marier sans le consentement de ... / Ils ont le droit de se passer du ...

14. Et ceux qui ne sont pas majeurs?
Ceux-là doivent avoir le consentement ... / ... ne peuvent se passer du ... / ... doivent attendre d'être majeurs pour pouvoir se passer du ...

15. Est-ce qu'il est probable que Jacqueline ait son diplôme à la fin de l'année?
Non, il n'est pas probable ... ait ... / ... c'est simplement possible./ Il est seulement possible qu'elle l'ait ... / Elle l'aura peut-être ...

Niveau II

16. Et Pierre? En ce qui concerne Pierre, il est certain qu'il ne l'aura pas ... / ... il est probable qu'il ne l'aura pas.

17. Si elle avait déjà son diplôme, trouverait-elle du travail? Oui, si elle avait ... trouverait ... / ... quand on a un tel diplôme, on trouve ... / Ceux qui ont ... trouvent...

QUESTIONS D'EXPLOITATION, Deuxième Série

1. Faut-il être exact à un rendez-vous? Oui, ... / C'est une question d'honneur./ Oui, on se doit d'être ... / ... ponctuel à un ...

2. Les femmes sont-elles en général exactes à leurs rendez-vous? Non, ... / Oui, ... / D'habitude, ...

3. Est-il poli de faire attendre quelqu'un? Non, ... impoli ... / Il ne faut pas ... car ... / On ne doit pas ... / ... incorrect ... / Ce n'est pas courtois de ...

4. Les amoureux sont-ils toujours d'accord? Non, ... pas toujours ... / ... parfois ils ont des querelles./ ... ils se querellent./ ... ont des brouilles./ ... se disputent.

5. Ces querelles durent-elles longtemps? Non, en général ... / Parfois, elles ... / ... sont assez graves.

6. Comment se terminent-elles? Souvent, ... par un ... / ... des larmes et des baisers./ ... de grandes promesses.

7. Deux jeunes gens qui sortent ensemble vont-ils forcément se marier? Non, ... ne vont pas forcément se ... / On peut sortir ensemble en amis ... / Sortir avec une jeune fille (un jeune homme) ne signifie pas qu'on va l'épouser./ ... se marier avec lui (elle)./ C'est une chose de sortir ..., et c'en est une autre de ...

8. Pourquoi est-il nécessaire qu'au moins un des deux jeunes gens travaille? ... pour subvenir aux frais du ménage./ ... sans cela comment feraient-ils pour vivre?/ ... les parents seraient obligés de les aider./ ... ils seraient à la charge de leurs parents.

7. *Pierre et Jacqueline*

9. Pierre épousera-t-il Jacqueline uniquement parce qu'elle est jolie? — Non, il l'épousera aussi parce qu'ils se ... et qu'ils s'entendent ... / On n'épouse pas quelqu'un uniquement parce qu'il est beau, car ... / Il y a des qualités bien plus importantes que la beauté.

10. Que feraient les jeunes gens si leurs parents ne consentaient pas à leur mariage? — Ils se marieraient sans le consentement de leurs ... / Ils se passeraient du ... / Ils se marieraient malgré l'opposition de ...

11. Que feriez-vous dans un cas semblable? — Moi, je ferais comme eux./ Moi, au contraire, je choisirais d'attendre ... / J'attendrais que les deux familles ...

12. Pourquoi Pierre sera-t-il intéressé par cet article dans la revue? — ... parce qu'il doit se sentir concerné./ ... que tout ce qui intéresse Jacqueline l'intéresse aussi un peu./ ... il s'agit de l'avenir de Jacqueline.

13. Pourquoi Jacqueline tient-elle à trouver du travail à Paris même? — ... parce que c'est là que Pierre doit être pour terminer ... / ... pour rester près de son mari./ ... pour éviter d'être séparée de son mari.

MISE EN PERSPECTIVE

1. Quel conseils donneriez-vous à deux jeunes fiancés pour que leur mariage soit solide et heureux?
2. Tous les métiers vous semblent-ils accessibles indifféremment aux hommes et aux femmes?

8. La fête au village

La place du village. C'est jour de fête. On remarque le parquet démontable pour les danseurs, l'estrade où joue l'orchestre, des baraques foraines, un manège de chevaux de bois. Au fond la salle des fêtes (fermée, car il fait beau et l'on danse en plein air). À gauche, la terrasse du café, où la plupart des jeunes gens sont en manches de chemise à cause de la chaleur. Pourtant, les gens à la table du maire sont en tenue de ville.

Comme tous les ans, le premier dimanche d'août, a lieu la fête au village. Cette année on a fait venir un orchestre musette[1] bien connu, et les couples dansent avec entrain sur le parquet démontable, installé au centre de la place publique. Les jeunes préféreraient un orchestre de jazz, mais Verchueren, le chef de cet orchestre, connaît bien les danses à la mode, et, jeunes et vieux, tout le monde est content. Pour les enfants on a fait venir un manège de chevaux de bois qui tournera jusqu'après minuit. Des feux d'artifice vont clôturer la soirée.

En ce moment il n'y a plus de place à la terrasse du café qui a été prise d'assaut, car tout le monde a soif à cause de la chaleur qu'il fait. Monsieur

[1] *Orchestre musette:* comprenant au moins un accordéon, parfois deux.

le maire est là, avec ses amis, le docteur Rieux et sa femme, Maître Vincent, l'huissier, et l'instituteur Monsieur Brun. La femme du maire n'a pas pu venir; elle s'occupe des préparatifs du grand dîner de gala qui sera donné ce soir dans la salle des fêtes. À la table du maire on attend le vin d'honneur. Peut-être qu'il va improviser un de ces discours dont il a le secret, où il parle pour ne rien dire, et qui plaira plus à ses contemporains qu'aux jeunes. À moins qu'il ne décide de faire tout de suite le traditionnel concours de tir à la carabine avec ses amis.

QUESTIONS D'IDENTIFICATION

1. Quel jour a lieu la fête au village?
   C'est le ... qu'a lieu ...
2. Quel orchestre a-t-on fait venir?
   ... est ... / ... connu
3. Où est installé le parquet (la piste)?
   Le parquet est installé sur ... / On a installé la piste ...
4. Les jeunes préfèrent-ils les orchestres musette ou de jazz?
   ... de jazz aux ... / ... aiment mieux ... que ...
5. Qu'est-ce qu'on a fait venir pour les enfants?
   Pour les enfants ... / C'est un ... qu'on a fait ...
6. Y a-t-il encore de la place à la terrasse du café?
   Non, ... plus de place ... / Il ne reste plus ...
7. Qui attend le vin d'honneur?
   Le maire et ...
8. Pourquoi la femme du maire n'a-t-elle pas pu venir?
   ... car elle s'occupe des ... / ... elle est occupée à préparer ...

QUESTIONS D'EXPLOITATION, Première Série

1. Verchueren a-t-il un orchestre réputé?
   Oui, ... / Son orchestre est connu.
2. De quel instrument joue Verchueren?
   ... de l'accordéon. / C'est un accordéoniste.
3. Combien de musiciens a-t-il dans son orchestre?
   ... plus de quatre ... / Dans son orchestre il y a ... / Son orchestre est composé d'au moins ...
4. Peut-on démonter la piste de danse?
   Oui, ... / C'est une piste démontable.
5. A-t-on fait venir un grand manège pour les enfants?
   Non, ... un petit ... / On n'a fait venir qu'un ... / ... simplement un petit ...

Niveau II

6. Y a-t-il des places libres à la terrasse du café?
Non, ... pas de places ... / ... plus de places ... / Toutes les ... occupées./ ... pas une seule ... / ... pas la moindre ...

7. Il fait très chaud: est-ce normal pour la saison?
Oui, ... tout à fait normal ... / ... puisque nous sommes en été./ ... au cœur de l'été./ Il n'y a rien d'étonnant puisque ...

8. Les étés sont-ils chauds en France?
Oui, en général ... / ... mais cela dépend de la région où l'on se trouve./ Les étés sont plus chauds sur la ... que dans la ... / ... dans le ... que dans ...

9. Est-il agréable de pouvoir boire un verre en plein air?
Oui, ... très agréable ... / ... à condition d'être à l'ombre./ ... pourvu que la boisson soit fraîche.

10. Avez-vous eu l'occasion de tirer à la carabine dans une baraque foraine?
Oui, ... / Non, ... / ... une fois.

11. Croyez-vous que Monsieur le maire et ses amis soient à l'aise en tenue de ville?
Ils doivent avoir chaud./ Avec des costumes pareils ils ...

12. Quel est le secret des discours du maire?
Il parle pour ... / Ils ne veulent rien ... / C'est des mots!/ Ce sont des mots!/ C'est creux!/ C'est du vent!

QUESTIONS D'EXPLOITATION, Deuxième Série

1. A-t-on fait venir un orchestre quelconque?
Non, ... un orchestre réputé./ C'est un grand orchestre qu'on ...

2. Un orchestre réputé se fait-il payer plus cher qu'un orchestre de deuxième ordre?
Oui, ... bien plus cher ... / Il faut payer bien plus cher pour avoir ... / Un orchestre de deuxième ordre ... moins cher ... / Il est bien évident qu'un ...

3. Un orchestre musette peut-il jouer des airs de jazz?
Oui, il n'y a pas de raison pour qu'un ... ne puisse pas ... / Oui, pourquoi pas?

4. Est-ce que les danses à la mode changent d'une année à l'autre?
Oui, ... / Mais oui, par définition la mode implique changement.

8. La fête au village

5. Quelle est la danse à la mode en ce moment? — En ce moment ... / Pour le moment ... / Actuellement ... / La danse à la mode, en ce moment ... / On danse beaucoup le ... / C'est le ... qui est à la mode ... / ... qui fait fureur ...

6. Les enfants vont-ils se coucher de bonne heure les soirs de fête? — Non, ... assez tard ... / ... beaucoup plus tard que d'habitude./ Ils vont veiller très tard.

7. Et les autres soirs, se couchent-ils plus tôt? — Oui, ... bien plus tôt./ ... moins tard./ Il faut qu'ils se couchent ... / On les envoie se coucher ...

8. Pourquoi la salle des fêtes est-elle fermée? — ... il fait chaud et qu'on danse ... / C'est parce qu'il fait ... que la salle ... / ... et qu'on y prépare le grand ...

9. Où danserait-on s'il faisait froid?
10. Et s'il pleuvait?
11. S'il pleuvait, les gens resteraient-ils à la terrasse du café? — C'est dans la ... qu'on danserait s'il ... ... aussi./ De même, s'il pleuvait, ... Non, sûrement pas, ils rentreraient à l'intérieur./ Ils iraient se mettre à l'abri./ ... se mettraient à l'abri ... / ... quitteraient la terrasse.

12. À quoi voit-on qu'il fait très chaud? — ... au fait que les gens portent des ... / ... terrasse.

13. Se promène-t-on en manches de chemise quand il fait frais? — Non, quand il fait ... / Non, on ne se ... quand il ... / Il ne faut pas se ... / Il n'est pas prudent de ... / Il vaut mieux ne pas se ...

14. Que boivent les gens pour se désaltérer? — Pour se ... je crois qu'ils boivent du ... / Sans doute boivent-ils du ... (de la ...)/ ... boissons rafraîchissantes.

15. Et le vin, en boit-on toujours beaucoup en France? — Oui, ... encore beaucoup ... / On en boit, mais bien moins qu'autrefois./ Les jeunes en France ... très peu de vin./ Pas mal de jeunes préfèrent les jus de fruits./ ... boissons non-alcoolisées./ ... même le Coca-cola!

16. Et l'alcool? — De plus en plus on consomme de ... / C'est la boisson des gens snobs./ Certains Français se sont mis à

132 Niveau II

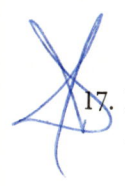

17. Et boit-on autant de bière qu'en Allemagne?

   imiter les Anglais et les Américains sur ce chapitre./ Le scotch est mieux coté que le bourbon./ Les boissons fortes, comme les cocktails, répugnent encore à bien des gens. Non, ... certainement pas .../ Les Allemands ou les Belges sont les champions quant à la consommation de la bière./ Certains Français boivent volontiers de la bière à la place du vin./ La plupart des Français préfèrent le vin à la bière./ ... ne sont pas de grands buveurs de bière.

18. Décrivez quelques baraques foraines.

   Il y en a où on peut acheter des sucreries (confiseries), .../ Certaines sont tenues par des diseuses de bonne aventure, d'autres par .../ Il y a des baraques de loterie, de tir, de jeux d'adresse ...

19. Pourquoi croyez-vous que le maire va prononcer un discours?

   Il aime en faire un à chaque occasion./ Il aime le faire./ Il estime que c'est son rôle./ Il est, peut-être, très plein de lui-même./ Il a l'art de parler pour .../ Ça ne lui coûte guère./ Il adore .../ Il a l'habitude de ...

20. Quelle est la tradition le jour de la fête?

   La ... est de faire un concours .../ Il est de tradition de faire .../ Il y a un ... traditionnel./ Le maire et ses amis font ...

MISE EN PERSPECTIVE

1. Quels sont, selon vous, les aspects attrayants de la fête?
2. Décrivez le maire de votre ville (ou un autre personnage important) au cours d'une cérémonie officielle.

8. *La fête au village*

9. Le Tour de France

Passage au sommet d'un col. Les gens sont massés le long de la route en lacets. Une voiture suiveuse et une voiture-radio se tiennent à une cinquantaine de mètres derrière un coureur. Elles sont suivies d'une voiture de presse. Plus bas, dans la vallée, les autres coureurs. On les voit à peine.

Cette étape de montagne sera décisive. Le coureur qui la remportera prendra le maillot jaune à l'arrivée à Pau. Voici Poulidor qui passe détaché au sommet de l'Aubisque.[1] Il est en nage tant il fait chaud, même ici à 1700 mètres d'altitude. Poulidor a près de quatre minutes d'avance sur le peloton qu'on devine plus bas. Une voiture de l'équipe de Poulidor le suit pour le dépanner en cas de besoin. Il y a aussi une voiture de l'O.R.T.F. et une voiture de presse pour tenir la France entière au courant de la position des coureurs.

Beaucoup de concurrents ont été obligés d'abandonner aujourd'hui, car cette étape était vraiment très dure, comme le sont la plupart des étapes de montagne. Certains abandonnent parce qu'ils ont fait une chute. Seuls les meilleurs tiennent le coup! On ne peut plus, maintenant, se donner du courage en se disant que demain sera un jour de repos.

Il faut avoir vu les coureurs descendre de bicyclette titubant, chancelant sur leurs jambes, après certaines étapes plus longues ou plus difficiles que les autres, pour se rendre compte de la somme d'efforts qu'exige ce sport passionnant pour le spectateur, mais épuisant et si dangereux pour les cyclistes. C'est un véritable exploit de simplement terminer l'étape, et il est juste de garder un peu de notre admiration pour les derniers arrivés.

QUESTIONS D'IDENTIFICATION

1. Où l'arrivée aura-t-elle lieu?   À ... / ... sera jugée à ...
2. Poulidor est-il seul?   Oui, ... / ... passe détaché.
3. Pourquoi est-il en nage?   .. parce qu'il ... / ... à cause de la ...
4. À quelle altitude se trouve le col de l'Aubisque?   Le col de l'Aubisque se trouve à ... / L'Aubisque est à ... d'altitude.
5. Quelle avance Poulidor a-t-il sur le peloton?   ... près de ... minutes d'avance.
6. Pourquoi cette voiture de l'équipe suit-elle Poulidor?   ... pour ... / ... parce qu'il pourrait avoir besoin d'être ...
7. Qu'est-ce que se disaient autrefois les coureurs pour se donner du courage?   ... que demain serait ... / ... «Demain sera. ...»
8. Cela est-il possible aujourd'hui?   Non, cela ... plus ...
9. Dans quel état sont parfois les coureurs quand ils descendent de bicyclette?   ... ils sont titubants et chancelants.

QUESTIONS D'EXPLOITATION, Première Série

1. Pourquoi Poulidor voudrait-il gagner cette étape?   ... pour pouvoir porter ... / ... pour être sûr de porter ...

[1] *Aubisque*: col dans les Pyrénées, à environ 40 kilomètres au sud de Pau.

9. Le Tour de France

2. À quelle époque de l'année se court le Tour? — ... vers la fin juin-début juillet.
3. Fait-il souvent chaud à 1700 mètres d'altitude? — Ce n'est pas souvent qu'il ... / D'habitude, ...
4. Est-ce qu'on voit parfaitement le peloton derrière Poulidor? — On le devine seulement ... / Non, ... pas bien ... / On le distingue mal.
5. Les voitures gênent-elles les coureurs? Pourquoi? — Non, ... car elles les suivent.
6. Le Tour est-il très populaire en France? — ... événement national./ La France se passionne pour ...
7. À quoi le voyez-vous? — ... au grand nombre de ...
8. Qui oblige les gens à rester sur le bord de la route? — Des gendarmes, des policiers, le service d'ordre ...
9. Les coureurs doivent-ils courir tous les jours? — Oui, ... parce qu'il n'y a plus de jour de repos dans le Tour de France.
10. Quelles sont les étapes les plus fatigantes? — Ce sont les ... qui ... / ... de beaucoup les plus ...
11. Quelles sont les causes d'abandon les plus courantes? — ... crevaisons, chutes, défaillances.
12. Faut-il être en forme pour tenir jusqu'au bout? — ... en pleine forme ... / ... en grande forme ... / ... condition physique.

QUESTIONS D'EXPLOITATION, Deuxième Série

1. La France est-elle le seul pays qui organise une course de ce genre? — Non, ... (Italie, Espagne ...)/ En Italie, en Espagne ...
2. Le cyclisme est-il très répandu en France? — Oui, ... très pratiqué ...
3. Des étrangers prennent-ils le départ du Tour? — Oui, beaucoup ... / Il y a beaucoup ... qui ...
4. Les gens se massent-ils n'importe où pour voir passer les coureurs? — Non, ... aux endroits difficiles de préférence ...
5. Y a-t-il des «mordus» du Tour comme il y a des «mordus» du football? — ... sans aucun doute ...
6. Où jugera-t-on l'arrivée de cette étape? — ... à Pau./ C'est à Pau ... / ... sera jugée à ...
7. Et l'arrivée de la dernière étape? — ... à Paris./ ... au Parc des Princes.

8. Comment fait-on le classement des coureurs? ... classement individuel./ ... classement par équipes./ ... classement de l'étape./ ... général, qui tient compte de toutes les étapes.

9. Fait-on un classement à chaque étape? Oui, ... / C'est le classement de l'étape.

10. Est-ce qu'on tient compte du classement des étapes précédentes? Oui, forcément, ... / Oui, pour établir le classement individuel et le classement général.

11. Quel est le principe de base pour le calcul du classement? Le temps mis par le coureur à parcourir la distance sert de base ...

12. Est-il nécessaire de gagner toutes les étapes pour gagner le Tour? Non, ... / Il faut avoir mis moins de temps que ... coureurs.

13. Poulidor a-t-il une grosse avance sur les autres? Oui, ... assez grosse ... quatre minutes en montagne./ ... difficile de reprendre quatre minutes en montagne.

14. Comment le peloton pourrait-il rattraper Poulidor? S'il faisait une chute ... / ... crevait un pneu./ ... avait une défaillance.

15. Poulidor a-t-il de grandes chances de gagner cette étape? ... les plus grandes ... / ... presque certain qu' ... / ... certain de ... / ... à moins d'un accident./ ... à moins qu'il ne fasse une chute./ ... à moins qu'il n'ait une défaillance./ Selon toute vraisemblance, il devrait remporter ...

16. Croyez-vous que le Tour soit un sport dangereux? Oui, on risque de se casser le cou./ On peut être épuisé par un si grand effort physique./ Non, en fait les accidents sont très rares./ Les coureurs sont pour la plupart très prudents.

17. Y a-t-il pourtant des dangers, des risques dans les épreuves cyclistes? Oui, certains coureurs ont abusé des drogues./ ... se sont dopés./ Parfois des spectateurs ont été blessés.

18. Pouvez-vous songer à d'autres sports encore plus dangereux? Oui, par exemple, les courses d'automobiles au Mans, l'alpinisme, le hockey sur glace ...

19. Pour être un champion sportif, quelles conditions sont requises? ... il faut être physiquement doué./ ... s'entraîner sérieusement et régulièrement./ ... suivre un régime

9. *Le Tour de France*   137

20. Avez-vous l'occasion de faire du sport régulièrement?

21. Croyez-vous que la chasse soit un sport?

alimentaire spécial./ ... mener une vie bien réglée.

Oui, je fais beaucoup de sport. Je fait du tennis, du basket, de la gymnastique, du cheval, de la natation./ Non, je suis flemmard(e)./ Les sports ne m'intéressent pas./ Je ne suis pas sportif(ive).

Oui, elle demande de bons réflexes, une bonne coordination, de la force physique, du sang-froid./ Non, c'est une occupation cruelle, inhumaine./ Je ne peux pas supporter la vue du sang./ Je n'aime pas massacrer des bêtes innocentes.

MISE EN PERSPECTIVE

1. Quel est votre sport préféré et pourquoi?
2. La bicyclette deviendra peut-être le moyen de transport unique des villes à cause de la pollution de l'atmosphère. Quels avantages y aurait-il à se déplacer à bicyclette? Quels inconvénients?

10. Les Mercier au restaurant

C'est une salle de restaurant qui fait un peu auberge de campagne. Des poêles, des casseroles, des ustensiles de cuisine en bois ou en fer forgé accrochés aux murs composent un décor rustique et paysan. Au fond de la pièce se trouve l'énorme cheminée, surmontée d'une hotte en cuivre. Les Mercier et leurs deux enfants, assistés d'un garçon, choisissent leurs plats sur leur menu. Le sommelier présente la carte des vins à Monsieur Mercier.

Une fois par semaine, le samedi, les Mercier prennent leur repas de midi au restaurant. Madame Mercier, bien qu'elle aime faire la cuisine, apprécie beaucoup que pour une fois on la serve. Elle mérite bien ce moment de repos. Les Mercier ont choisi le menu du jour à prix fixe, qui est copieux et d'un prix assez raisonnable. Chaque repas ne revient qu'à 22,50F. Il faut ajouter le service, dix pour cent. Monsieur, en fin connaisseur, est en train de choisir un bordeaux rouge sur la carte des vins que lui tend le sommelier. Pour lui, comme pour beaucoup de Français, il n'est pas de bon repas sans bon vin. Xavier et Sylvie, eux, boiront de l'eau minérale ou un jus de fruits.

Madame Mercier a recommandé à son mari de ne pas dépasser dix francs pour le vin, ceci pour des raisons d'économie. En bonne maîtresse de maison, elle est d'avis qu'il est ridicule de gaspiller son argent.

Voici le menu du jour: sur la couverture, il est indiqué que le repas à prix fixe se compose de quatre plats, et que les vins et le service ne sont pas compris.

1. Hors-d'œuvre

Hors-d'œuvre variés—spécialité de la maison
Fruits de mer en cocotte
Pâté en croûte
Timbale de foie gras truffé
Gnocchi
Rillettes de Tours

2. Entrées

Viandes ou *Poissons*

Chateaubriand sauce béarnaise   Sole au four
Tripes à la mode de Caen   Filets de merlan grillé
Civet de lapin provençale   Turbot grillé beurre blanc
Coq au vin   Homard grillé à l'estragon
Veau milanaise
Cassoulet

3. Légumes

Champignons au beurre   Épinards au gratin
Choucroûte braisée   Aubergines au four
Pommes de terre parisienne   Choix de salade

4. Desserts

Baba au rhum   Tarte aux abricots
Crème de marrons   Fruits
Pâtisseries   Petits-suisses
Fruits au kirsch

Plateau de fromages (Camembert, Saint-Nectaire, Brie, Crême de gruyère, Cantal, Boursault)

QUESTIONS D'IDENTIFICATION

1. Combien de fois les Mercier   ... une fois par ...
   vont-ils au restaurant?

Niveau II

2. Quel est le prix du repas qu'ils ont choisi? — Ce repas revient à ... / ... coûte ...
3. Qu'est-ce qu'il faut ajouter au prix du repas? — ... / ... sont en plus.
4. Quel vin Monsieur Mercier est-il en train de choisir? — ... un ...
5. Qui lui tend la carte des vins? — Le ... / C'est le ... qui ...
6. Qu'est-ce que boiront les enfants? — ... de ... ou un ...
7. Qu'est-ce que Madame Mercier a recommandé à son mari? — ... de ne pas mettre plus de ... / ... de ne pas dépasser ... pour des raisons ...
8. Qu'est-ce qu'elle trouve ridicule? — ... de ... / À son avis il est ridicule de ...

QUESTIONS D'EXPLOITATION, Première Série

1. Les Mercier vont-ils au restaurant plusieurs fois par semaine? — Non, ... ne ... qu'une fois ... / ... une seule fois ...
2. Est-ce qu'ils mangent au restaurant le samedi soir? — Non, ... chez eux ... / ... à la maison.
3. Madame aime aller au restaurant. Pourquoi? — ... pour être servie./ ... pour qu'on la serve./ ... pour se faire servir./ ... se reposer./ ... parce qu'elle n'a pas à faire la cuisine.
4. Est-ce un repas très cher que les Mercier ont choisi? — Non, ... un repas à prix fixe.
5. Le service est-il compris dans le prix du repas? — Non, il faut l'ajouter./ ... le compter en sus./ ... en plus./ ... n'est pas inclus dans ...
6. Monsieur Mercier s'y connaît-il en vins? — Oui, c'est un connaisseur./ ... un fin connaisseur ... / ... un expert.
7. Est-ce qu'il laisserait Madame Mercier choisir les vins à sa place? — Non, ... / ... ne ... cela à personne.
8. Pensez-vous, comme les Français, qu'il n'y a pas de bon repas sans vin? — Oui, ... / Non, ... / ... avec un bon vin, c'est tout autre chose!/ Un bon vin, ça vous transforme./ Rien de tel qu'un bon vin pour ...

10. *Les Mercier au restaurant*

9. Quel prix maximum Monsieur Mercier veut-il payer pour une bouteille de vin?

Monsieur Mercier ... au maximum./ ... veut mettre ... au plus pour le vin.

10. Toutes les bonnes maîtresses de maison pensent-elles comme Madame Mercier?

Oui, ... sont de son avis./ ... pensent comme elle./ ... pensent de même.

11. Peut-on être une bonne maîtresse de maison et gaspiller son argent?

Non, ... à la fois ... et ... / Non, ou on est une ..., ou on gaspille son argent./ Une bonne ... ne gaspille pas son argent./ ... ne jette pas son argent par les fenêtres.

QUESTIONS D'EXPLOITATION, Deuxième Série

1. Pourquoi Madame Mercier a-t-elle bien mérité d'aller au restaurant?

... beaucoup de travail à la maison./ ... ne cesse de travailler chez elle.

2. Chaque repas au restaurant va-t-il revenir exactement à 22,50F?

Non, il faut compter en plus ... / Finalement chaque repas revient à ... / Pour arrondir, chaque repas ...

3. Qu'est-ce qu'un repas à un prix raisonnable?

... n'est ni trop cher, ni pas assez./ ... pas trop cher, étant donné ce qui est au menu.

4. Les Mercier, d'après ce que vous savez d'eux, pourraient-ils se permettre d'aller au restaurant chaque jour?

Non, ... pas les moyens d'aller ... / Leurs revenus ne leur permettent pas d' ... / Ils doivent veiller à ne pas ...

5. À quoi voit-on qu'ils ne sont pas très riches?

... au fait qu'ils ... / ... que Madame Mercier ...

6. Madame Mercier a de grandes qualités. Lesquelles?

... une bonne ... / ... économe ... / ... ne gaspille pas ... / C'est une ...

7. Est-ce que ces qualités sont indispensables à une bonne maîtresse de maison?

Oui, ... il faut qu'une femme, pour être ..., ait ces qualités.

8. Qu'arrive-t-il dans un ménage si la femme jette son argent par les fenêtres?

... c'est une catastrophe./ ... cela déséquilibre le budget.

9. Qui, du mari ou de la femme, est en général le moins économe?

... c'est le mari ... / ... c'est la femme ...

10. Que pensez-vous de l'habitude qu'ont les Français de compter

Je n'y trouve rien à redire./ Cela se fait aussi ... / C'est ridicule ... /

le service à part dans les restaurants? ... pas honnête ... / Le client ne sait jamais à quoi s'en tenir.

11. Est-on toujours obligé de prendre des repas à prix fixe? Non, ... à la carte./ On peut manger à la carte.
12. Est-ce que les Mercier pourraient aller au restaurant, si leurs enfants étaient plus petits? Non, il leur serait impossible d' ... / On ne peut pas emmener de très jeunes enfants ...
13. Est-ce que Xavier et Sylvie seront plus sages au restaurant qu'à la maison? Oui, il est probable que ... seront ... / ... possible qu'ils soient ... / C'est possible./ Oui, sans doute, car il y a du monde.
14. Si Monsieur n'était pas satisfait du service, que croyez-vous qu'il ferait? ... il ferait une observation au garçon./ ... au serveur ou à la serveuse./ ... une réclamation auprès du patron./ ... auprès de la direction./ Il se plaindrait auprès ... / Il ne ferait rien du tout, mais la prochaine fois ...
15. Croyez-vous que les Mercier seraient revenus ici, s'ils avaient déjà eu à se plaindre? Non, il est vraisemblable qu'ils ... / ...car on ne revient pas à un endroit où ...
16. Y seraient-ils venus s'ils avaient eu des invités? Non, ... probablement pas ... / ... car quand on a ... on les reçoit généralement ... / Peut-être, car il arrive qu'on emmène ses invités au ...
17. Est-ce gentil de la part de Monsieur Mercier d'emmener sa femme au restaurant? Oui, ... une délicate attention ...
18. Composez un repas d'après le menu qui se trouve à la page 140. Comme hors-d'œuvre, je prendrais ... / Comme entrée, ...
19. Parmi ces plats, lesquels ne vous semblent pas très appétissants? Comment savoir?/ Il faudrait y avoir goûté!/ Le nom de certains plats ne me dit rien de bon: ...

MISE EN PERSPECTIVE

1. «Il faut se lever de table en ayant encore un peu faim.» Voyez-vous quelques avantages à faire cela?
2. Est-on inondé chez vous de denrées comestibles synthétiques? Que faire alors?

10. Les Mercier au restaurant

11. Mariage à la mairie

Dans un des salons de la mairie, le maire, debout derrière une table recouverte d'un tapis vert, lit un discours. Dans un coin, sur un pupitre, se trouve le grand registre. En face du maire se tiennent les deux époux, l'air grave, lui en costume sombre et elle en robe blanche. Leurs deux témoins sont assis derrière eux. Plus loin se trouvent les parents, puis les invités endimanchés.

<u>endimanchés</u> → habillé pour le dimanche

Enfin, le grand jour est arrivé. Pierre et Jacqueline écoutent gravement le discours du maire de Corbeil[1] qui célèbre leur mariage civil. La mariée porte une très belle robe blanche. Tout à l'heure elle était rayonnante de bonheur; maintenant, devant le maire, l'émotion la saisit. Pierre, lui, en tenue de marié, très élégant, paraît à la fois heureux et ému. Après le discours, il faudra que les mariés et leurs témoins signent la déclaration de mariage sur le grand registre. Quelques invités seulement sont là, derrière les époux, ainsi que témoins et parents. La cérémonie civile obligatoire est toujours très simple et rapide. C'est l'affaire d'une demi-heure, une simple formalité.

[1] *Corbeil*: ville du départment de l'Essonne à trente kilomètres au sud de Paris.

Le cortège se rendra ensuite en voiture à l'église de Montlhéry,[2] la ville natale de Jacqueline qui n'est qu'à quelques kilomètres de là, et où la grand-messe est prévue pour 11 heures 30. C'est là que se joindront à eux beaucoup d'autres invités que la salle des mariages, de dimensions trop petites, n'aurait pas pu contenir.

QUESTIONS D'IDENTIFICATION

1. Quel est ce grand jour? — Ce grand ... / C'est le jour du ...
2. Qu'est-ce que font les deux époux en ce moment? — Les deux ... / Ils sont en train d' ...
3. Décrivez Jacqueline. — Jacqueline porte ... / Elle est habillée d' ... / ... et elle ...
4. Et Pierre. — Pierre est ... / Il paraît ... / Pierre, lui, ...
5. Qu'est-ce qu'il faudra que les mariés fassent après le discours? — Ils devront ... / Il leur faudra ...
6. Combien de témoins faut-il à un mariage civil? — ... deux ... / Il en faut deux./ Il faut qu'il y ait ...
7. La cérémonie civile est-elle compliquée? Et longue? — Non, ... pas compliquée./ ... simple./ ... pas longue./ ... courte./ C'est l'affaire d'une ...
8. Où est-ce que le cortège se rendra ensuite? — ... à ... / ... à une ville qui est à quelques ... de là.

QUESTIONS D'EXPLOITATION, Première Série

1. Les mariés écoutent-ils le discours du maire en riant? — Non, ... sans rire./ ... gravement.
2. Que porte le maire sur sa poitrine? — ... une écharpe tricolore.
3. Est-ce que Jacqueline a l'air malheureuse? — Non, elle a plutôt l'air émue./ Tout à l'heure elle avait ... / Elle a envie de ...
4. Et Pierre? — Lui non plus n'a pas l'air ... / Lui aussi a l'air ...
5. Est-ce qu'on peut célébrer un mariage sans témoins? — Non, ... / Pour célébrer un ... il faut avoir des ...

[2] *Montlhéry*: ville au sud–sud-ouest de Paris.

11. Mariage à la mairie

6. Un mariage sans témoins serait-il valide? — Non, ... / ... nul.
7. Comment le cortège se rendra-t-il à Montlhéry? — ... en voiture.
8. Pourquoi pas à pied? — ... c'est trop loin.
9. Où Jacqueline est-elle née? — ... à ... / Elle est de ...
10. Est-ce que Corbeil et Montlhéry sont très éloignées l'une de l'autre? — Non, ... pas très ... / ... ne sont ... que de quelques ...
11. Pourquoi tous les invités ne sont-ils pas dans la salle? — ... trop petite pour ... / Ils n'auraient pas pu tenir tous dans ...

QUESTIONS D'EXPLOITATION, Deuxième Série

1. Pensez-vous que le jour du mariage soit un grand jour? Pourquoi? — ... important./ ... grave décision./ ... on engage sa vie.
2. Est-ce le seul grand jour de la vie? — Non, il y en a d'autres.
3. Lesquels, par exemple? — ... la réussite à un grand concours, la naissance d'un enfant, un anniversaire, une promotion, ...
4. Qui choisit-on généralement comme témoins? — ... des amis intimes ... / ... de grands amis ... / ... des parents ...
5. Et qui invite-t-on à son mariage? — (parents, amis, connaissances, relations)
6. Dans quelle pièce de la mairie croyez-vous que se déroule la cérémonie? — ... dans un des salons ... / ... grande salle./ ... salle d'honneur./ ... salle des mariages.
7. Quel jour est-ce qu'on se marie généralement? — ... le samedi./ ... mais on peut ... n'importe quel jour de la semaine.
8. Y a-t-il des gens qui ne se marient qu'à la mairie? — Oui, il y en a ... / Il en existe ... / En effet, certains refusent de se marier à l'église.
9. Est-il obligatoire de se marier à l'église en France? — Non, ... / Seul le mariage civil ...
10. Que croyez-vous que dise le maire aux jeunes époux dans son discours? — ... donne des conseils ... / ... leur adresse des félicitations./ ... leur montre toute la solennité du mariage.
11. Quels conseils donneriez-vous à de jeunes mariés? — Je leur conseillerais de ..., d'être ..., de faire ..., de ne pas ... / Je leur

146 Niveau II

12. Le mariage civil de Pierre et de Jacqueline et la cérémonie religieuse qui le suit ont-ils lieu dans la même ville?

13. Comment la mairie peut-elle prouver qu'un homme et une femme sont mariés?

14. À qui est-ce qu'on s'adresse pour obtenir un certificat de mariage?

15. Est-ce forcément le maire qui délivre les certificats de mariage?

16. Qu'est-ce qui est nécessaire pour qu'un tel certificat soit valable?

17. Le maire s'occupe-t-il des divorces?

18. Le maire a-t-il le pouvoir de prononcer un divorce?

19. La mairie enregistre-t-elle aussi les décès?

20. Et qui prépare les transferts de propriété immobilière?

21. Où ces documents sont-ils enregistrés?

recommenderais de ... / ... de se préparer à ...
Non, dans ce cas particulier, ... dans deux villes différentes.

... grâce au ... / ... en consultant le gros ... / C'est bien simple; tous les mariages sont consignés dans ...

... à la ... / Pour ... il faut ... / C'est à la ... qu'il faut ... pour ... / C'est la ... qui délivre des ...

Non, ... / Parfois c'est un employé de la mairie qui ... / ... un adjoint ... / ... un(e) secrétaire ...

Pour qu' ... la signature du maire ... / ... il faut que le maire le signe./ ... l'approuve de sa signature./ ... le maire ou une personne déléguée par lui ...

... forcément ... / ... de même qu'il s'occupe des mariages./ Oui, il les enregistre comme il le fait pour les mariages.

Non, il n'a pas ce pouvoir./ Il n'a pas autorité pour ... / Il n'est pas habilité à ... / C'est l'affaire d'un avocat et d'un juge.

Certainement, ... / ... tous les changements dans l'état civil d'une personne.

C'est un notaire qui ... / Ces opérations sont consignées par écrit par un ... / ... un huissier./ ... un avoué.

... sur un plan, appelé cadastre communal.

MISE EN PERSPECTIVE

1. Le mariage est-il essentiel au bonheur?
2. Y a-t-il un âge idéal pour se marier? Quel est-il selon vous?

11. Mariage à la mairie

12. Mariage à l'église

L'intérieur d'une grande église dont on voit la haute nef, séparée des bas-côtés par des arcs en ogive. Les vitraux laissent pénétrer une douce lumière qui inonde le chœur et les chapelles des deux côtés du transept. Les mariés, suivis du cortège, s'avancent dans l'allée centrale en direction du parvis. Là, les attend la foule, que l'on aperçoit par les portes grandes ouvertes. Le garçon et la demoiselle d'honneur suivent immédiatement les époux.

La grand-messe de mariage, qui a duré plus d'une heure et demie, est terminée. Pierre et Jacqueline sont désormais mari et femme. Leurs parents, qui sont très aisés, leur ont offert une grand-messe de première classe avec chœurs et orgues. Voici les époux, radieux, qui avancent dans l'allée centrale, lentement, au son d'une impressionnante marche nuptiale de Couperin[1] que Michel, un ami d'enfance de Jacqueline, joue à l'orgue. Deux très jeunes enfants, qui servent de garçon et de demoiselle d'honneur, portent la longue traîne de la robe de Jacqueline. Celle-ci, l'air épanoui, s'appuie sur le bras de Pierre. Les témoins, les parents, et toute l'assistance les suivent dans l'allée

---

[1] *Couperin*: nom d'une célèbre famille de compositeurs et organistes. François le Grand (1668–1733) fut un claveciniste de premier ordre.

Niveau II

centrale ou se préparent à le faire. Certains, émus, versent quelques larmes, les femmes surtout, en particulier Madame Lecomte, la mère de Jacqueline, et Madame Besson, celle de Pierre.

Sur le parvis de l'église, il va falloir répondre aux acclamations de la foule des curieux et des badauds. Ils sont venus pour admirer les toilettes et voir les mariés dont l'union consacre l'alliance de deux familles très en vue dans la région. Puis ce sera, enfin, la détente: une réception suivie d'un somptueux banquet dans une auberge près de Rambouillet et, vers le soir, le départ en avion pour Nice, première étape du voyage de noces.

QUESTIONS D'IDENTIFICATION

1. Combien de temps a duré la messe? — ... plus d' ...
2. Qui a offert de payer les frais de cette grand-messe? — Ce sont les ... qui ... / Les Lecomte et les Besson ont offert ...
3. Qu'est-ce qu'on entend? — ... les orgues jouées par ... / ... une marche nuptiale ... / ... de la musique de Couperin.
4. Que font le garçon et la demoiselle d'honneur? — Ils portent ... / Ils suivent ... en portant ...
5. Sur quoi Jacqueline s'appuie-t-elle? — Elle s'appuie sur ... / C'est sur ... qu'elle ...
6. Que font les mères des époux? — Elles ... / Elles sont très ...
7. Pourquoi y a-t-il cette foule sur le parvis? — Elle est curieuse./ Elle veut admirer les ... et voir les ... / Ce sont des badauds.
8. Où aura lieu le repas de noces? — ... dans une auberge ...
9. Quelle est la première étape du voyage de noces? — C'est Nice qui est ... / Nice est ...

QUESTIONS D'EXPLOITATION, Première Série

1. La messe dure-t-elle plus longtemps que la cérémonie à la mairie? — Oui, ... / ... trois fois plus longtemps ...
2. Pierre et Jacqueline sont-ils maintenant mariés pour de bon? — Oui, ... / ... mari et femme.
3. Quelle est la cérémonie la plus — À mon avis, la plus ... est ... / C'est

12. *Mariage à l'église*

imposante, la cérémonie religieuse ou la cérémonie civile? la ... qui est ... / Les cérémonies me laissent indifférent(e).

4. Est-ce qu'on joue toujours de l'orgue à une messe de mariage? Non, ... / Cela dépend de la classe de la messe choisie./ Aujourd'hui, la tendance est à la simplicité./ On tend à faire les choses plus simplement aujourd'hui.

5. Que faut-il faire pour avoir droit à de la musique? Pour ... il faut choisir une messe de ... / ... payer plus cher pour ... / ... un supplément.

6. Qui est en train de jouer de l'orgue? C'est Michel ... / ... qui est aux orgues.

7. Qui est Michel? Jacqueline le connaît-elle depuis longtemps? C'est ... / C'est un de ses ... / Oui, elle le connaît depuis ...

8. Quelle sorte d'air Michel joue-t-il et de qui est-ce? Il joue une ... de ... / C'est une ... de ... qu'il joue./ Il joue du Couperin.

9. À quelle allure les mariés sortent-ils de l'église? Ils ... lentement./ ... à pas lents.

10. Les mères des jeunes gens ont-elles l'air radieux? Non, ... / ... l'air triste./ ... paraissent émues.

11. Et les amis des mariés, est-ce qu'ils versent des larmes, eux aussi? Non, ... / Au contraire, ... sont heureux./ ... se réjouissent.

12. Comment les mariés voyageront-ils? ... en avion./ Ils vont prendre l'avion.

13. Est-ce que leur voyage finira à Nice? Non, ... / Ils continueront ... / Nice n'est qu'une étape ...

14. Connaissons-nous la durée de leur voyage de noces? Non, ... / Nous ne savons pas combien de temps ils resteront en voyage.

QUESTIONS D'EXPLOITATION, Deuxième Série

1. À quoi voyez-vous que nous assistons à un grand mariage? ... au nombre des invités ... / ... au fait qu'il y a ... / ... à l'élégance des ...

2. Est-ce que tout le monde est ému parmi les invités? Non, les femmes surtout sont ... / Ce sont surtout les femmes qui le sont.

3. Quel était le nom de Jacqueline avant qu'elle se marie? — Elle s'appelait ... / Son nom de jeune fille était ...
4. Quel sera son nom désormais? — Désormais elle s'appellera ... / Elle sera Madame ... / À l'avenir ... / À partir de maintenant ... / Dorénavant ...
5. À quel moment les mariés vont-ils pouvoir se détendre? — ... après la cérémonie./ ... une fois la cérémonie terminée./ ... quand ils en auront fini avec la cérémonie.
6. Est-ce qu'on fait un grand repas le jour de son mariage? — Oui, en général ... / ... mais il arrive qu'on n'en fasse pas.
7. Tout le monde choisit-il de donner une réception ou de faire le repas de mariage dans un restaurant? — Non, certains choisissent de ... à la maison./ Certains le font ...
8. Où est-ce que vous choisiriez de faire votre voyage de noces si vous étiez en France? — J'aimerais ... / Je pencherais pour ... / ... m'attirerait davantage./ Je voudrais pouvoir aller ...
9. Un assez grand nombre de Français passent leur lune de miel sur la Côte d'Azur. Pourquoi? — Le climat ... / Les hôtels ... / C'est la mode./ ... ça se fait.
10. Est-ce que tout le monde peut se permettre de voyager en avion? — Non, il y a des gens ... / Oui, au fur et à mesure que les tarifs baissent, presque tout le monde ... / Cela devient très courant.
11. Où les Protestants se marient-ils? Et les Israélites? Et les Mahométans (Arabes)? — Les Protestants ... au temple; les Israélites ... à la synagogue; les Mahométans ... à la mosquée./ Les cérémonies protestantes ont lieu ... ; les cérémonies israélites ... ; les cérémonies mahométanes ...
12. Combien de fois peut-on se marier selon le rite catholique? — ... une seule fois ... / On ne peut se ... qu' ..., à moins qu'on ne soit veuf ou veuve./ ..., à moins d'être veuf ou veuve.
13. Un homme divorcé peut-il se remarier à l'église? — Non, ... / ... en principe, non.
14. Que pensez-vous de ce système de messes de mariage à plusieurs classes? — ... que c'est bien./ ... mal./ ... scandaleux./ ... parfaitement raisonnable./ ... révoltant./ ... une affaire d'argent.

12. Mariage à l'église

15. Dans un autre ordre d'idées, existe-t-il des enterrements à plusieurs classes?

Oui, cela se fait aussi./ Oui, les entreprises de pompes funèbres font la même chose.

16. Les jeunes couples moins fortunés ne devraient-ils pas avoir droit à une grand'messe, eux aussi, au moins le jour de leur mariage?

Oui, il serait normal qu'ils aient droit ... / ... juste ... /Non, ... puisqu'ils ne peuvent pas la payer.

17. Approuvez-vous les mariages entre personnes de religions différentes?

Oui, c'est une très bonne chose./ Oui, j'approuve toute tendance œcuménique./ Non, ces mariages-là ne réussissent pas./ Ma religion les condamne.

18. Que dites-vous des mariages entre personnes de couleur ou de race différente?

J'estime qu'il importe de les encourager./ Je n'y vois pas d'inconvénient./ Regardez les peuples d'Hawaii, du Brésil, ... / C'est une honte!/ C'est contraire à nos habitudes./ Je ne pourrais pas le supporter./ Quelle idée farfelue!/ Cette question me gêne./ Ça ne résout rien./ ... ne peut pas résoudre des problèmes tels que la ségrégation.

MISE EN PERSPECTIVE

1. Que trouvez-vous à reprocher à la cérémonie de mariage de Pierre et de Jacqueline?
2. Leur mariage est-il seulement un mariage d'amour? Que pensez-vous de telles unions?

Niveau III

À la terrasse d'un café. On ne fait pas qu'y boire. C'est avant tout un lieu de rencontre où on lie conversation, amitié ...

1. Les Français et la censure

Je me suis assis à la terrasse d'un café. Près de moi se trouvent deux hommes, deux Français, qui, tout en buvant un demi, se livrent à leur occupation favorite: discuter de politique. Ils sont à ce point absorbés, qu'ils ne s'aperçoivent même pas que je les écoute attentivement.

MONSIEUR B (*le Monsieur au béret bleu*): Comment veux-tu savoir ce qui se passe? Les journaux ne sont plus libres d'imprimer ce qu'ils veulent. Tous les articles doivent être approuvés avant d'être mis sous presse, les articles politiques s'entend.

MONSIEUR N (*le Monsieur au nœud papillon*): Tu ne changeras donc jamais. Toujours cette manie d'exagérer. Il existe bien, tu ne peux pas le nier, des journaux qui sont tout à fait indépendants, et qui, s'ils sont censurés, ne cachent cependant rien de leurs positions anti-gouvernementales. Je songe à *L'Express*,[1] au *Nouvel Observateur*,[2] à l'*Humanité*,[3] au *Canard Enchaîné*.[4] Du reste, ce serait un très mauvais calcul de la part du Gouvernement que de censurer sévèrement toute la Presse. Les Français ne s'accommoderaient pas de cette mesure.

MONSIEUR B: Les Français sont dépolitisés maintenant, mon cher. Ils s'intéressent bien plus au prix de la R.12[5] qu'au mode de scrutin des prochaines élections législatives.

MONSIEUR N: À mon avis le contrôle de la censure se fait plus nettement sentir à la radio. Et je ne parle pas seulement des chaînes nationales, mais

---

[1] *L'Express*: journal hebdomadaire semblable à *Time*.
[2] *Nouvel Observateur*: journal de gauche, qui s'appelait autrefois *France-Observateur*.
[3] *L'Humanité*: journal du parti communiste français.
[4] *Le Canard Enchaîné*: hebdomadaire satirique, très apprécié pour ses dessins irrévérencieux.
[5] R.12: voiture de classe économique fabriquée par Renault.

aussi des émetteurs périphériques: *Luxembourg, Europe No. 1, Monte-Carlo* et *Andorre*.[6]

monsieur b: Forcément, le gouvernement les contrôle, directement ou par le truchement de sociétés financières. Je te parie que tout cela lui revient plus cher que les quelques kilomètres d'autoroutes construits chaque année. Et la télé, qu'est-ce que tu en dis? Tu as vu comment on supprime, sans la moindre explication valable, des émissions qui sont pourtant parmi les meilleures et les plus appréciées du moment?

monsieur n: Je vois à quoi tu fais allusion. Mais je pense que ce sont les opinions du metteur en scène qui étaient en cause dans cette affaire.

monsieur b: Peut-être bien, mais ne crois-tu pas qu'on a voulu tout simplement supprimer des émissions sur des sujets tabous? Certains groupes qui font pression n'en voulaient pas, et comme ils sont fort bien représentés à la Commission de Censure ...[7]

monsieur n: Il faut être juste, cependant, et reconnaître que certaines émissions valent la peine d'être suivies. Mais quand je songe à ce que la télévision pourrait être ... Comme j'envie les Anglais et leur B.B.C. indépendante du gouvernement!

monsieur b: Hélas, ils ont bien d'autres problèmes, surtout du point de vue technique. La qualité de leurs images est bien inférieure à celle de notre première chaîne.[8] C'est du moins ce que j'ai lu dans *Télé-Revue*[9] de cette semaine.

monsieur n: Ah! Tu t'es finalement abonné à cette revue, comme je te l'avais conseillé. Tu as fort bien fait. C'est tellement plus pratique que d'avoir à consulter son journal chaque jour.

QUESTIONS

1. Quelle est l'occupation favorite des Français?   2. Où choisissent-ils de s'asseoir pour en parler, assez souvent?   3. De quoi se plaint le Monsieur au béret bleu (B)?   4. Qui accuse-t-il de porter atteinte à la liberté de la presse?   5. Son voisin est-il du même avis?   6. Que reproche-t-il

[6] *Luxembourg*, etc.: postes privés, mais côntrolés en partie par le gouvernement. Ces postes, dits périphériques, vivent de la publicité.

[7] *La Commission de Censure*: comité composé de représentants du gouvernement, des associations de parents d'élèves, de l'Église, etc. ... Elle accorde ou refuse le visa de censure à tout film qu'on veut projeter sur les écrans français.

[8] *La télévision française*: a 819 lignes pour la première chaîne, ce qui permet une image très nette. La deuxième chaîne française n'a que 441 lignes, ce qui correspond à peu près à la qualité de l'image des émissions britanniques.

[9] *Télé-Revue*: revue hebdomadaire qui annonce les programmes de télévision pour la semaine à venir. Peut se comparer à *TV Guide*.

Niveau III

à Monsieur B?   7. Que pensez-vous du jugement de ce Monsieur au nœud papillon (N)?   8. À qui est-ce que vous vous fieriez le plus volontiers, à Monsieur B ou à Monsieur N?   9. Est-ce qu'il est vrai qu'on peut dépolitiser tout un peuple? Comment?   10. Qu'est-ce qui se passe en ce qui concerne la censure à la radio?   11. Est-ce un peu la même chose dans tous les pays?   12. Quel pouvait être ce sujet tabou auquel Monsieur B fait allusion?   13. Que pense Monsieur N de la télévision française en elle-même? Et par rapport à la télé britannique?   14. Comment peut-on connaître les programmes de télévision?   15. Quelle sorte de «magazine» est *Télé-Revue*?   16. Ces deux personnages se connaissent-ils très bien? Qu'est-ce qui le prouve?   17. Est-ce qu'il est normal que le gouvernement contrôle les informations diffusées par des stations indépendantes privées?   18. Cette Commission de Censure, de qui est-elle composée?   19. D'après vous, qui choisit-on pour être membre de cette Commission?   20. Pouvez-vous nommer les groupes de pression dont on parle dans le texte?   21. Ces groupes, ou d'autres, semblables, existent-ils dans votre pays?   22. Y ont-ils une influence? Comment se manifest-t-elle?   23. Tous les Français ressemblant étrangement à Messieurs B et N, croyez-vous que la France soit un pays facile à gouverner?   24. Quels traits du tempérament et du caractère français ressortent de cette conversation?   25. Une pareille conversation serait-elle possible entre Anglais? Entre Américains? Entre Russes?   26. Qu'est-ce qui arriverait dans n'importe quel pays si le gouvernement n'exerçait aucun contrôle sur les moyens d'information?   27. Par contre, qu'est-ce qui se produirait si ce contrôle était trop strict?   28. Il y a peu d'autoroutes en France. Montrez, d'après le texte, que les Français s'en plaignent.

QUESTIONS-DÉBAT

1. La valeur artistique d'un film peut-elle excuser son immoralité?   2. «Pour savoir ce qui se passe en France, et ce que pensent les Français, il me suffit de lire les journaux américains.» Discutez cette pensée.   3. Quelle est l'influence de la télévision sur la vie familiale?

1. Les Français et la censure

2. Les vacances: pour et contre

Et si l'on ne partait pas? Ce serait, à un certain point de vue, tellement plus facile! Pas de journal à décommander, pas de courrier à faire suivre, aucun fournisseur à prévenir. On éviterait de signer quantité de chèques de voyage. Et on se passerait d'une inspection minutieuse de la voiture. Quand on y regarde de près, les préparatifs de voyage absorbent beaucoup d'énergie, exigent des listes de commissions à faire, d'articles à emporter. Sans parler des faux départs, des retours à domicile cinq minutes après le départ pour chercher le pull rouge dont on aura besoin quand il fera frais. On peut dire que celui qui réussit à partir a vraiment gagné le droit au repos.

Et puis il y a ceux qui partent, pas pour se détendre ou pour se changer les idées, mais pour se lancer avec frénésie dans une nouvelle entreprise. Ceux-là veulent se livrer au plus grand nombre d'activités possible. En se levant à l'aube, on avale les 18 trous du golf avant midi, plus une partie de tennis. L'après-midi, c'est la promenade à cheval et la course à la piscine. Le soir est réservé, naturellement, aux danses les plus échevelées.

Moins sportif, mais de mentalité analogue, est le touriste qui s'avise de faire six capitales européennes en six jours: Londres, Paris, Bruxelles, La Haye, Bonn, Berne. Chacune de ces villes propose au voyageur pressé des circuits en car, qui permettent de passer devant les principales curiosités en l'espace de quelques heures. Muni d'une caméra,[1] on arrive plus tard, une fois que les films ont été développés, à donner l'impression à ses amis, sinon à soi-même, qu'on a tout visité, qu'on a tout vu.

Mais, à part les vacances qui ne prennent toute leur valeur que rétrospectivement, est-il possible aujourd'hui de concevoir des vacances qui soient vraiment destinées au repos, à la détente? Le Français qui loue une villa à Arcachon[2] pour le mois d'août, l'Américain qui séjourne dans un ranch du Far West, trouvent-ils au bout de quelques semaines une nouvelle paix de l'âme? Sans doute faudrait-il le leur demander, ou mieux, faire soi-même l'expérience.

[1] *Caméra*: (i.e. movie camera) ne pas confondre avec appareil photographique.
[2] *Arcachon*: station balnéaire aux environs de Bordeaux.

La Baule, plage à la mode sur l'Atlantique (Bretagne). Une façon de passer des vacances et de se désintoxiquer.

QUESTIONS

1. Pourquoi est-il difficile de partir en vacances?   **2.** Est-ce plus difficile si l'on a une famille nombreuse que si l'on est célibataire? Pourquoi?
3. Avez-vous jamais fait un faux départ? Racontez l'incident en quelques mots.   **4.** Que pensez-vous des vacances sportives?   **5.** Du touriste pressé et méthodique, que pensez-vous?   **6.** Avez-vous l'habitude de prendre des photos pendant vos voyages?   **7.** En général, quelles sortes de photos préférez-vous: paysages, personnes, animaux, etc.?   **8.** Savez-vous comment on pourrait visiter en six jours les six capitales mentionnées dans le texte? Serait-on obligé de voyager en avion?   **9.** Si l'on cherche le repos, où peut-on aller aux U.S.A.?   **10.** Dans quelles régions les Français vont-ils de préférence passer leurs vacances?   **11.** L'Américain est-il habitué comme le Français à prendre un mois de vacances l'été?   **12.** Les vacances d'hiver sont-elles aussi à la mode aux U.S.A. qu'en France?
13. Où fait-on du ski en France? en Amérique?   **14.** Aimeriez-vous avoir une maison de vacances? Où?   **15.** La France a-t-elle un réseau de parcs nationaux exploités comme Yellowstone, Yosemite?   **16.** Quelles sortes de vacances préférez-vous: voyages, séjours?   **17.** Aimez-vous mieux de courtes vacances étalées tout le long de l'année ou de longues vacances qu'on prend une fois par an?   **18.** Connaissez-vous des moyens économiques de passer des vacances?

QUESTIONS-DÉBAT

1. Les habitants de chaque pays ont une façon bien à eux, dit-on, de passer leurs vacances. Ainsi, sur une plage, les Allemands creusent des trous, les Italiens dévorent les femmes des yeux, les Américains boivent du Coke. ... Peut-on généraliser ainsi?   **2.** Les vacances doivent-elles être organisées à l'avance ou improvisées?   **3.** Les touristes sont considérés comme les ambassadeurs de leur pays. Est-ce à tort ou à raison?

3. La grève

Les gens n'y comprennent rien. La Paulstra, l'usine la plus importante de la région, une des mieux équipées, dit-on, et de celles qui payent le mieux leurs employés, est encore fermée ce matin. La grève a commencé il y a maintenant une semaine pour des raisons assez mal connues. Pour une fois, tous les syndicats ont été d'accord, et tout le personnel, y compris les cadres et les ingénieurs, a cessé de travailler. Quelques responsables syndicaux ont bien voulu faire à la presse des déclarations, que la direction de l'usine a contredites aussitôt. Au fond, personne ne sait vraiment ce qui se passe. On a vaguement entendu dire que des pourparlers ont lieu chaque jour entre les patrons et les représentants des ouvriers et des cadres. Tout marchait bien les premiers jours, car on ne pensait pas que la situation allait durer. Mais huit jours sans salaire, c'est assez dur à supporter pour certains ouvriers non spécialisés qui ne gagnent, même en faisant des heures supplémentaires, que 800 francs par mois. Il est question d'une augmentation des cadences qui aurait déclenché le mécontentement général; pour d'autres il s'agirait du refus de la direction d'accorder une quatrième semaine de congés payés, promise il y a déjà plus d'un an.

Heureusement, il n'y a pas eu d'incidents ni d'accrochage avec la police qui assure la protection des bâtiments et du matériel. On note seulement un léger énervement dans la Cité du Moulin, un ensemble de H.L.M.[1] situé un peu en dehors de la ville, où habitent la plupart des ouvriers. Les femmes surtout donnent des signes d'impatience: comment faire pour joindre les deux bouts? Tout est tellement cher! Si seulement ils pouvaient se mettre d'accord à l'usine!

QUESTIONS

1. Pour quelles raisons les ouvriers se sont-ils mis en grève? 2. Quels syndicats ont donné l'ordre de grève? Est-ce ainsi d'habitude? 3. Les

[1] H.L.M.: habitations à loyers modérés.

PAVLOVSKY/RAPHO GUILLUMETTE

Manifestation de fonctionnaires protestant contre le gel des salaires. Bel exemple d'unanimité politique.

ouvriers sont-ils les seuls à faire la grève? 4. Le point de vue des syndicalistes est-il le même que celui des patrons? 5. Les pourparlers ont-ils abouti jusqu'à maintenant? 6. Et s'ils échouent, que fera le personnel de l'usine? 7. Pensait-on que la grève allait durer aussi longtemps? 8. Les ouvriers sont-ils payés quand ils font grève? 9. Quels ouvriers sont les mieux payés? 10. Quels ouvriers sont les moins bien payés? 11. Que font certains ouvriers pour gagner plus d'argent? 12. 800 francs nouveaux, cela fait à peu près combien, en dollars? 13. Quelles raisons donne-t-on à la grève des ouvriers? 14. Les ouvriers semblent-ils avoir raison de s'être mis en grève? 15. Quand il y a une grève, qu'est-ce qui arrive parfois entre grévistes et policiers? 16. Dans quel genre d'immeuble habitent les ouvriers? Ces grands ensembles sont-ils construits en pleine ville? Pourquoi? 17. Pourquoi les femmes des ouvriers sont-elles préoccupées? Que souhaitent-elles toutes? 18. Les syndicats français groupent-ils les travailleurs par catégories professionnelles ou par parti politique? 19. Est-ce la même chose chez vous? 20. Quel système est le meilleur, à votre avis? 21. Les femmes jouent-t-elles un grand rôle durant une grève? Comment? 22. À quelle époque ont eu lieu les plus graves conflits sociaux en Europe? 23. La situation des ouvriers s'est-elle améliorée depuis? Donnez des exemples. 24. Est-ce ou non une maladresse que de regrouper les ménages ouvriers dans des cités, ou dans des ensembles de H.L.M.? 25. Si vous étiez sociologue, comment concevriez-vous les habitations ouvrières? Et si vous étiez entrepreneur de travaux publics?

QUESTIONS-DÉBAT

1. L'État peut-il intervenir dans les grèves? Le doit-il? 2. «Si vous voulez que vos ouvriers vous fichent la paix, offrez-leur donc un poste de télévision pour leurs étrennes.» Cet industriel avait-il raison de donner ce conseil à son ami? 3. Certaines grèves sont plus facilement acceptées par la population. Lesquelles? et pourquoi?

4. Pour et contre la publicité

Nous sommes vraiment gâtés aujourd'hui par l'énorme production publicitaire. Dans la presse, sur les routes, à la radio et à la télévision, il n'existe pratiquement nulle part de recoin où l'on soit à l'abri de l'invite pressante à désirer, rechercher et acheter de la marchandise. C'est en vain que nous nous installons en pleine forêt vierge, à des centaines de kilomètres de la civilisation. Inlassable, la publicité nous poursuit. Elle nous traque dans la revue qu'on emporte, dans les émissions qu'on écoute au bord du lac aux eaux pures et froides, dans les cartouches et emballages vides qui jonchent le sol autour de la caravane. En fait, elle nous poursuivra même jusque sur la lune, à supposer que nous décidions de nous y installer un jour.

Mais de quoi nous plaignons-nous? Pourquoi considérer la publicité comme l'ennemi de tout ce qui est bon et naturel, comme la quintessence de tout ce qu'il y a de factice? Pourquoi la prendre comme le mensonge devenu slogan? Ne vaut-elle pas plus que cela? En fait, ne nous donne-t-elle pas perpétuellement le sentiment rassurant que les chips «X» sont préparés avec de la véritable huile d'arachide et qu'ils sont maintenant frits selon une formule vraiment nouvelle? Et qui, parmi nous, se refuse le plaisir discret d'étudier l'image de la dernière traction avant,[1] même s'il n'a pas les moyens de se la payer. Peut-être que la publicité n'est pas l'hydre effrayante, produit d'un monde vil et artificiel. On serait tenté de dire qu'elle est une mise en branle de tout notre être, qu'elle remue la partie indécise de notre personnalité.

QUESTIONS

1. Nommez les différents moyens publicitaires. 2. Auxquels êtes-vous le plus exposé? 3. Quelle est la fonction bassement matérielle de la publicité? 4. Jusqu'où la publicité nous poursuit-elle? 5. En pleine forêt vierge, comment peut-elle se manifester? 6. Dans les revues, quelles

[1] *Traction avant:* voiture dont les roues avant sont motrices.

BELZEAUX/RAPHO GUILLUMETTE

Kiosque à journaux. Est-ce un piège ou un moyen de nous tenir éveillés?

annonces publicitaires vous intéressent le plus? 7. Dans les journaux, quelles sortes de réclames trouve-t-on? 8. Expliquez l'expression «les petites annonces». 9. Déchiffrez l'annonce d'une maison à louer que voici: F 5, s.d.b., 4 ch., gd. st., meub., buand.[2] 10. Commentez cette annonce tirée de l'*Argus*: Part. à part. vend. D.S. 19. 70. exc. état. pn. neufs. gal. rad. 18000 km auth.[3] 11. Fait-on de la publicité à la télévision en France? 12. Quels trucs classiques utilise la publicité? 13. Avez-vous une préférence pour les dessins animés dans la publicité? 14. Aimez-vous mieux une réclame «réaliste» et «franche» ou une réclame qui «fait rêver?» 15. Vous croyez-vous insensible aux influences de la publicité au moment de vos achats? 16. Quelle est actuellement votre publicité favorite—à la télévision, dans la presse? Décrivez-la. 17. Quel est le côté positif de la publicité? 18. Est-ce qu'il n'y a pas une limite à la publicité? 19. Qu'arrivera-t-il le jour où l'homme ne pourra pas consommer tous les produits sur le marché? 20. Comment la publicité peut-elle, à longue échéance, entraîner une crise économique? 21. Comment accorder publicité et liberté? 22. Une réclame qui «marche» bien en France «marchera»-t-elle forcément bien dans un autre pays? 23. Donnez des exemples d'une réclame étudiée aux U.S.A. et qui ne «marcherait» pas en France.

QUESTIONS-DÉBAT

1. On a proposé à une jeune fille de poser comme modèle pour une affiche-réclame, destinée à vanter l'excellence de la margarine ASTRA. Comment ses parents vont-ils réagir? Auront-ils la même réaction qu'elle? 2. À cause d'un grand panneau publicitaire placé sur le bord de la route, Monsieur Molly a failli avoir un accident de voiture. Sa femme en profite pour faire le procès de la publicité sur les routes. À votre avis devrait-on interdire toute publicité routière?

---

[2] L'annonce complète veut dire: maison à cinq pièces principales, salle de bain, quatre chambres à coucher, grand standing, meublée, buanderie.
[3] Particulier à particulier, vend une Citroën D. S. 19, fabriquée en 1970, en excellent état, pneus neufs, galerie, radio, 18000 kilomètres authentiques.

5. Les fêtes

Quelles sont les grandes fêtes nationales et religieuses en France?

Commençons par *Noël*. D'habitude on prépare un réveillon, la veille de Noël, avant ou après la messe de minuit. Le Père Noël, plus maigre en France que son sosie anglo-saxon, apporte aux enfants des cadeaux qu'il dépose dans la cheminée. On décore l'arbre de Noël. Les grandes personnes échangent des étrennes le jour de l'an, envoient leurs vœux de nouvel an sur des cartes de visite, et distribuent de petites sommes d'argent au personnel de service: préposés, concierges, domestiques, pompiers ...

Le six janvier, c'est *la fête des Rois* ou de *l'Épiphanie*. Dans toutes les pâtisseries, on achète des gâteaux ronds et plats appelés galettes. Chacun contient un petit objet-surprise; celui qui trouve cet objet dans sa part de gâteau est déclaré «Roi» de la fête et porte une couronne de papier. Cela s'appelle «tirer les Rois». En fait, on tire les Rois pendant tout le mois de janvier!

Le *Mardi-Gras* est un reste de fête païenne: on a coutume alors de décorer avec des fleurs les chars qu'on promène à travers certaines villes, comme Nice, Cannes, Albi. On se livre autour du cortège à de passionnantes batailles de fleurs et de confetti. Hélas, cette tradition se perd peu à peu.

Le *premier avril*, il est coutume pour les enfants, et aussi pour les grandes personnes, de jouer des tours à leurs amis et connaissances: on donne de fausses nouvelles, de faux rendez-vous, on accroche des poissons en papier dans le dos des gens. Quand la farce est découverte on dit: «Poisson d'avril!»

Pâques est la grande fête religieuse de printemps. Les écoliers et les étudiants ont, à cette occasion, de dix à quinze jours de vacances.

Après la *fête du travail*, le 1er mai, on célèbre avec éclat dans toute la France la *fête nationale* du quatorze juillet qui commémore, on le sait, la prise de la Bastille durant la Révolution de 1789. Dans la journée on organise des défilés militaires, surtout dans les grandes villes. La grande revue du 14 juillet à Paris est célèbre et attire beaucoup de monde. Dans les petites villes, ce sont les cliques ou fanfares municipales qui défilent, suivies des personnalités. Le soir, c'est la retraite aux flambeaux, où un public nom-

167

Feux d'artifice du 14 juillet. «Et, le soir, on lançait des flèches aux étoiles.» (Victor Hugo, *La légende des siècles*)

breux suit les mêmes fanfares et cliques à la lumière de torches. On consacre partout des sommes importantes à des feux d'artifices. Enfin vient l'heure de danser. Chaque place publique, depuis Paris jusqu'au moindre petit village, se transforme en piste de danse, et l'on s'en donne à cœur joie parfois jusqu'à l'aube. Les bals commencent souvent le soir du 13 juillet et se terminent le matin du 15.

Le 15 août, l'*Assomption*, est une fête religieuse à l'origine, mais elle est aujourd'hui célébrée par tout le monde. Le week-end du 15 août, souvent plus long que les autres, car les travailleurs combinent le samedi et le dimanche avec un jour de repos, est un des plus meurtriers de l'année. Parmi les autres fêtes religieuses, il faut retenir la *Toussaint*, suivie du *Jour des Morts*, le 2 novembre, qui ressemble assez au Memorial Day aux États-Unis.

La dernière fête avant la Noël est l'anniversaire de *l'Armistice* de novembre 1918, qui a mis fin à la Première Guerre mondiale. On le célèbre le 11 du mois et c'est l'occasion de nouveaux défilés militaires, prises d'armes, cérémonies religieuses et civiles auprès des monuments aux morts.

Les fêtes, religieuses ou autres, sont pour les Français autant de petites vacances. On profite de ces jours-là pour faire des sorties plus longues que d'habitude en voiture, en chemin de fer. Certains vont à la montagne, d'autres à la mer, d'autres enfin à la campagne. Surtout, l'occasion est bonne pour faire de bons repas, qu'en langage familier on appelle des «gueuletons». Beaucoup d'administrations et d'usines permettent à leurs employés de «faire le pont». Cela signifie qu'en plus des jours de congé normaux, qui sont le samedi et le dimanche, le travailleur pourra bénéficier du vendredi ou du lundi, parfois isolés au milieu d'une période de congé. Ainsi, si le jeudi 14 mars est un jour férié,[1] la période chômée ira du 14 mars au dimanche 17 mars inclus. Ceci permet à beaucoup d'entreprendre de plus longs déplacements.

Au total, il y a en France un assez grand nombre de fêtes qui sont autant de jours de congé et qui aident à rompre la monotonie du travail. Ceci est indispensable à l'équilibre des travailleurs.

QUESTIONS

1. Comment s'appelle le dîner qu'on organise la veille de Noël? 2. Qu'est-ce qui remplace souvent la dinde en France pour les grands dîners de Noël? (oie, canard, poulet)   3. Savez-vous ce que c'est qu'une bûche de Noël?   4. Le Père Noël français a-t-il la même allure que le vôtre? 5. Où les petits Français trouvent-ils leurs cadeaux le matin de Noël?

[1] *Jour férié*: jour chômé officiel, à l'occasion d'une fête.

5. *Les fêtes*

6. En Amérique, où les jeunes enfants s'attendent-ils à trouver les leurs? **7.** En France, à quelle époque envoie-t-on ses vœux? **8.** Quelle fête a lieu le 6 janvier? **9.** Quel gâteau est-ce qu'on achète ce jour-là? Décrivez-le. **10.** Que contient-il? **11.** Qui a le droit de porter une couronne? **12.** Quelle est la date de la fête du travail? **13.** Quel événement historique célèbre-t-on le 14 juillet? **14.** Qu'est-ce qu'on fait en Amérique le 4 juillet? **15.** Quelles sont les grandes fêtes religieuses en automne? **16.** Pourquoi le 11 novembre est-il un jour férié? **17.** Y a-t-il des cérémonies chez vous ce jour-là? **18.** Expliquez l'expression «faire le pont.» **19.** Cela existe-t-il aussi chez vous? **20.** Que deviendraient les travailleurs s'ils n'avaient aucun jour de repos en plus du dimanche? **21.** Qu'est-ce qui différencie particulièrement un Américain d'un Français en vacances? **22.** Les week-ends meurtriers, est-ce que cela existe aussi chez vous? **23.** Pourquoi donne-t-on de si longues vacances d'été aux enfants?

QUESTIONS-DÉBAT

1. Noël est une fête qu'il vaut mieux passer en famille. Oui, non, ou peut-être? **2.** L'un des pires châtiments qu'on puisse infliger à l'homme est de l'empêcher de travailler. Êtes-vous d'accord sur ce point? Justifiez votre opinion.

6. Comment se loger, petit débat

«Nous n'avons pas le choix, disait l'autre jour ma femme, nous ne pouvons faire autrement!»

Elle fit cette remarque en posant un livre qu'elle venait de parcourir et dans lequel il était question d'habitations: grottes, cavernes, retraites de verdure des temps passés. Elle avait été fortement impressionnée par la description des grottes de Lascaux[1] et des habitations souterraines de Calypso[2] et des Troglodytes,[3] chargées de souvenirs littéraires. Mais finalement, un peu comme Voltaire,[4] elle décida qu'il ne fallait pas regretter les âges d'or du passé.

«Mais enfin, s'est-elle écriée, comment vivre dans de pareilles caves avec des gosses?»

Elle avait parfaitement raison, sans doute, mais sa réaction m'a fait réfléchir. En effet, quelle sorte d'habitation convient le mieux à l'homme? Et en quel endroit veut-il vivre? Est-ce dans une grande ville, compacte, dense, étouffante, où il faut lutter contre le monstre de l'automobile? Ou bien plutôt dans le village d'autrefois, calme, mortellement ennuyeux, mais où l'on connaît tout le monde? Beaucoup choisiraient probablement la formule du quartier résidentiel, de la ville-dortoir qui entoure nos agglomérations industrielles et commerciales où les voitures déversent le poison de leur infâme alchimie. Peut-être aussi choisiraient-ils la banlieue autonome, la ville satellite, aux dimensions plus humaines, où l'homme se sent moins écrasé et

---

[1] *Lascaux*: en Dordogne, lieu devenu célèbre pour les grottes préhistoriques qu'on y a découvertes.

[2] *Calypso*: Nymphe de la mythologie grecque. Elle vivait sur une île, dans une grotte, où elle retint Ulysse prisonnier. Fénelon, archevêque et écrivain français du XVIIe siècle, en parle dans son roman *Télémaque* (1699).

[3] *Troglodytes*: Hommes préhistoriques qui, d'après les érudits, vivaient dans des cavernes de la vallée du Loir en aval de Montoire (Loir-et-Cher) ou, selon les légendes antiques, au sud-est de l'Égypte.

[4] *Voltaire*: (1694–1778) se moque du «bon vieux temps» dans son poème «Le Mondain» (1736).

AIGNER/MONKMEYER

H. L. M. (habitations à loyer modéré), tours, habitations traditionnelles à Grenoble. Où situer la frontière entre laideur et beauté?

où tous les services indispensables sont savamment répartis parmi des espaces verts rationnellement implantés.

En un sens, la banlieue moderne, réflexe d'autodéfense contre la voiture menaçante, nous ramène au mythe de la vie paisible de nos aïeux, le mythe que notre folie de lumière, de vitesse et de bruit a détruit. Et dans nos abris de plastique, d'aluminium et de laine de verre, encombrés de plantes vertes, aux murs tapissés de reproductions de sous-bois, qu'est-ce que nous essayons de recréer, sinon la nature du temps des grottes et des cavernes?

«La nature, la nature! Oui, sans doute, ajouta ma femme avec un air de satisfaction, mais pas sans machine à laver ni climatisation!»

QUESTIONS

1. L'auteur pense-t-il qu'on puisse vraiment préférer les habitations du passé à celles d'aujourd'hui?   2. Pourquoi sa femme ne veut-elle pas habiter une grotte?   3. Qui étaient Calypso? Les Troglodytes? (Voir notes) 4. Quels sont les types d'agglomérations modernes où on peut choisir de vivre?   5. Êtes-vous d'avis que les grandes villes ne sont plus habitables? 6. Est-ce qu'on s'ennuie vraiment dans un village? Pourquoi?   7. Comment peut-on rendre une ville plus humaine, plus agréable?   8. Quelles sortes d'habitations trouve-t-on dans les banlieues?   9. Aimeriez-vous mieux vivre dans une villa, avoir un appartement dans un grand immeuble, ou habiter un appartement avec jardin?   10. Expliquez ce que c'est qu'un H.L.M. (habitation à loyer modéré).   11. Comment l'homme moderne essaye-t-il de recréer la nature à domicile?   12. Les appareils électroménagers sont-ils un moyen de libération pour la femme ou au contraire un moyen d'asservissement?   13. Quel style d'architecture préférez-vous? Style victorien, style anglais (Tudor), les grands styles français—Louis XIII, Louis XIV, Louis XV, Louis XVI, Empire, style gothique?   14. Aimez-vous les styles contemporains de Frank Lloyd Wright, de Mies Van der Rohe?   15. Si vous faisiez construire votre maison, qu'est-ce que vous aimeriez choisir comme emplacement, style, matériaux?   16. Les Français dépensent-ils, pour leur logement, plus ou moins que les gens de votre pays?   17. Avez-vous jamais visité des bidonvilles ou des quartiers pauvres? Racontez votre expérience.   18. Lors de cette visite, qu'est-ce qui vous a frappé le plus?   19. Qui était Édouard Jeanneret (Le Corbusier)? Donnez des exemples de son œuvre. 20. Dans quelle ville, dans quelle région ou dans quel pays aimeriez-vous vivre?   21. L'homme civilisé est-il, selon vous, plus heureux que l'homme des cavernes?   22. Croyez-vous que l'homme d'aujourd'hui puisse trouver le bonheur dans la nature?

6. Comment se loger, petit débat

QUESTIONS-DÉBAT

1. Monsieur Maillet dresse les plans de sa future maison. Doit-il, selon vous, se préoccuper de l'architecture des maisons voisines?   **2.** Elle veut faire installer le téléphone dans toutes les pièces de la maison; lui s'y refuse absolument. Faites-les parler ...   **3.** Il veut louer un appartement dans un immeuble en ville; elle, préfère acheter une maison en banlieue. Imaginez la discussion.

7. Les transports

Si l'Amérique est devenue le pays de l'automobile où chacun se trouve presque dans l'obligation de posséder une voiture, la France, au contraire, a conservé un certain équilibre où la voie ferrée continue à jouer un rôle important.

Les trains français sont remarquables pour leur vitesse et leur exactitude. On peut aujourd'hui, sur les grandes lignes, rouler à près de cent trente kilomètres de moyenne en toute sécurité. Le Sud-Express vous emporte de Paris à Hendaye[1] en sept heures. Le Mistral couvre Paris-Marseille[2] à plus de cent de moyenne. Il faudrait citer aussi le Capitole, le Phocéen, l'Européen,[3] etc. . . . qui tous roulent de plus en plus vite, grâce à la rapide électrification des grands axes et à la mise en circulation de locomotrices de grande puissance que la France vend dans le monde entier. Une seule ombre au tableau: le prix assez élevé du kilomètre[4] qui tend à faire du chemin de fer le moyen de déplacement des gens aisés.

Les routes françaises sont restées longtemps célèbres pour leur densité et leur excellence. Seules, aujourd'hui, les routes secondaires restent adaptées aux besoins: elles sont nombreuses et en bon état. Mais les grands axes routiers datent et ne suffisent plus à absorber le nombre de plus en plus élevé de véhicules, toujours plus rapides, qui les sillonnent. Les grandes nationales, aux noms parfois si évocateurs: la Route mauve, la Nationale 7, la R.N. 10, la R.N. 20, la R.N. 13,[5] sont restées ce qu'elles étaient il y a

[1] *Paris-Hendaye* (frontière espagnole), distance: 830 kilomètres (516 miles).
[2] *Paris-Marseille*: distance 868 kilomètres (540 miles). Le Mistral, rapide de jour, relie Nice à Paris.
[3] *Le Capitole*: rapide qui relie Toulouse à Paris.
   Le Phocéen: rapide de nuit entre Paris et Marseille.
   L'Européen: rapide entre Paris et Strasbourg.
[4] *Prix du kilomètre* en 2ème classe: environ 12 centimes; en 1ère classe, environ 15 centimes; ce qui, pour un budget français est assez élevé. (Pourtant, tarifs réduits pour familles nombreuses et voyages en groupes.)
[5] *Route mauve*: route touristique du centre de la France. *Nationale 7* (route nationale Nº7) de Paris à Cannes et Nice (une des plus utilisées avec la R.N. 6

175

Circulation à Paris. Une des récentes trouvailles de la Préfecture de police de la Seine: les voies réservées aux autobus.

trente ans, ou peu s'en faut, alors que les D.S., les R. 16, les 404, les 504, peuvent rouler à cent cinquante à l'heure. On les aménage sans cesse, et on construit un réseau d'autoroutes qui sera sans doute excellent, car il bénéficiera des recherches faites dans les autres pays. Mais la France paye aujourd'hui son retard, et les Italiens, les Allemands surtout, et même les Anglais ont pris une grande avance en ce domaine. Le Français regrettera toujours la «bonne petite route» qui semblait faite pour lui seul, et qui serpente encore au flanc des montagnes, le long des rivières; et tous ceux qui ont emprunté ces routes secondaires seront de son avis: c'est là qu'on peut encore «faire une promenade en voiture.» Le Français n'est pas encore mûr pour la conduite en troupeau sur une autoroute, et les gendarmes, policiers, voitures-pièges,[6] voitures banalisées[7] n'y feront rien.

L'essor du trafic aérien à l'intérieur du pays est ralenti, d'une part, par les tarifs élevés qui rebutent beaucoup de monde et, d'autre part, par les distances qui sont assez courtes. Mais on constate depuis quelques temps que l'avion progresse. Un jour prochain, il sera aussi commun de prendre l'avion que d'aller à la gare prendre le train. Des possibilités nouvelles s'ouvrent avec les transports européens, rendus nécessaires à l'intérieur du Marché Commun. La Caravelle,[8] moyen courrier à réaction, est particulièrement bien adaptée à ce genre de liaisons continentales. Et l'avion supersonique «Concorde» ouvre de très vastes horizons. L'aéroport international d'Orly, d'où décollent plus de cent appareils chaque jour, se révèle déjà insuffisant et il faut songer à moderniser et à agrandir celui du Bourget, au Nord de Paris, pour accueillir les passagers de plus en plus nombreux qui font escale dans la capitale ou qui y transitent.

QUESTIONS

1. Quelles sont les qualités des trains français?   2. Les transports par chemin de fer sont-il aussi développés dans tous les pays d'Europe? Et chez vous?   3. Qui est-ce qui prend surtout le train en France aujourd'hui? Pourquoi?   4. Quelle est la distance de Paris à Marseille?   5. Trouvez

---

de Paris à Lyon). La R.N. 6 et la R.N. 7 sont doublées maintenant par l'Autoroute du Sud. *R.N. 10*: de Paris à Hendaye, à la frontière espagnole. *R.N. 20*: Paris-Toulouse et l'Espagne. *R.N. 13*: Paris-Caen-Cherbourg.

[6] *Voitures-pièges*: petites voitures de la police équipées pour contrôler la circulation.

[7] *Voitures banalisées*: récente découverte de la police; ces voitures sont camouflées et transformées en paisibles voitures particulières dont on ne se méfie pas.

[8] *Caravelle*: avion de transport à réaction, propulsé par deux réacteurs placés en arrière du fuselage, ce qui confère à l'appareil une grande stabilité et un confort remarquable.

7. Les transports 177

deux villes italiennes, américaines, allemandes, russes, anglaises séparées approximativement par la même distance.   6. Pourquoi les routes françaises étaient-elles renommées?   7. Le sont-elles toujours autant?   8. Comment peut-on aménager, améliorer des routes?   9. Quelle sorte de route est chère au cœur des Français?   10. Comment cela s'explique-t-il? 11. Est-ce qu'on peut vraiment se promener sur une autoroute? Peut-on même s'y arrêter?   12. Par quels moyens surveille-t-on la circulation automobile?   13. Pourquoi les transports aériens sont-ils moins développés en France qu'au Brésil par exemple?   14. Quel est l'avion le mieux adapté aux voyages entre les divers pays d'Europe? Pourquoi?   15. Pourquoi ne pas utiliser la Caravelle pour des voyages intercontinentaux?   16. Qu'est-ce qui attire les touristes qui vont en France?   17. Quel est le plus grand voyage que vous ayez fait?   18. Quel moyen de transport avez-vous utilisé à cette occasion?   19. Si c'était à refaire, est-ce que vous voyageriez de la même façon?   20. Dans quel pays d'Europe feriez-vous escale de préférence, si vous voyagiez par avion? Par bateau? Dans quelle ville plus précisément? Pourquoi?

QUESTIONS-DÉBAT

1. Deux amis discutent entre eux des avantages et des inconvénients des autoroutes et des petites routes secondaires d'autrefois. Faites-les parler. 2. Un jeune couple en voyage de noces vient de rater la correspondance. Voilà les jeunes gens bloqués dans une gare secondaire en pleine campagne! Ils prennent la chose de façon fort différente. Comment?   3. Vous téléphonez à une agence de voyage pour retenir une place. Il n'y en a pas pour le vol que vous avez choisi. Que faites-vous? Imaginez le dialogue avec l'employé(e).

8. Le budget de l'étudiant

Les étudiants français, comme les étudiants américains, et comme, du reste, tous les étudiants du monde, se posent toujours la question: comment vais-je joindre les deux bouts? Ils calculent sans fin, surtout les moins fortunés d'entre eux. Il y a le loyer. En Amérique, cette somme est versée à l'administration si l'on habite une résidence universitaire, ou bien au trésorier de la fraternité ou de la sororité dont on est membre. En France, l'étudiant, s'il est logé à la Cité Universitaire, paye son loyer à un organisme para-universitaire appelé les Œuvres.[1] Pour ceux qui ont une chambre en ville, chez des particuliers, ou dans des hôtels, c'est le propriétaire qui encaisse le loyer au début du mois.

Et les livres, nous allions oublier les livres! Chers? Pis que cela: hors de prix! Il faut y consacrer autant d'argent qu'au loyer, sinon plus. Le meilleur moyen de consulter un ouvrage est encore de l'acheter, car les bibliothèques sont insuffisantes, ou de grouper les achats en se mettant à plusieurs pour acheter les livres indispensables pour tel cours, et de les faire circuler parmi les trois ou quatre membres du groupe.

Et puis il faut manger. Les restaurants universitaires en France servent des repas bien équilibrés, convenables, pour une somme très modique, environ 4F; seule l'ambiance y laisse à désirer et peu d'étudiants y prennent tous leurs repas d'un bout à l'autre de l'année. Il faut donc prévoir un certain nombre de déjeuners ou de dîners en ville, dans un restaurant, le plus près possible de la Fac,[2] avec des copains, bien sûr, ou avec une amie. Certains soirs, pour récupérer les frais extraordinaires ainsi engagés, il faudra manger chez soi, sur le pouce. Ne pas omettre surtout l'indispensable café, une fois par jour au moins, et les inévitables «pots»,[3] si agréables, dans les bistros du quartier.

[1] *Œuvres:* organismes que s'occupent des détails matériels de la vie des étudiants: logements, distractions, etc.

[2] *Fac:* abréviation pour Faculté. Il y a cinq Facultés dans chaque Université—Lettres, Sciences, Droit, Médecine, Pharmacie.

[3] *Pot:* jargon pour «verre» dans l'expression «prendre un verre», c'est-à-dire boire, prendre une boisson.

Étalage de libraire sur le Quai Saint-Michel. Une saine et passionnante occupation: la chasse aux bouquins.

Passons sur le budget lessive, car on peut facilement régler ce problème, chez soi, à moindres frais. Par contre, il faut compter avec les indispensables distractions, comme le cinéma, le théâtre, un concert de temps en temps, et quelques surprise-parties. Comme les sports coûteux sont hors de question, il reste, dans cet ordre d'idées, la piscine, l'athlétisme, etc. ..., et bien sûr la marche à pied, très pratiquée autour de la Sorbonne! Si l'on ajoute environ vingt francs par mois pour les journaux, revues et cigarettes, nous sommes presque au bout du compte. Enfin, il y a les faux frais, les petits cadeaux, les cotisations diverses, et si après cela il reste encore quelque chose d'assez rondelet, devinez à quoi on se met à rêver? À un moyen de déplacement, à une voiture, qu'on est bien forcé de choisir vieille et délabrée, et qui coûte les yeux de la tête.

Pour mettre un terme à ces angoisses, il n'y a, disent certains, qu'une solution: l'allocation-études ou le présalaire étudiant. Mais le gouvernement ne l'entend pas de cette oreille, et longtemps encore les étudiants devront se livrer à ce dangereux exercice de corde raide qui consiste à équilibrer leur budget.

QUESTIONS

1. Quelle question l'étudiant se pose-t-il toujours?   2. Quelle est la première chose qu'il calcule quand il établit son budget?   3. S'il habite une résidence universitaire, à qui paie-t-il son loyer?   4. D'habitude, quand est-ce qu'on le paie en France? Et en Amérique?   5. Comment comprenez-vous le terme «les Œuvres?»   6. Quels sont les avantages et les inconvénients du restaurant universitaire en France?   7. Quels jours de la semaine les étudiants mangent-ils «en ville», de préférence?   8. Quelles économies peut-on compter réaliser si l'on mange trois fois par semaine dans sa chambre?   9. Avez-vous jamais lavé votre linge dans votre chambre?   10. Si l'on fait des économies sur la nourriture, quelles compensations peut-on s'offrir en conséquence?   11. Préférez-vous prendre tous vos repas au même restaurant, ou acceptez-vous d'en prendre un certain nombre dans votre chambre, «sur le pouce», pour aller dîner en ville quand l'occasion se présentera?   12. Nommez les distractions qui vous paraissent «indispensables».   13. Quels sont les faux frais qui minent un budget?   14. Avez-vous jamais été obligé d'écrire à vos parents pour leur demander de l'argent?   15. Qu'est-ce qu'ils ont répondu?   16. Qu'est-ce que les étudiants considèrent comme indispensable?   17. Qu'est-ce qu'on entend par «sports coûteux» en France?   18. À quoi rêvent les étudiants qui ont quelque argent de reste chaque mois?   19. Qu'est-ce que les étudiants réclament du gouvernement?

8. Le budget de l'étudiant 181

20. Êtes-vous d'accord pour qu'on l'accorde à tous les étudiants? À certains seulement? Mais alors, comment les départager?   **21.** Qu'est-ce que sont obligés de faire certains étudiants pour payer leurs études, leurs livres et leur loyer?   **22.** Est-il bien raisonnable d'acheter une vieille voiture quand on a si peu d'argent?   **23.** Pourquoi? Quels frais faut-il s'attendre à avoir?   **24.** En fait, en France, est-ce que beaucoup d'étudiants peuvent se permettre d'avoir une voiture?   **25.** Les étudiants qui ont des bourses d'enseignement supérieur, ont-ils, eux aussi, ces problèmes? Et dans votre pays?

QUESTIONS-DÉBAT

1. Une étudiante qui sort avec un étudiant doit payer ses consommations, sa place au cinéma, etc. ... Que pensez-vous de cela?   **2.** Christian est un étudiant très pauvre; il vient de voler un livre à l'étalage d'une librairie, et une étudiante, qui se trouvait là, l'a aperçu et le dénonce au vendeur. Essayez d'expliquer le point de vue de chacun des deux étudiants, ... et celui du vendeur.   **3.** On vous a demandé d'être le trésorier d'une association d'étudiants. Cela va exiger du temps et du travail. De votre côté, vous avez déjà tant à faire! Bref, vous refusez. Justifiez votre décision auprès de vos amis.

9. Le code de la route

On s'étonne du nombre de plus en plus élevé des accidents de la route, et on persiste à poser aux candidats à l'examen du permis de conduire, deux, trois questions au maximum, sur le fameux «Code de la route». Du reste, ces questions ne portent pas forcément sur des points importants. Si les réponses à ces «colles»[1] sont satisfaisantes, il suffira ensuite de n'écraser personne, de n'érafler aucun autre objet mobile ou immobile, de ne pas trop secouer l'inspecteur assis à vos côtés,—cela sur un parcours de quelques centaines de mètres—et le tour sera joué. (J'oubliais le démarrage en côte, compliqué parfois d'une marche arrière—manœuvre que ne tenteraient même pas des conducteurs chevronnés et durant laquelle le candidat malchanceux, pour qui le Code «avait bien marché»,[2] cale son moteur!)

Que faire? Quels aménagements apporter en ce domaine? Multiplier le nombre des questions? À quoi bon? Celui qui apprend bêtement par cœur les réponses à quatre-vingt questions possibles sur le Code s'en sortira toujours, et ne sera pas pour autant ce qu'on appelle un bon conducteur. De toute façon, il restera toujours à résoudre le problème des gens plus âgés qui ont obtenu leur permis à une époque déjà ancienne et qui, soit parce qu'ils ne conduisent pas assez souvent, soit parce qu'ils refusent obstinément de s'informer, de se tenir à jour, sont parfaitement incapables d'identifier les nouveaux panneaux de signalisation qui fleurissent le long des routes. Avouons qu'il y a parfois de quoi ne pas s'y reconnaître. Ainsi il arrive, dans certains endroits réputés dangereux, qu'on trouve côte à côte des panneaux anciens et des nouveaux, ceux-ci doublant ou contredisant ceux-là. Que faire dans ce cas-là? Se fier aux panneaux nouveaux? Mais c'est précisément ce que les gens très âgés ne feront pas!

On a songé à un examen qu'il faudrait passer à intervalles réguliers, tous les cinq ans par exemple, et auquel devraient se soumettre tous les con-

[1] Une «*colle*»: question difficile, insidieuse.
[2] «*Marcher*»: (en jargon universitaire) se dit d'une épreuve qu'on a réussie, par exemple: «Les mathématiques ont bien marché pour moi au bac.» (Mais on trouve aussi: «Il n'a pas bien marché en maths ...»)

FRENCH GOVERNMENT TOURIST OFFICE

La Rue Royale, entre l'Église de la Madeleine et la Place de la Concorde. Recommandés aux heures de pointe: permis de conduire, bons freins, nerfs à toute épreuve.

ducteurs. Puis, on a proposé que seuls les mauvais conducteurs soient convoqués à cet examen probatoire. Des difficultés, sans doute insurmontables, n'ont pas permis de mettre ces idées à exécution.

Quoi qu'il en soit, à notre avis, le remède n'est pas là. On peut compliquer, multiplier les épreuves autant qu'on voudra, il y aura toujours autant d'infractions aux règles de la circulation, si on n'explique pas aux candidats conducteurs qu'il y a aussi un autre code de la route, un code moral celui-là. C'est ce code qui nous est révélé d'une manière bien timide aujourd'hui par des slogans d'allure publicitaire: «Priorité au sourire,» «Mieux vaut arriver en retard chez vous que pas du tout,» «Pas si vite Papa!» «Pense à moi, Papa» (et on vous montre un ravissant petit garçon, le regard anxieux et suppliant!).

Tout se passe comme si on voulait tenter de faire, par des moyens détournés, une éducation qui n'a pas été faite en temps voulu, à l'école en particulier. Heureusement, le gouvernement a rendu l'enseignement du Code de la route obligatoire dans les écoles primaires. Il était grand temps qu'on en arrive là!

Mais combien de maîtres se bornent à expliquer à leurs élèves comment ne pas enfreindre la loi, alors qu'il faudrait les exhorter à se comporter au volant comme des êtres humains tout simplement. Peut-être que les chauffeurs sont devenus des chauffards parce que nos routes sont des labyrinthes, des défilés, des circuits de rallyes où il faut s'embusquer, ruser, se faufiler, prendre des risques pour arriver «à l'heure». Le seul fait de prendre le volant déclenche, chez le Français moyen, la sorte de surexcitation que doit éprouver un pilote avant une compétition automobile. On part plein de bonnes intentions, en se promettant de ne commettre aucune faute grave, et puis voilà que «l'Autre» ne veut pas vous laisser passer . . . Alors on se fâche! Quant à ceux qui considèrent la voiture comme un moyen de se défouler, ils font courir aux autres les plus grands risques. En effet, comment concilier libération de soi et soumission aux principes sacrés du respect de l'autre et de la solidarité, qui devraient toujours diriger notre conduite sur la route?

QUESTIONS

1. Y a-t-il beaucoup d'accidents de la circulation en France?   2. Quels documents sont indispensables pour conduire une voiture en France? Chez vous?   3. De combien de parties se compose l'examen du permis de conduire?   4. La partie orale, ou théorique, vous semble-t-elle difficile?   5. Et la partie pratique, c'est-à-dire l'épreuve de conduite?   6. Les fautes qu'on sanctionne le jour de l'examen sont-elles toujours graves?   7. Quel-

9. *Le code de la route*

les solutions a-t-on proposées pour améliorer le système actuel?   8. Est-ce qu'on en a adopté une? Pourquoi?   9. Que proposeriez-vous en guise de simplification des moyens de signalisation?   10. Devrait-on autoriser les gens très âgés à conduire une voiture? Pourquoi?   11. Selon les auteurs, où est la véritable cause de tous ces accidents?   12. Êtes-vous d'accord avec eux?   13. Approuvez-vous ces campagnes du sourire, de la bonne humeur?   14. Est-ce qu'on devrait avoir recours à ces moyens?   15. L'enseignement du Code de la route est-il obligatoire en France? Depuis longtemps?   16. De quoi se contentent beaucoup de maîtres?   17. Qu'est-ce qu'il faudrait enseigner aux élèves avant tout?   18. Quelle est, d'après vous, la première règle à suivre en matière de conduite automobile?   19. Est-ce que le mauvais état des routes peut influer sur la mentalité de l'automobiliste?   20. Comment?   21. Est-ce qu'à votre avis on peut se défouler en voiture?   22. Est-ce qu'il est prudent de le faire?   23. Comment croyez-vous que se comporterait un automobiliste français dans votre pays?   24. Devrait-on adopter les mêmes règles et panneaux de signalisation dans tous les pays du monde?   25. Que pensez-vous de la persistance des Anglais à vouloir rouler à gauche?   26. Est-ce que vous connaissez d'autres causes possibles du grand nombre d'accidents de voiture?   27. Comment, à votre avis, reconnaître les mauvais conducteurs des bons?   28. Que pensez-vous de la contravention comme moyen d'obliger les gens à être prudents?   29. Un feu de signalisation ne fonctionne pas et reste au rouge indéfiniment. Que croyez-vous que fera un Français au bout de deux minutes? Un Américain? Un Anglais?   30. Comment concevez-vous la solidarité sur la route?

QUESTIONS-DÉBAT

1. Monsieur et Madame se relaient au volant de leur voiture. Imaginez les reproches qu'ils peuvent se faire sur leur façon respective de conduire. Sont-ils justifiés?   2. «Je connais très bien cette route, je l'emprunte chaque jour depuis cinq ans, et je n'ai jamais eu d'accident. Je peux donc rouler vite en toute sécurité. ...» Êtes-vous d'accord avec la personne qui dit cela? Donnez vos raisons.   3. —Les Français conduisent comme des fous! —Les Américains aussi! Ces deux interlocuteurs ont-ils raison?

10. Pour et contre le mariage entre étudiants

À notre époque où les étudiants constituent une sorte de classe sociale, il est inévitable que le problème du mariage entre jeunes qui n'ont pas terminé leurs études soit au moins évoqué.

Qu'on soit pour, qu'on soit contre, le fait est là: de nombreux jeunes gens et jeunes filles se marient alors qu'ils ont encore de nombreuses années d'études à passer à l'université, et il est intéressant d'observer dans quelle mesure le mariage modifie leurs projets de carrière.

Il arrive que deux étudiants, bien que mariés, poursuivent normalement leurs études, surtout s'ils n'ont qu'une ou deux années à travailler avant d'obtenir leur diplôme: C.A.P.E.S., Agrégation,[1] Doctorat,[2] Internat,[3] etc. ... Mais ceux-là sont en général très «mûrs» et savent mener de front des études souvent difficiles et absorbantes, et une vie conjugale ralentie. Le problème est bien plus grave pour les plus jeunes, dont l'âge varie entre dix-huit et vingt-trois ans, qui sont en cours de licence, par exemple, et dont la vocation n'est pas encore bien définie. La plupart du temps, le mariage pour eux est une catastrophe. Il arrive dans le majorité des cas que la jeune fille abandonne ses propres études, pour s'occuper du ménage et travailler à mi-temps comme secrétaire, hôtesse, traductrice, etc. Qu'un enfant arrive, et la voilà clouée à la maison, privée de son métier d'appoint qui lui assurait, en même temps qu'un petit revenu, une réelle indépendance! Et quelle amère déception lorsque, au bout de quelques années, la jeune femme s'aperçoit qu'elle a sacrifié ses études pour permettre à son mari de continuer les siennes, et que celui-ci échoue lamentablement là où elle aurait pu réussir. Si, par contre, ils poursuivent tous les deux leurs études après le

[1] *C.A.P.E.S., Agrégation*: concours que passent les professeurs qui enseignent dans les lycées (ou, pour certains, dans les universités).
[2] *Doctorat*: grade de docteur, conféré à celui qui a soutenu une thèse avec succès.
[3] *Internat*: concours que passent les médecins pour avoir le droit de suivre les cours pratiques dans les hôpitaux.

DOISNEAU/RAPHO GUILLUMETTE

Un couple d'amoureux le long des quais de la Seine. Pas très loin de la Fac, et cependant si loin!

mariage, fréquentant des amis différents qu'ils rencontrent chaque jour sur les bancs des amphis, et si leur vocation d'époux n'est pas stable, c'est une séparation, un divorce en perspective. Dans tous les cas, il ne semble pas qu'on puisse recommander à des étudiants de se marier très jeunes.

Il faut dire que, dans certains cas, le seul fait de fréquenter une jeune fille est un puissant stimulant. Combien a-t-on vu de ces dilettantes qui hantent les couloirs et parfois aussi les salles de cours des Facultés, se mettre soudain à travailler d'arrache-pied et réussir à leurs examens. Ce n'est pas que James, Montesquieu, ou Chaucer leur soient devenus tout à coup plus sympathiques. C'est tout simplement que le chevalier-étudiant s'est réveillé en eux, et leur fait faire des prouesses. Il suffit alors de chercher un peu et l'on trouvera la femme qui est la cause de ce renouveau.

Il est à prévoir, cependant, que les mariages diminueront au fur et à mesure que les contacts entre étudiants des deux sexes seront facilités. Les dortoirs mixtes de certains campus américains, par exemple, devraient créer de nouveaux rapports, faciliter les échanges et établir des liens d'un genre nouveau, entre jeunes gens et jeunes filles. Ceci, à plus ou moins brève échéance, entraînera de nouvelles façons de vivre.

QUESTIONS

1. Comment peut-on dire qu'être étudiant est une sorte de métier? 2. Le problème du mariage est-il le même pour tous les étudiants? 3. Quels sont les diplômes de fin d'études cités dans le texte? 4. À quoi correspondent-ils approximativement dans votre pays? 5. Qu'appelez-vous une femme «mûre», un homme «mûr»? 6. Faut-il être «mûr» pour continuer ses études tout en étant marié? 7. Pourquoi, du point de vue des études, le mariage est-il un handicap pour de jeunes étudiants? 8. Est-il juste, après le mariage, que ce soit la jeune fille qui abandonne le plus souvent ses études? 9. Les femmes mariées travaillent-elles uniquement pour gagner un peu d'argent? 10. Croyez-vous que fréquenter une jeune fille ait toujours une bonne influence sur un étudiant? 11. Est-ce qu'il existe, dans les universités, des appartements prévus pour les étudiants mariés? 12. En principe, approuvez-vous que des étudiants se marient avant la fin de leurs études? 13. Tous les étudiants vont-ils à l'université pour réussir? 14. Que dit-on de certains d'entre eux? 15. Et de certaines étudiantes plus précisément? 16. À quel âge devraient, selon vous, se marier les jeunes gens? 17. Une femme qui a un enfant peut-elle aisément continuer ses études? 18. Que se passera-t-il si le mari, resté étudiant, échoue à ses examens, alors que sa femme a abandonné ses études? 19. Dans quel sens les rapports entre jeunes gens et jeunes

filles évoluent-ils aujourd'hui?   20. Qu'est-ce qui facilite cette évolution? Qu'est-ce qui, à votre avis, la motive?   21. Dans cette évolution trouvez-vous des éléments nuisibles au bon ordre social?

QUESTIONS-DÉBAT

1. Peut-on être, en même temps, une étudiante sérieuse et une bonne mère de famille?   2. Il arrive que des professeurs épousent une de leurs élèves. Que pensez-vous de tels mariages?   3. Hubert est un étudiant brillant. Il réussit à tous ses examens. Cela suffira-t-il à faire de lui un bon mari et un bon père de famille?

Appendices

Unités de mesure usuelles

(Longueur, poids et capacité)

1 centimètre (cm)	about ⅓ of an inch environ ⅓ de pouce	1 inch	2,5 cm
1 mètre (m)	about 3 feet (1 yard) environ 3 pieds	1 foot	30 cm (environ)
1 kilomètre (km) (1000 mètres)	about ⅝ of a mile environ ⅝ de mille	1 mile	1,6 km (environ)
1 gramme (g)	about 1/30 of an ounce environ 1/30 d'une once	1 ounce	28,5 g (environ)
500 grammes (une livre)	about 1 pound environ 1 livre	1 pound (U.S.)	1 livre (environ)
1000 grammes (un kilo) (kg)	about 2 pounds environ 2 livres	2 pounds (U.S.)	1 kg (environ)
1 litre (l)	about 1 quart environ 1 litre	1 gallon (U.S.)	3,5 litres

Unités de mesure des températures (correspondances)

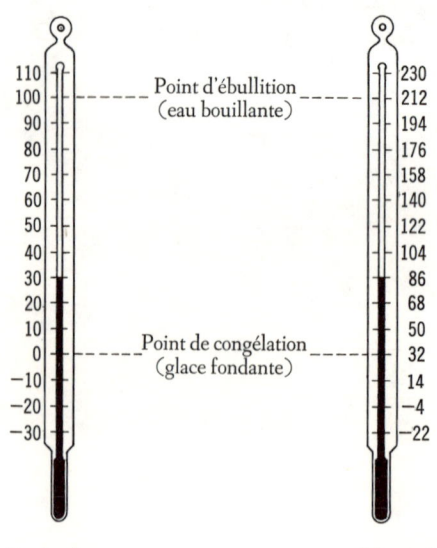

Centigrade: 110, 100, 90, 80, 70, 60, 50, 40, 30, 20, 10, 0, −10, −20, −30

Fahrenheit: 230, 212, 194, 176, 158, 140, 122, 104, 86, 68, 50, 32, 14, −4, −22

Point d'ébullition (eau bouillante): 100 / 212

Point de congélation (glace fondante): 0 / 32

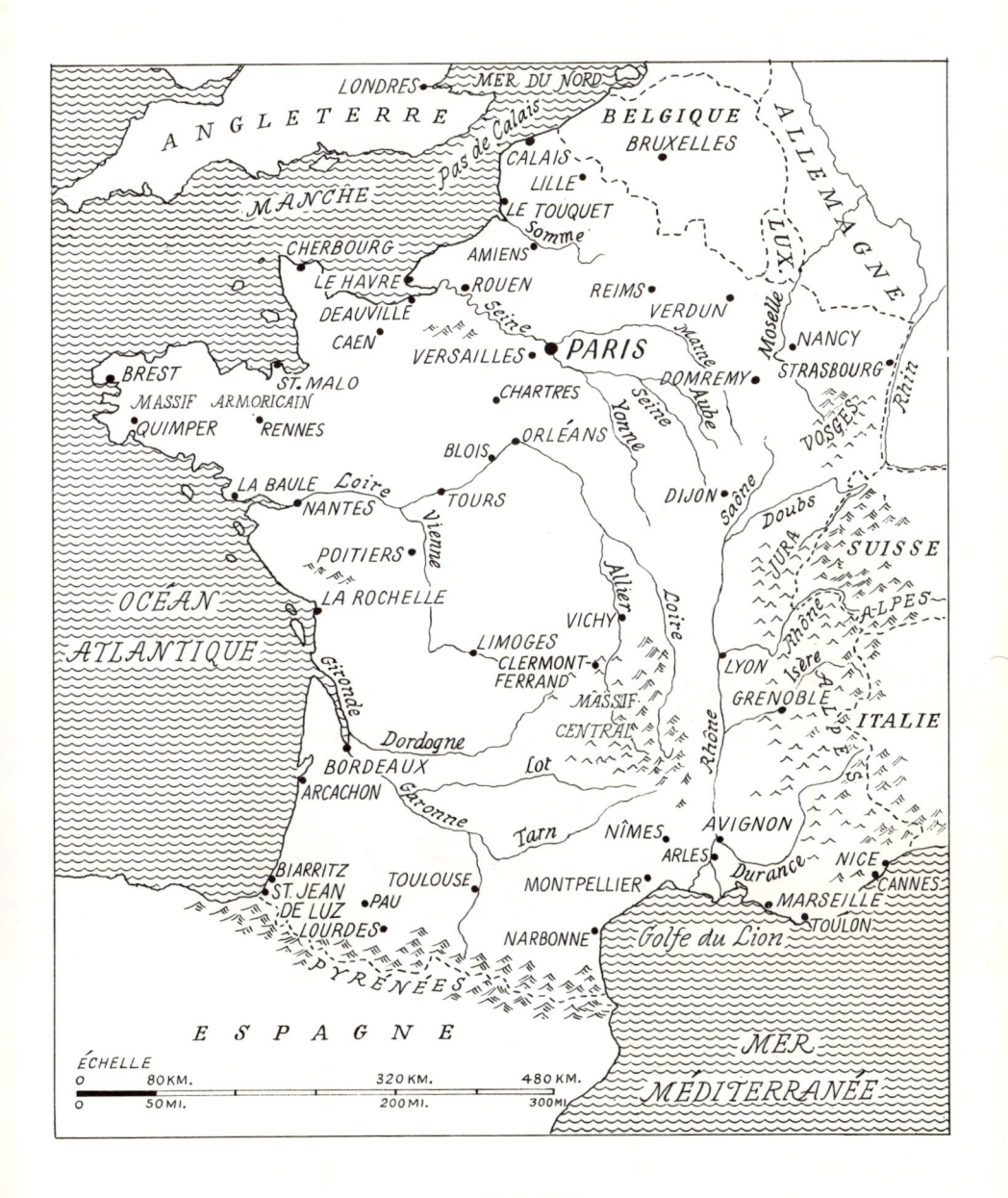

LA FRANCE

Anciennes Provinces
FLANDRE
ARTOIS
PICARDIE
NORMANDIE
ÎLE DE FRANCE
Paris
CHAMPAGNE
LORRAINE
ALSACE
BRETAGNE
MAINE
ORLÉANAIS
ANJOU
TOUR-AINE
BERRY
NIVER-NAIS
BOURGOGNE
FRANCHE-COMTÉ
POITOU
AUNIS
SAINTONGE
ANGOUMOIS
MARCHE
BOURBON-NAIS
LIMOUSIN
AUVERGNE
LYON-NAIS
SAVOIE
DAUPHINÉ
GUYENNE
LANGUEDOC
GASCOGNE
BÉARN
PROVENCE
COMTAT-VENAISSIN
FOIX
ROUSSILLON
CORSE

RÉGIONS ÉCONOMIQUES ET ADMINISTRATIVES

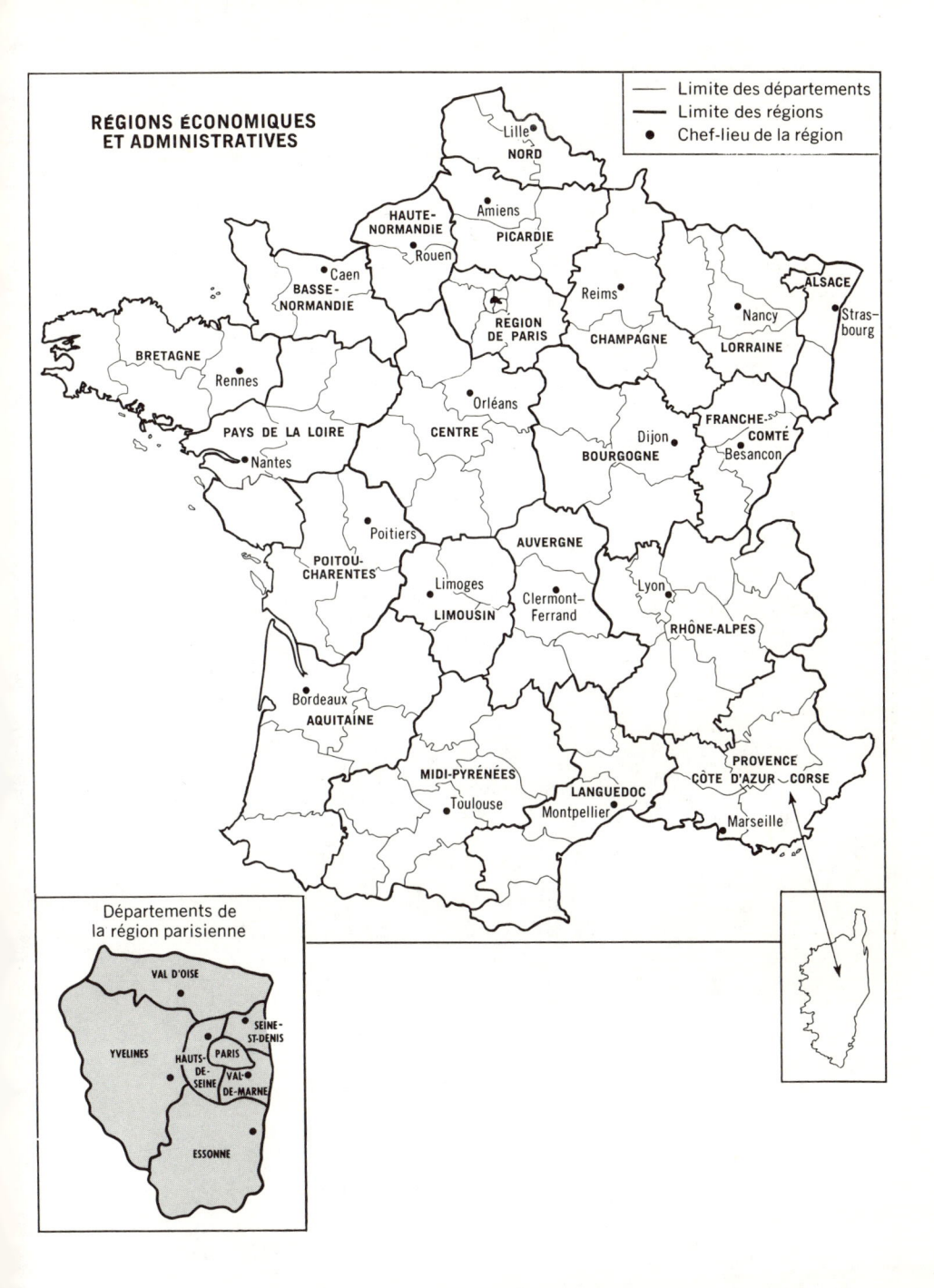

- Limite des départements
- Limite des régions
- • Chef-lieu de la région

- NORD — Lille
- HAUTE-NORMANDIE — Rouen ; Amiens (PICARDIE)
- BASSE-NORMANDIE — Caen
- BRETAGNE — Rennes
- PAYS DE LA LOIRE — Nantes
- RÉGION DE PARIS
- CHAMPAGNE — Reims
- LORRAINE — Nancy
- ALSACE — Strasbourg
- CENTRE — Orléans
- BOURGOGNE — Dijon
- FRANCHE-COMTÉ — Besançon
- POITOU-CHARENTES — Poitiers
- LIMOUSIN — Limoges
- AUVERGNE — Clermont-Ferrand
- RHÔNE-ALPES — Lyon
- AQUITAINE — Bordeaux
- MIDI-PYRÉNÉES — Toulouse
- LANGUEDOC — Montpellier
- PROVENCE CÔTE D'AZUR — Marseille
- CORSE

Départements de la région parisienne

- VAL D'OISE
- YVELINES
- SEINE-ST-DENIS
- HAUTS-DE-SEINE
- PARIS
- VAL-DE-MARNE
- ESSONNE

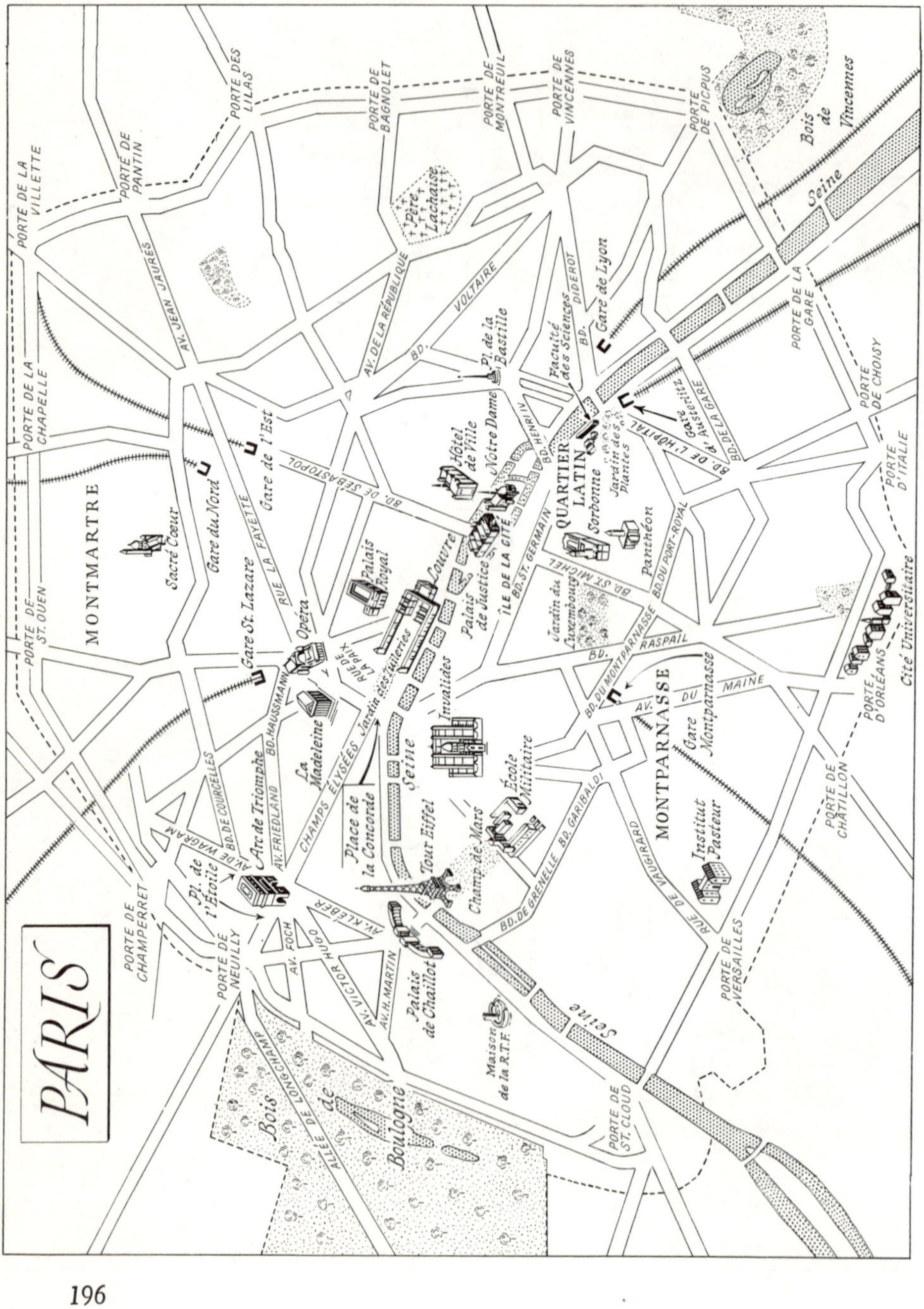
PARIS
MONTMARTRE
Sacré Coeur
Gare du Nord
Gare de l'Est
Gare St. Lazare
Opéra
La Madeleine
Arc de Triomphe
Pl. de l'Étoile
CHAMPS ÉLYSÉES
Place de la Concorde
Jardin des Tuileries
Louvre
Palais Royal
Palais de Justice
ÎLE DE LA CITÉ
Notre Dame
Hôtel de Ville
Pl. de la Bastille
Père Lachaise
Gare de Lyon
Gare d'Austerlitz
Faculté des Sciences
QUARTIER LATIN
Sorbonne
Panthéon
Jardin des Plantes
Jardin du Luxembourg
MONTPARNASSE
Gare Montparnasse
Institut Pasteur
Invalides
École Militaire
Champ de Mars
Tour Eiffel
Palais de Chaillot
Maison de la R.T.F.
Bois de Boulogne
Bois de Vincennes
Cité Universitaire
Seine
ALLÉE DE LONGCHAMP
AV. FOCH
AV. VICTOR HUGO
AV. KLÉBER
AV. H. MARTIN
AV. DE WAGRAM
BD. DE COURCELLES
AV. FRIEDLAND
BD. HAUSSMANN
RUE DE LA PAIX
RUE LA FAYETTE
BD. DE SÉBASTOPOL
AV. JEAN JAURÈS
AV. DE LA RÉPUBLIQUE
BD. VOLTAIRE
BD. DIDEROT
BD. HENRI IV
BD. ST. GERMAIN
BD. ST. MICHEL
BD. DU PORT-ROYAL
BD. RASPAIL
BD. DU MONTPARNASSE
AV. DU MAINE
BD. GARIBALDI
BD. DE GRENELLE
RUE DE VAUGIRARD
BD. DE L'HÔPITAL
BD. DE LA GARE
PORTE DE LA VILLETTE
PORTE DE PANTIN
PORTE DES LILAS
PORTE DE BAGNOLET
PORTE DE MONTREUIL
PORTE DE VINCENNES
PORTE DE PICPUS
PORTE DE LA GARE
PORTE DE CHOISY
PORTE D'ITALIE
PORTE D'ORLÉANS
PORTE DE CHATILLON
PORTE DE VERSAILLES
PORTE DE ST. CLOUD
PORTE DE NEUILLY
PORTE DE CHAMPERRET
PORTE DE ST. OUEN
PORTE DE LA CHAPELLE

LE MÉTRO

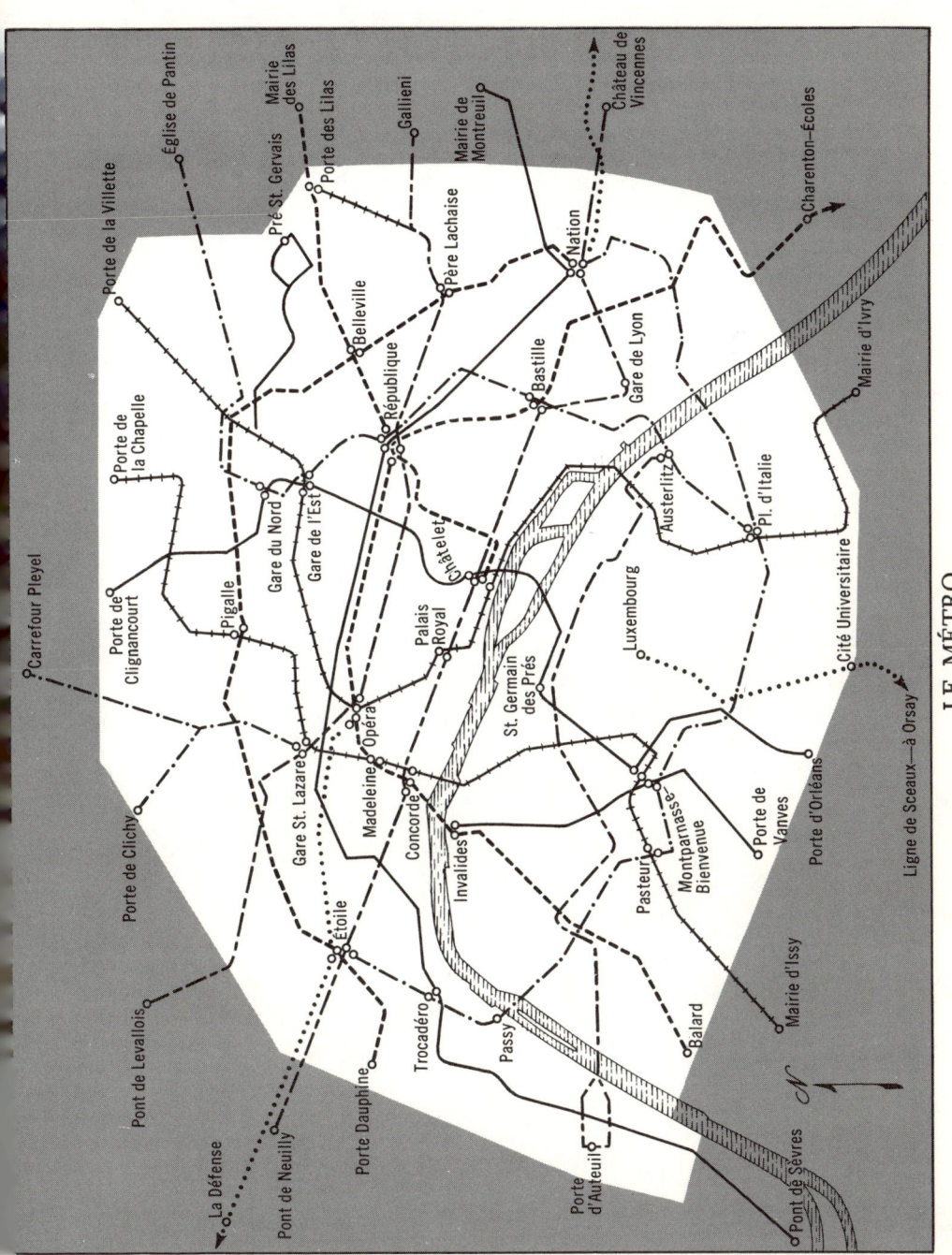

Vocabulaire

Dans ce vocabulaire se trouvent groupés tous les mots utilisés dans les trois Niveaux, à l'exception de certains mots-outils (articles, prépositions, adjectifs et pronoms possessifs, démonstratifs et indéfinis, pronoms personnels, relatifs). Les verbes sont donnés à la forme infinitive et parfois participiale. Les formes du féminin et du pluriel qui nous ont paru présenter quelque difficulté sont également notées. Une astérisque (*) devant un mot commençant par un h indique que cet h est aspiré. Les mots apparentés (*cognates*) figurent dans la liste, suivis de l'indication de leur genre, mais sans autre explication car leur sens est évident.

Voici le tableau des abréviations et signes conventionnels employés:

abrév	abréviation	*loc imp*	locution impersonnelle
adj	adjectif	*loc prep*	locution prépositionnelle
adv	adverbe	*m*	masculin
ant	antonyme	*myth*	mythologie
arg	argot	*part*	participe
conj	conjonction	*par ext*	par extension
écon	économie	*pl*	pluriel
excl	exclamation	*prép*	préposition
f	féminin	*pron*	pronom
fam	familier	*qqch*	quelque chose
fig	figuré	*qqn*	quelqu'un
gram	grammaire	*rel*	relatif
loc adv	locution adverbiale	*s*	singulier
loc consac	locution consacrée	*subj*	subjonctif

abandon *m*
abandonner (à propos d'une course) renoncer à courir, quitter la course
abat-jour *m lampshade*
s'abonner à prendre un abonnement, une souscription à un journal
abordable *adj* à un prix raisonnable
aboutir réussir
　aboutir à qqch arriver à qqch
abri *m* refuge, endroit où on est protégé du vent, de la pluie, ...
　à l'abri de hors d'atteinte de

abriter loger, mettre à l'abri, protéger
absence *f*
absorbant *adj fig* qui occupe entièrement, qui exige beaucoup de temps
absorbé *adj* occupé, l'esprit perdu
abuser de qqch consommer, utiliser qqch avec excès, en trop grandes quantités ou trop fréquemment
acajou *m mahogany*
accéder à avoir accès à, se procurer, arriver à, pénétrer dans
accentué *adj* qui reçoit l'accent tonique

acceptable *adj*
accès *m* entrée, approche
accident *m*
acclamation *f* cri poussé par un grand nombre de personnes pour approuver ou montrer de l'enthousiasme
s'accommoder de trouver à sa convenance, s'arranger de, se satisfaire de
accompagner aller avec, suivre, se joindre à, marcher avec, marcher de compagnie avec
accompli *adj* parfait en tous points
accomplir achever entièrement, exécuter
accord *m* pacte, convention, conformité de sentiments
   être d'accord être du même avis
   se mettre d'accord être du même avis, partager l'avis ou le sentiment de qqn d'autre
   tomber d'accord se ranger à l'avis de qqn d'autre
accordéon *m* instrument de musique à soufflet
accordéoniste *m f* celui ou celle qui joue de l'accordéon
accorder rétablir l'entente entre deux personnes, réconcilier, concilier, permettre, donner, concéder, octroyer
accouchement *m* action d'accoucher, d'enfanter (*delivery*)
accrochage *m* combat
accrocher suspendre, retenir à l'aide d'un crochet
accroissement *m* augmentation
(s')accroître augmenter
s'accroupir s'asseoir sur ses talons, se plier, se courber
accueillir recevoir
achat *m* acquisition à prix d'argent; objet acheté, emplette
acheter acquérir en payant
s'acheter être acheté
acompte *m* paiement partiel
à-coup *m* mouvement brusque
acquéreur *m* acheteur
acteur(trice) *m f* artiste qui joue dans un théâtre ou dans un film

actuel *adj* présent
adaptation *f*
adapter
addition *f* total d'une note de dépense (par exemple, l'addition à la fin d'un repas)
adhérent *adj m* membre d'une association, d'un parti politique
adjectif *m*
adjoint *adj m* assistant, collaborateur
admettre accepter
administration *f* service public et ensemble des fonctionnaires qui en font partie (par exemple: l'administration des Postes et Télécommunications)
admiration *f*
admis *adj* reçu, agréé
   non admis pas reçu, refusé
admission *f*
adorer
adoucir rendre plus doux, plus facile à supporter
adresse *f* habileté
(s') adresser
   s'adresser à se tourner vers, aller trouver
   s'adresser à qqn adresser la parole à qqn, lui parler
adversaire *m*
aérien *adj* relatif à l'aviation
aéroport *m*
affaire *f* débat, procès
   avoir affaire à être en rapport avec
   c'est l'affaire d'une demi-heure cela ne dure qu'une demi-heure
   c'est l'affaire de tous tous doivent travailler à cela, tous doivent se sentir responsables
   se tirer d'affaire se tirer d'une difficulté, vaincre une difficulté
Affaires Étrangères *f pl* tout ce qui concerne la politique étrangère; ministère qui s'en occupe (*State Department*)
affichage *m* action d'afficher
   panneau d'affichage, planche de bois sur laquelle on colle, épingle ou cloue des affiches

affiche *f* feuille imprimée collée à un mur, ...
    retirer un film de l'affiche ne plus faire de publicité pour un film qu'on ne passe plus
affiche-réclame *f* affiche publicitaire, avis publicitaire placardé dans un lieu public, publicité par voie d'affiche
africain *adj* d'Afrique
âge *m* durée de la vie
    âge d'or époque de développement florissant dans l'Antiquité
    âge scolaire âge où l'on est censé aller en classe, c'est-à-dire à partir de 5 ans
âgé *adj* vieux, d'un certain âge, mais pas forcément vieux
agence *f* entreprise commerciale, s'occupant de différentes affaires
    agence immobilière entreprise qui s'occupe de la vente de propriétés immobilières (maisons, terrains, bâtiments, ...)
    agence de voyage bureau de tourisme
agent *m* agent de police
agglomération *f* groupe entassé, amoncelé de constructions urbaines
s'agir
    il s'agit de *loc imp* il est question de ...
    il s'agit là de ... dans ce cas précis, il est question de ..., ceci est un exemple de ...
agrandir rendre plus grand
agrandissement *m* accroissement, extension
agréable *adj*
agréablement d'une manière agréable
Agrégation *f* concours pour le recrutement des professeurs de lycée et d'université
agricole *adj* qui concerne l'agriculture
agriculture *f*
    école d'agriculture où l'on apprend à devenir fermier
aide *f*
    à l'aide de en utilisant
ailleurs *adv* en un autre lieu
    d'ailleurs *loc adv* de plus, du reste
aimable *adj* sympathique, cordial

air *m* apparence
    changer d'air aller ailleurs, voyager, changer de cadre, de région
    en plein air au dehors, à l'extérieur
    le plein air activités, sports, distractions qui ont lieu à l'extérieur, dans la nature
aise *f* état agréable, absence de gêne
    être à l'aise se sentir bien, ne pas se sentir gêné
aisé *adj* qui a de l'argent, qui vit à son aise, relativement riche, assez riche
aisément *adv* facilement
ajouter additionner, compter en plus
Albanie *f*
Albi chef-lieu du département du Tarn, dans le Sud-Ouest de la France
alchimie *f* transformation chimique, art de la transmutation des métaux; *par ext*, toute science magique
alcoolisé *part* qui contient de l'alcool
aléatoire *adj* hasardeux, problématique
aligner ranger sur une ligne
allée *f* chemin bordé d'arbres; passage étroit
    allée centrale (d'une église) nef principale, face au maître-autel
Allemagne *f* pays à l'est de la France, République fédérale d'Allemagne, capitale Bonn
allemand *adj* d'Allemagne
Allemand *m* personne de nationalité allemande
alliance *f*
allocation *f* indemnité, somme d'argent non remboursable, don, prestation
    allocation-études somme d'argent, sorte de salaire, qui serait versé aux étudiants pour payer leurs études et leur permettre de vivre
    allocations familiales sommes d'argent versées par l'État aux familles qui ont des enfants
allumer mettre en marche
allure *f* apparence, manière de se conduire, façon de marcher, vitesse d'une personne, d'un véhicule ...
allusion *f*
alpinisme *m* sport des ascensions en montagne

aluminium *m*

alunissage *m* action d'atterrir sur la lune

amateur *adj m*
  faire du théâtre amateur jouer dans une troupe d'amateurs
  joueur amateur qui joue pour le plaisir de jouer, et qui ne reçoit aucun salaire pour cela

ambassadeur(drice) *m f* représentant d'un État

ambiance *f* atmosphère, climat moral

ambulance *f*

aménagé *adj* entretenu, tenu en bon état
  un terrain aménagé un terrain bien entretenu et équipé

aménagement *m* modification

aménager transformer en vue de rendre plus confortable, ou d'améliorer; disposer avec ordre

améliorer rendre meilleur

amende *f* peine, sanction, infligée à qqn qui a commis une infraction, sous forme d'une somme à payer

amer(ère) *adj* qui a une saveur rude et désagréable (*bitter*); triste, douloureux

américain *adj*

Américain *m* citoyen des États-Unis d'Amérique

Amérique *f* les États-Unis; le continent américain

ameublement *m* ensemble de meubles

ami *m friend*

Amiens chef-lieu du département de la Somme

amitié *f friendship*

amoureux(euse) *adj m f* qui aime, qui est épris de

amphithéâtre *m* salle garnie de gradins où le professeur fait son cours

ampoule *f electric light bulb*

amusant *adj* qui amuse

s'amuser se divertir

an *m* durée de douze mois

analogue *adj* semblable, similaire

anarchie *f* désordre, confusion

ancien(ne) *adj* qui existe depuis longtemps (par exemple, des meubles anciens); qui a existé, mais qui n'existe plus sous la forme première (par exemple, un ancien château devenu musée); qui n'est plus utilisé, qui ne sert plus

Anciens *m pl* les peuples de l'Antiquité

anglais *adj* d'Angleterre; de style anglais

Anglais *m* personne de nationalité anglaise (ou britannique)

Angleterre *f*

angoisse *f* anxiété physique ou morale

animal(aux) *m*

anjou *m* vin récolté dans l'ancienne province de la vallée de la Loire inférieure, capitale Angers

année *f* espace de douze mois

annexer joindre, attacher, incorporer

anniversaire *m* le jour qui rappelle un événement passé un an ou plusieurs ans plus tôt, à la même date; cérémonie commémorative

annonce *f* avis verbal ou écrit donné à qqn ou au public
  les petites annonces liste d'avis ou d'annonces publiée dans un journal (*want ads*)

annuel(elle) *adj* qui se produit, qui arrive, qui se répète chaque année; qui dure toute une année

annuler déclarer nul

antenne *f* appareil destiné à capter les ondes de télévision ou de radio

antigouvernemental *adj* opposé au gouvernement

antipathique *adj* détestable, déplaisant

antique *adj* qui appartient à une époque très ancienne

août *m* le huitième mois de l'année

apercevoir voir, distinguer, remarquer, observer
  s'apercevoir de qqch remarquer qqch, se rendre compte de qqch

apparaître *to appear, to seem*

appareil *m* machine, assemblage; avion, aéroplane; appareil de photo (*camera*)
  appareil de radio appareil de radioscopie qui permet d'examiner un objet ou un organe au moyen des rayons X, par transparence

appariteur *m* huissier d'une faculté, d'une mairie ...

202   *Vocabulaire*

appartenir
    ceci m'appartient ceci est à moi
appel *m* action d'inviter à venir
    faire appel à s'adresser à
appétissant *adj* qui donne de l'appétit, qui donne envie de manger
appétit *m*
    Bon appétit *loc consac* je vous souhaite un bon repas
application *f* mise en pratique
    entrer en application entrer en vigueur
s'appliquer être pertinent, justement applicable
appoint *m* aide, contribution
apporter porter avec soi
appréciation *f* jugement
apprécié *adj* goûté avec faveur
apprécier accorder du prix à qqch, y trouver du plaisir
apprendre acquérir des connaissances (*to learn*)
s'approcher (de) venir tout près (de), se mettre près (de)
approfondi *adj*
    connaissance approfondie connaissance sérieuse, exhaustive
approuver donner son consentement
    approuver un document signer un document, accepter ce document, le déclarer valable
s'appuyer
    s'appuyer à qqch se servir de cette chose comme d'un support latéral (par exemple, s'appuyer à un mur)
    s'appuyer sur qqch se servir de qqch comme d'un soutien (par exemple, s'appuyer sur une canne)
après-demain *loc adv* le jour qui suit le lendemain
après-midi *m* afternoon
Arabe *m f* personne de langue sémitique, de religion mahométane
arbitre *m* personne chargée de surveiller un jeu, un débat et de départager les opposants
arbre *m* tree
    arbre de Noël arbre (sapin) garni de jouets et de friandises et que l'on dresse à Noël

arc *m* partie d'une ligne courbe
archevêque *m* premier évêque d'une province ecclésiastique comprenant plusieurs diocèses
architecture *f*
ardoise *f* pierre grise ou bleue, imperméable, qui se débite en minces feuilles et dont on recouvre les toits (*slate*)
ardu *adj* difficile, pénible
arête *f* os de certains poissons
argent *m money; silver*
argotique *adj* de la nature de l'argot
Argus *m* journal spécialisé de l'automobile
Arles *f* ville sur le Rhône, dans les Bouches-du-Rhône
arme *f* instrument qui sert à attaquer ou à se défendre (coutelas, poignard, épée, lance, hache, pistolet, mitrailleuse, carabine ...)
armistice *m* interruption des hostilités à la suite d'un accord entre les combattants
armoire *f* meuble haut à une ou deux portes pour ranger les vêtements, le linge
    armoire-bibliothèque meuble qui sert à la fois d'armoire et de bibliothèque
d'arrache-pied *loc adv* sans interruption
arrêt *m* action d'arrêter, de s'arrêter
arrêter empêcher d'avancer, stopper
arrière *adj* partie postérieure (*ant* avant)
arrière *m* (au football) joueur chargé de protéger le but
arrivé *m*
    les derniers arrivés les gens arrivés les derniers
arrivée *f* la fin d'une course
arriver
    il arrive que il advient que, il se produit que
    y arriver parvenir à faire qqch, à faire cela
arrondir
    arrondir une somme d'argent par exemple, passer de 11,90 F à 12,00 F pour des raisons de simplification
arrondissement *m* subdivision ou circons-

Vocabulaire

cription administrative (un département est divisé en arrondissements; Paris en a 20)

art m
 avoir l'art de faire qqch savoir faire qqch avec habileté
 Art Nouveau style en vogue au début du XXe siècle

artichaut m *artichoke*

article m (dans une revue) passage consacré à un sujet particulier

artifice m
 feux d'artifice ensemble de fusées et de feux divers et multicolores qu'on allume la nuit

artificiel(elle) *adj*

artistique *adj*

ascenseur m appareil au moyen duquel on élève les personnes ou les fardeaux, d'un étage à l'autre d'un immeuble (on monte et on descend les ascenseurs)

aspect m

aspirateur m appareil qui aspire la poussière (*vacuum cleaner*)

aspiration *f* souhait, désir, espoir

aspirer
 aspirer à qqch souhaiter ardemment qqch

assaillir attaquer, entourer, se précipiter vers

assaut m
 prendre d'assaut occuper avec empressement, en se dépêchant, occuper à la hâte, se ruer vers

(s')asseoir action de se mettre sur son séant, *to sit down*

asservissement m état de dépendance, de servitude

assez *adv*
 en avoir assez de être dégoûté de, être fatigué de

assiette *f* pièce de vaisselle (*plate*)

assistance *f* présence

assister prêter assistance, aider, conseiller
 assister à être présent à, prendre part à, regarder

association *f*

assommer *fam* importuner
 assommer les spectateurs de publicité

les écraser, les submerger de publicité au point de les dégoûter

assorti *adj*
 personnes bien assorties qui semblent faites pour être ensemble, qui se conviennent parfaitement

assortir réunir des choses, des personnes qui se conviennent

assouplissement m action d'assouplir, de rendre souple

assurance *f* convention par laquelle, moyennant une prime, les assureurs s'engagent à indemniser d'un dommage éventuel; contrat, police qui contient cette garantie

assuré *adj* couvert par une assurance

assurer faire garantir par une assurance; rendre sûr, rendre certain

athlétisme m ensemble des sports individuels (course, saut, lancer ...)

atmosphère *f* ambiance

attacher

attaquer

atteindre arriver à
 atteindre l'âge de 21 ans arriver à l'âge de 21 ans

atteinte *f* dommage, préjudice
 porter atteinte à endommager, attaquer

attendre, *to wait for*
 s'attendre à compter sur, espérer
 «en attendant» provisoirement

attentif(ive) *adj* qui agit avec attention, application

attention *f* marque d'intérêt et d'égards; soins
 faire attention prendre garde

attentivement *adv* avec attention, avec beaucoup de soin

atterrissage m action d'atterrir, de se poser sur terre

attirer tirer à soi; appeler sur soi
 cette région m'attire c'est dans cette région que j'aimerais aller, je préfère cette région

attraper prendre
 attraper la grippe contracter la grippe

aube *f* première lueur du jour qui se produit à l'horizon

auberge *f* maison située généralement à

204 *Vocabulaire*

la campagne, et où l'on peut manger, boire, et coucher en payant
Auberges de la Jeunesse (A. J.) équivalent des *youth hostels*, centres d'hébergement modestes
aubergine *f eggplant*
Aubisque (col de l') *m* passage dans les Pyrénées (altitude 1710 mètres)
audace *f* hardiesse excessive
augmentation *f* accroissement
augmenter accroître
aujourd'hui *adv* le jour où l'on est
ausculter appliquer une méthode de diagnostic qui consiste à écouter les bruits normaux ou anormaux dans le poumon ou le cœur; examiner
Austerlitz (gare d') *f* une des gares ferroviaires parisiennes (évoque la victoire de Napoléon sur les Autrichiens et les Russes en 1805)
Auteuil ville de banlieue parisienne au sud-est du Bois de Boulogne, actuellement réunie à Paris (XVIe arrondissement)
authentique *adj* vrai
autobus *m bus*
auto-défense *f* action de se défendre soi-même
automatique *adj*
automobile *adj f*
automobiliste *m f* conducteur d'une automobile
autonome *adj* qui est régi par ses propres lois, libre, indépendant
autoritaire *adj* qui use avec rigueur de toute son autorité
autorité *f*
  avoir autorité pour avoir le droit de
autoroute *f* route permettant la circulation à grande vitesse des automobiles
  Autoroute du Sud autoroute reliant Paris à la Côte d'Azur
autrefois *adv* anciennement, jadis
autrement *adv*
  faire autrement agir d'une autre façon
Autriche *f* Austria
auxiliaire *adj m* qui aide, prête son concours

aval *m* partie d'un cours d'eau vers laquelle descend le courant
  en aval de en descendant vers l'embouchure; au-dessous de
avaler faire descendre par le gosier
  avaler des kilomètres *fig* parcourir des kilomètres sans arrêt
avance *f*
  à l'avance avant le moment fixé, avant la date fixée
  d'avance, par avance par anticipation
  en avance avant l'heure
  4 minutes d'avance 4 minutes avant que les autres coureurs ne passent
s'avancer (se) porter, (se) pousser en avant
avant *adv ant* arrière, après (*before*)
avant *m* partie antérieure
avant-centre *m* (au football) joueur placé au centre de la première ligne de joueurs
avantage *m* ce qui rend qqch supérieur, meilleur; ce qui est utile, profitable
avenir *m*
  à l'avenir à partir de maintenant, désormais
  l'avenir de qqn la carrière future de qqn, son métier
aventure *f*
  dire la bonne aventure prédire l'avenir, dire à l'avance à qqn ce qui lui arrivera plus tard dans la vie
  diseur(se) de bonne aventure la personne qui prédit l'avenir
s'aventurer se hasarder, se risquer
avertir
  être averti de ... être au courant, au fait, savoir
Avignon ville sur le Rhône, préfecture du département de Vaucluse
avion *m* aéroplane
  partir en avion, voyager en prenant l'avion
avis *m* conseil, recommandation; opinion, sentiment
  être d'avis que ... croire que, estimer que, penser que, juger que
s'aviser
  s'aviser de décider de
avocat *m* personne qui défend les in-

térêts juridiques de ses clients (*barrister, lawyer*)

avoué *m* homme de loi chargé de représenter ses clients devant un tribunal (*solicitor*)

avouer confesser, admettre

avril *m* quatrième mois de l'année
   le premier avril jour de fête surtout pour enfants

axe *m* direction générale, ligne principale

bac *m* *abrév* baccalauréat

baccalauréat *m* premier grade universitaire, qui donne le titre de bachelier; diplôme décerné à la fin des études secondaires au lycée

badaud *m* personne qui est là pour voir, par simple curiosité

baie *f* ouverture de fenêtre, de porte

bain-sabot *m* petite baignoire (*tub*) en forme de sabot (sorte de chaussure)

baiser *m* *kiss*

baisse *f* action de descendre à un niveau inférieur

baisser abaisser, mettre plus bas
   baisser la télé diminuer la puissance, l'intensité d'un poste de télé
   les tarifs baissent les prix sont plus bas

bal *m*
   bal musette bal populaire, au son de l'accordéon

balcon *m* plate-forme en saillie sur la façade d'un bâtiment, entourée d'une balustrade

balustrade *f* *hand-rail, railing*

banaliser rendre banal, ordinaire, difficile à reconnaître

banane *f*

banc *m* long siège avec ou sans dossier

bande dessinée *f* suite de dessins qui retracent les divers moments d'une histoire (par exemple, Mickey Mouse, Donald Duck)

bandit *m* gangster

banlieue *f* territoire entourant une grande ville

banlieusard *m* celui qui habite en banlieue

banquet *m*

baraque *f*

baraque foraine construction en planches où se tiennent les forains

barrage *m* construction destinée à utiliser la force des eaux pour la production du courant électrique, pour l'irrigation, ...

bas(sse) *adj* qui a peu de hauteur

bas *adv*
   plus bas à une altitude moins élevée

bas-côté *m* nef secondaire d'une église située de part et d'autre de la nef centrale, souvent moins élevée que celle-ci; voie latérale d'une route réservée aux piétons

base *f* principe fondamental, soutien, référence
   principe de base la première règle à suivre, le premier élément dont on doit tenir compte

basket-ball *m* sport d'équipe (cinq joueurs en jeu) qui consiste à lancer un ballon dans un panier suspendu

Bassin parisien *m* région de Paris et de ses alentours arrosée par la Seine

Bastille *f* forteresse construite à Paris au Moyen Age, puis prison d'État et symbole de l'absolutisme royal, détruite par le peuple de Paris le 14 juillet 1789

bataille *f* combat, querelle

bâtiment *m* édifice, construction

bâton *m* long morceau de bois rond

battant *m* partie mobile d'une porte, d'une fenêtre, d'un meuble, qui tourne sur des gonds (*hinges*)

bavarder parler abondamment de choses et d'autres, de sujets en général peu importants

B.B.C. *f* British Broadcasting Corporation

béarnais *adj* du Béarn, province du Sud-Ouest de la France
   sauce béarnaise sauce épaisse à base de beurre et d'œufs

beau *adj* (bel devant voyelle)
   il fait beau il fait beau temps, il fait soleil, le temps est clair

beau *adv*

avoir beau (*suivi d'un infinitif*) essayer en vain de
Beauce *f* région céréalière du Bassin parisien, qui s'étend au sud de Paris, jusqu'à la Loire
beaujolais *m* vin récolté dans la région du même nom, au nord du Lyonnais, capitale Villefranche-sur-Saône
beauté *f*
Belge *m f* habitant de la Belgique
Belgique *f*
belle-famille *f* les beaux-parents, beaux-frères et belles-sœurs, c'est-à-dire les parents de l'autre époux (épouse)
bénéfice *m* gain, profit
bénéficier profiter, tirer avantage
bénin (**bénigne**) *adj* doux, sans conséquence grave
béret *m*
berline *f* voiture à quatre portes
Berne *f* capitale de la Suisse
besoin *m* exigence, ce qui est nécessaire, aspiration naturelle et souvent inconsciente
   avoir besoin de éprouver la nécessité de
   en cas de besoin si c'est nécessaire, s'il le faut
bête *f* animal
bêtement *adv* sottement, stupidement
betterave *f* plante qui peut soit servir à alimenter les animaux de la ferme, soit donner du sucre (c'est alors la betterave sucrière)
beurre *m* matière grasse obtenue en battant la crème du lait
bibelot *m* petit objet qui se place sur une cheminée, une étagère, etc. en guise de décoration
bibliographie *f*
bibliothèque *f* armoire à rayons pour ranger les livres; collection de livres, de manuscrits
bidonville *m* agglomération de baraques où s'abrite une population pauvre (**bidon** *m jerrycan*)
bien *m* marchandise
   être bien être à l'aise
   dire du bien de qqch faire l'éloge de qqch, en parler avec admiration
   une façon bien à eux une façon qui leur est propre, particulière
bienfait *m* avantage
bière *f* boisson alcoolique obtenue par la fermentation de l'orge (*barley*) et aromatisée avec des fleurs de houblon (*hops*)
Bigre *excl* pour **Bougre!** exprime la surprise, l'étonnement
bile *f* liquide amer, sécrété par le foie; (*fig*) colère, irritabilité
   se faire de la bile se tourmenter, s'inquiéter, se faire du souci
bille *f* petite boule
billet *m* billet de banque (*bank-note*); carte d'entrée ou de parcours
bis *adv* une seconde fois
bistrot *m* café, bar
bizarre *adj* étrange, curieux
blanc (**blanche**) *adj white*
blessé *m* qui a reçu une blessure
blessure *f* lésion produite dans l'organisme par un coup, par un choc, par un instrument piquant, tranchant
blindé *adj armored*
   porte blindée une porte très solide, très épaisse, en métal
   voiture blindée dont l'épaisseur des tôles la protège des balles
bloc *m* masse; ensemble compact
bloquer immobiliser, arrêter
blouse *f* vêtement de dessous, en toile ou en cotonnade, large et flottant (*overall, smock-frock*; peut aussi signifier *blouse*)
boire *to drink*
bois *m* matière dont sont faits les arbres
Bois *m* le Bois de Boulogne
Bois de Boulogne *m* vaste parc situé à l'ouest de Paris
boisson *f* ce qui se boit, ce qui peut être bu
boîte *f* coffret de métal, de bois, de carton
bon (**bonne**) *adj*
   à quoi bon? pourquoi?, quel avantage y aurait-il à ...?

Vocabulaire

bon à rien *adj m* (chose ou personne) sans valeur
   c'est bon ça va, c'est bien (*fine*)
   pour de bon définitivement, sérieusement, véritablement
bondé *adj* rempli au maximum, archiplein
bondir aller en se dépêchant, en courant
bonheur *m* état de parfaite satisfaction intérieure; bonne chance, circonstance favorable
   rayonner de bonheur exprimer le bonheur, éclater de bonheur
bonification *f* avantage qu'on donne à un joueur sous forme de minutes qu'on enlève au temps qu'il a mis à parcourir une étape
Bonn *f* capitale de l'Allemagne de l'Ouest
bord *m* rivage, côte
Bordeaux *f* quatrième ville de France, port sur la Garonne
bordeaux *m*
   un bordeaux rouge un vin rouge récolté dans la région de Bordeaux (Gironde)
bordure *f*
   en bordure de au bord de, le long de
borne *f* borne kilométrique, pierre qui, sur les routes, indique les distances kilométriques entre deux localités
(se) borner
   se borner à se contenter de, ne faire que, se limiter à
bouche *f mouth*
   bouche de métro entrée souterraine qui donne accès à une station de métro
boucher *m* commerçant qui vend de la viande de bœuf, de cheval ...
boucherie *f* boutique où se vend de la viande au détail (sauf du porc)
boulevard *m* large rue bordée d'arbres
   descendre le boulevard marcher le long d'un boulevard (qui peut être en pente ou non)
bouquin *m fam* livre
bourbon *m* whisky américain fabriqué principalement dans le Kentucky

bourgeois *adj m* qui appartient à la classe bourgeoise, à la bourgeoisie
Le Bourget *m* aéroport au nord de Paris
bourgogne *m* vin récolté en Bourgogne, ancienne province du Centre Est de la France et dont la capitale est Dijon
boursault *m* fromage blanc et mou, très riche et très gras
bourse *f purse; stock exchange*
   bourse d'enseignement somme versée aux bons élèves de l'enseignement supérieur, dont la famille dispose de ressources insuffisantes pour assurer leur entretien
bout *m* partie extrême d'un objet, extrémité; fin d'une durée
   d'un bout à l'autre d'une extrémité à l'autre, de A jusqu'à Z
   joindre les deux bouts boucler son budget, arriver à la fin du mois, équilibrer son budget
   jusqu'au bout jusqu'à la fin
bouteille *f* récipient en verre à goulot étroit
boutique *f* petit magasin
bouton *m* poussoir d'un appareil électrique
braisé *adj*
   plat braisé plat cuit à feu doux et dans un récipient couvert
brancard *m* civière à bras pour transporter des blessés ou des malades (*stretcher*)
branche *f* partie, domaine
branle *m*
   mettre en branle donner une première impulsion, mettre en mouvement
bras *m arm*
bref *adv* enfin, en un mot
bref (brève) *adj*
   à brève échéance dans peu de temps
Bretagne *f* province au nord-ouest de la France
Brevet *m* titre, diplôme, certificat
bricolage *m* petits travaux manuels auxquels on se livre pour son plaisir, en général chez soi
bricoleur *m* celui qui fait du bricolage, qui bricole

brie *m* fromage fabriqué dans la Brie, région à l'est de Paris
brillant *adj* excellent
brique *f*
britannique *adj* de Grande-Bretagne
bronzage *m* couleur brune de la peau exposée longtemps au soleil
brouillard *m* amas de gouttelettes d'eau, en suspension dans l'air
brouille *f* querelle de courte durée et vite oubliée
bruit *m* ensemble de sons sans harmonie; rumeur
   à grand bruit en parlant très haut et très fort
   faire courir le bruit répandre une nouvelle, une rumeur
brûler consumer par le feu
   brûler un signal passer outre sans s'arrêter
brun(e) *adj m f* de couleur brune; personne aux cheveux bruns
brusquement *adv* soudainement
brutal *adj* violent; sans transition, rapide
brute *f fig* personne grossière, sans esprit ni raison
Bruxelles *f* capitale de la Belgique
buanderie *f* lieu où se fait la lessive
bûche *f log*
   bûche de Noël sorte de gâteau en forme de bûche
budget *m* les revenus et les dépenses d'une famille, d'un pays, ...
buffet *m* armoire destinée à renfermer la vaisselle, le linge de table
bulletin *m* rapport succinct
   bulletin d'informations les nouvelles
bureau *m* table ou meuble à tiroirs
   bureau de tabac boutique où l'on achète tabac, cigarettes, allumettes, ... (en France le tabac est monopole de l'État)
but *m goal*
   avoir pour but de être destiné à, avoir pour objet de
   buts espace déterminé par deux montants et une barre transversale que doit franchir le ballon
   marquer un but gagner un point au football en battant le gardien de but, en envoyant la balle dans les filets
   tirer au but action d'envoyer la balle dans les filets
buveur *m* celui qui boit

cabaret *m* établissement où l'on présente un spectacle artistique, satirique, et où les clients peuvent consommer des boissons et danser
   spectacle de cabaret spectacle présenté dans ces établissements
cabinet *m* bureau; petite pièce située à l'écart dans un appartement
   cabinet de consultation pièce où un médecin reçoit ses clients
cabriolet *m* voiture décapotable
cacher couvrir, voiler; mettre dans un lieu secret; dissimuler
cadastre *m* registre qui contient le plan et les dimensions des propriétés et terrains d'une commune (on s'en sert, par exemple, pour calculer le montant de l'impôt foncier)
cadeau *m* présent, don, destiné à faire plaisir
   faire cadeau de qqch à qqn offrir qqch à qqn
cadence *f* rythme du travail
cadran *m* la partie circulaire d'une montre, d'une horloge où sont indiquées les heures
cadre *m* limites (d'un espace)
   les cadres d'une entreprise, d'une usine le personnel d'un rang élevé qui assure la marche de l'enterprise, de l'usine
Caen ville de Normandie, chef-lieu du département de l'Orne
   à la mode de Caen (tripes) accommodées dans une sauce
café *m* boisson; lieu public où l'on peut s'asseoir et boire
   prendre le café, prendre un café boire du café
cailler *to curdle*
caisse *f* coffre, boîte où on dépose de l'argent
   caisse de secours fonds, argent versé

Vocabulaire 209

par des donneurs pour aider d'autres personnes
calcul *m* opération que l'on fait pour trouver le résultat de la combinaison de plusieurs nombres; art de préparer le succès d'une affaire, stratagème, tactique
    le calcul du classement (d'une course) les diverses opérations à faire pour établir le classement (par exemple: le minutage, les bonifications, les pénalisations, ...)
calculer déterminer par le calcul, évaluer
caler
    caler un moteur faire s'arrêter un moteur
calme *adj* reposant, qui n'énerve pas; tranquille, pas agité
calmement *adv* en restant calme
Calypso *f* nymphe qui retint Ulysse naufragé sept années dans son île
camaraderie *f* relations entre camarades, amis
camembert *m* fromage préparé en Normandie avec du lait de vache
caméra *f* appareil permettant de faire un film (*movie camera*, ne pas confondre avec appareil photographique)
    caméra de télévision appareil servant à tourner un film transmis à la télévision en direct ou en différé
camion *m* gros véhicule automobile pour le transport de marchandises
camoufler dissimuler à l'aide d'un camouflage
campagne *f* zone rurale, les champs, ... (opposé à la ville); entreprise ayant un but de propagande
canadien(enne) *adj* du Canada
canaliser *fig* centraliser, maîtriser
canapé *m* long siège à dossier où peuvent se tenir plusieurs personnes, divan
canard *m* *duck*
Canard Enchaîné *m* hebdomadaire satirique
Candide conte philosophique de Voltaire (1759)
caniche *m* chien barbet à poils frisés (*poodle*)

canne *f* objet, en général bâton, sur lequel on s'appuie pour marcher
    canne à pêche assemblage de bambous au bout duquel on fixe une ligne (*fishing pole*)
Cannes *f* ville sur la Côte d'Azur
cantal *m* fromage à base de lait de vache et de chèvre fabriqué dans le Cantal, région du centre de la France
capacité *f*
    capacité de production pouvoir, puissance de production
C.A.P.E.S. *m* Certificat d'Aptitude Pédagogique à l'Enseignement Secondaire
capital (capitaux) *m* somme d'argent
capital *adj* de première importance
capitalisme *m* régime économique dans lequel les moyens de production appartiennent à ceux qui ont investi des capitaux
capitaliste *adj m*
Capitole *m* train rapide qui relie Toulouse à Paris
capot *m* couverture métallique qui, dans une automobile, sert à protéger le moteur
carabine *f* fusil léger à canon court
caractère *m* traits distinctifs, ensemble des traits marquants qui permettent de classer un individu dans certaines catégories psycho-physiologiques; façon personnelle de voir les choses, de réagir, de se comporter; lettre
caractéristique *f*
carafe *f* sorte de bouteille à base large et à col étroit
    carafe d'eau *water jug*
carafon *m* petite carafe
caravane *f* remorque tirée par une automobile et qui peut servir de logement lorsqu'on campe
caravaning *m* (néologisme imité de l'anglais) faire du camping en se servant d'une caravane
Caravelle *f* avion de transport à réaction
carnet *m* réunion de billets détachables
    carnet de commandes cahier sur le-

quel le vendeur inscrit les ordres, les achats de ses clients
carrefour *m* lieu où se croisent plusieurs rues
carrière *f career*
carrossier *m* celui qui répare ou qui fabrique des carrosseries de voiture
carte *f*
  carte des vins liste des vins servis dans un restaurant
  carte de visite carte sur laquelle on fait imprimer ou graver son nom, etc. ...
  carte d'identité document qui permet d'identifier une personne
  carte grise document qui identifie le propriétaire d'une voiture
  carte Michelin carte géographique routière éditée par Michelin, grand fabricant de pneumatiques
  carte verte document qui prouve qu'une voiture est couverte par une assurance
  repas à la carte repas composé de plats qu'on choisit à sa guise sur une liste spéciale (un tel repas revient toujours plus cher qu'un repas à prix fixe)
carton *m* papier plus ou moins grossier, fabriqué avec des rognures de papier, etc. (*cardboard*)
cartouche *f* emballage de forme cylindrique (*cartridge*)
cas *m* ce qui arrive ou peut arriver; circonstance
casse-cou *m*
  crier casse-cou crier gare, avertir d'un danger, prévenir, lancer des avertissements
casser *to break*
casserole *f* ustensile de cuisine plus ou moins profond, rond, dont on se sert pour faire cuire ou bouillir les aliments
cassoulet *m* ragoût de porc ou de mouton ou d'oie, servi avec des haricots, spécialité du Languedoc, en particulier de la région de Toulouse
catastrophe *f*
catastrophique *adj*

catéchisme *m* cours d'instruction religieuse
catégorie *f*
catholique *adj m f* qui appartient au catholicisme; qui professe la religion catholique
cause *f* raison, motif
  être en cause être l'objet d'un débat, être mis en question
caution *f* garantie
  donner sa caution à ... soutenir, se porter défenseur de ...
cavalier(ière) *m f* partenaire, avec qui on danse
cave *f* lieu souterrain où l'on conserve le vin et d'autres provisions
caverne *f* excavation naturelle vaste et profonde
ceinturer entourer d'une ceinture; entourer, encercler
célèbre *adj* renommé
célébrer fêter; accomplir d'une manière officielle et avec solennité
célibataire *adj m f* qui vit dans le célibat, qui n'est pas marié
censé *adj* supposé, réputé (*presumed, supposed*)
censure *f* contrôle par l'Église ou un gouvernement des spectacles, de la presse, ...
censurer interdire la publication; critiquer
centaine *f* groupe de cent unités
centime *m* centième partie du franc
centralisation *f* tendance à regrouper, à rassembler autour des grandes villes et surtout Paris, des usines, des manufactures, etc.
centraliser réunir dans un centre commun, dans un lieu unique
centre *m*
cependant *adv yet, nevertheless*
cérémonie *f*
cerise *f cherry*
certificat *m* un des quatre examens de la Licence ou un des examens composant la Maîtrise
  certificat de travail document qui prouve qu'on a un travail régulier, qu'on travaille, qu'on est employé

Vocabulaire

dans une usine, une administration, ...
cessation f arrêt, suspension
cesse f (ne pas confondre avec **cessation**, action de s'arrêter)
  sans cesse sans discontinuer
cesser arrêter
chagrin adj attristé; m tristesse
  les esprits chagrins les pessimistes, ceux qui croient que tout va mal
chagriné adj attristé
chahut m fam tapage, vacarme
chaîne f lien composé d'anneaux de métal; groupe de magasins, de succursales; ensemble d'émetteurs ou de relais de radio ou de télévision
  Deuxième Chaîne (télévision) émetteur mis en service après la première chaîne (en 1964)
  fabrication à la chaîne travail au cours duquel une pièce, un objet passe successivement entre les mains de plusieurs ouvriers chargés chacun d'une opération différente; souvent synonyme de fabrication en grande quantité, en série
chaise f siège à dossier et sans bras
chaise longue f fauteuil sur lequel on peut s'allonger
chaleur f température élevée
chambre f chambre à coucher (ne pas confondre avec pièce)
champ m étendue de terre cultivée
champagne m vin blanc mousseux récolté en Champagne, province de l'Est de la France, capitale Troyes, ville principale Reims
  seau à champagne récipient en métal, destiné à contenir la glace dans laquelle sera rafraîchie la bouteille de champagne
champignon m végétal sans feuilles qui pousse dans les lieux humides et ombragés (on les consomme farcis ou frits dans l'huile ou bien on s'en sert pour accompagner un autre plat)
championnat m épreuve sportive groupant plusieurs équipes et dont le vainqueur reçoit un titre, une récompense officielle, et le titre de champion
chance f luck, opportunity
chancelant adj qui vacille, qui est peu solide
chanceler marcher avec hésitation, avec difficulté à cause de la fatigue
changement m modification
chapelle f partie d'une église, sur les bas-côtés ou sur le transept, où se trouve un autel secondaire.
chapitre m
  sur ce chapitre sur ce point
char m voiture décorée pour les fêtes publiques; voiture à quatre roues
  char d'assaut véhicule armé de canons, de lance-flammes (tank)
charcuterie f commerce ou boutique du charcutier; préparations à base de porc
charcutier m commerçant qui vend de la viande de porc
charge f obligation
  les charges se dit pour les obligations qui accompagnent toute habitation immobilière (électricité, gaz, eau, chauffage, taxes, ...)
  charges sociales ensemble des dépenses qui incombent à une entreprise, imposées par l'État
  être à la charge de qqn être soutenu, entretenu, nourri, ... par qqn
chargé adj qui a l'obligation de
  soirée chargée au cours de laquelle on a fait beaucoup de choses
charger remplir, couvrir
  être chargé de avoir la responsabilité de
chariot m grosse voiture à deux ou quatre roues utilisée à la campagne
charmant adj dont la compagnie est agréable; agréable par sa grâce et sa gentillesse; très aimable, fascinant, attrayant
charrue f instrument agricole qui sert à labourer les champs
chasse f sport qui consiste à poursuivre ou surprendre des animaux gibier pour les manger ou les détruire

chateaubriand *m* épaisse tranche de filet de bœuf grillé
Châteauroux chef-lieu du département de l'Indre, sur l'Indre
châtiment *m* peine, correction sévère, sanction, punition
Chaucer, Geoffrey poète anglais du XIVe siècle, auteur des **Contes de Canterbury**
chauffage *m* action, manière de chauffer (au bois, au charbon, à la vapeur, par le sol, par le plafond, ...)
chauffard *m* automobiliste imprudent et maladroit, mauvais conducteur
chauffe-eau *m* appareil qui sert à chauffer l'eau, et qui fonctionne au gaz ou à l'électricité
chauffeur *m* personne payée pour conduire une automobile
chef *m*
   chef d'orchestre directeur d'un groupe de musiciens
chef-d'œuvre *m* œuvre d'une très haute valeur, de grande qualité, impérissable
chef-lieu *m*
   chef-lieu de département ville du département où se trouvent les services administratifs principaux, la Préfecture, ...
chemin *m path, way*
   demander son chemin demander la direction à prendre
   en chemin de fer par le train
cheminée *f* foyer dans lequel on fait du feu; le conduit, l'ouverture par laquelle s'échappe la fumée d'un feu
cheminot *m* employé de chemin de fer
chemise *f shirt*
   en chemise ne portant que la chemise
   être en bras de chemise ne pas porter de veste
chèque *m*
   chèque de voyage *traveler's check*
cher *adj adv* d'un prix élevé; aimé, pour qui on a de l'affection
   mon cher mon cher ami
Cherbourg *f* port maritime normand sur la Manche
chercheur *m* savant ou ingénieur ou toute personne qui fait des travaux de recherche
chéri(e) *m f* qui est tendrement aimé
cheval *m horse*
   cheval de bois cheval en bois, puis n'importe quelle sorte d'animal situé sur la plateforme tournante d'un manège et sur lequel montent les enfants
   être à cheval sur *fam* être strict sur
   faire du cheval monter à cheval, faire de l'équitation
chevalier *m* noble admis dans l'ordre de la chevalerie au Moyen Age; *par ext*, amant passionné et courageux
chevalin *adj* qui a rapport au cheval
chevet *m* tête de lit
cheveu *m* poil (*hair*)
cheville *f ankle*
chevronné *adj* expérimenté, qui a de longs services
chez *prép* au domicile de
chic *m*
   avoir du chic être habillé avec beaucoup d'élégance
chiffré *adj* écrit en chiffres
chignon *m* manière de coiffer les cheveux en les relevant ou en les roulant au-dessus de la nuque, sur la tête, en torsades
Chili *m* pays d'Amérique du Sud
Chine *f* pays oriental
chips *m* pommes de terre frites coupées en minces rondelles
choc *m* émotion brutale
chœur *m* extrémité de la nef d'une église devant le maître-autel; groupe de personnes qui chantent
choisir faire une sélection
choix *m* sélection; action de choisir; pouvoir, liberté de choisir
   avoir le choix avoir la possibilité de choisir
chômé *adj* où tout travail est suspendu
chômeur *m* personne qui se trouve sans travail
chose *f*
   c'est tout autre chose c'est entièrement différent, ce n'est pas du tout la même chose

Vocabulaire

choucroute *f* plat alsacien à base de feuilles de choux hachées et fermentées dans du sel; on y ajoute les pommes de terre cuites à l'eau, de la saucisse, du jambon, ...

chuchoter parler à voix basse, murmurer

chute *f* le fait de tomber

cible *f fig* but, objectif

cigarette *f*

cinglé *adj fam* ridicule, idiot (se dit d'une personne), *nuts*

circuit *m* voyage organisé, périple, randonnée

   circuit de rallye parcours de compétition sportive

circulation *f* mouvement de ce qui circule (voitures, sang, ...)

circuler passer

cité *f* groupe d'immeubles

   cité du Moulin nom imaginaire d'un groupe de H.L.M.

   cité universitaire résidence pour étudiants

citer donner, prononcer; invoquer, mentionner

citerne *f* réservoir

Citroën *f* voiture; la compagnie Citroën (André Citroën, 1878–1935, ingénieur et constructeur, a fondé une des plus importantes usines françaises d'automobiles)

   Citroën D. S. 19 voiture fabriquée par la compagnie Citroën

civil *adj*

   mariage civil la cérémonie de mariage célébrée à la mairie, par le maire ou toute autorité civile

civilisation *f*

civilisé *adj* qui est doté d'une civilisation

clair *adj* lumineux, éclatant; limpide, transparent

classe *f* style, élégance; valeur; catégorie de citoyens

   la classe aisée les gens riches

   la classe ouvrière les ouvriers, l'ensemble des ouvriers

   mariage de première classe, messe de première classe messe de mariage célébrée avec toute la pompe, toute la solennité possibles

classement *m* disposition par ordre d'excellence, alphabétique, numérique; liste des coureurs selon leur rang, leur ordre de mérite

classer mettre en ordre, ranger par ordre alphabétique, numérique, par sujet, par noms d'auteurs, ...

classique *adj* qui est conforme à un idéal, aux règles ou aux usages établis; *fam* courant, habituel

clavecin *m* instrument de musique à clavier et à cordes pincées, voisin du piano

claveciniste *m* personne qui joue du clavecin

client(e) *m f* celui qui achète ou consomme quelque chose; personne qui confie ses intérêts à un homme d'affaires, à un avocat, sa santé à un médecin, qui s'adresse à un commerçant, ...

climat *m* conditions atmosphériques d'un pays, d'une région

climatisation *f* ensemble des moyens permettant de maintenir l'atmosphère d'une salle à une température et à un degré d'humidité donnés; air conditionné

climatisé *adj* qui a la climatisation, l'air conditionné

clin d'œil *m*

   en un clin d'œil en un temps très court

clinique *f* hôpital privé

clique *f* ensemble de tambours et de clairons

cloison *f* mur séparant les diverses pièces d'un même appartement, d'une même maison

clôturer terminer

clou *m fam* attraction principale

clouer fixer avec des clous; immobiliser

Coca-Cola *m*

cocktail *m* mélange de plusieurs boissons servi avec de la glace

cocotte *f*

   en cocotte préparé à la cocotte, c'est-à-dire dans une marmite ronde, en fonte (*cast-iron pot*)

code *m*

code de la route ensemble des règles qui concernent la conduite d'un véhicule sur les routes
cœur *m* principal organe de la circulation du sang
  apprendre par cœur fixer dans sa mémoire
  au cœur de l'été en plein été, au milieu de l'été
  cher au cœur des Français auquel les Français sont sentimentalement attachés
coiffé *adj* dont les cheveux sont arrangés, peignés; qui porte une coiffe, un chapeau, un képi, ... sur la tête
coin *m* angle
col *m* passage moins élevé dans une montagne et qui permet de la franchir plus facilement
colère *f* irritation
colle *f fam* question difficile
collège *m* établissement d'enseignement secondaire
coller
  être collé *arg* ne pas réussir à un examen
combine *f* système, machination
combiner disposer dans un certain ordre; organiser
comblé *adj* qui a ce qu'il souhaitait
combles *m* faîte d'un bâtiment, partie sur laquelle repose la toiture (*attic*); *fig s* le degré le plus élevé
comédie *f* pièce destinée à faire rire le public
comestible *adj* qui se mange
comité *m*
commande *f* liste détaillée des marchandises qu'un client achète
commander demander à un fournisseur, un marchand, un garçon de café ou de restaurant
commémorer rappeler le souvenir de
commencer
commissariat *m* groupe de spécialistes placés sous l'autorité d'un commissaire et chargés de faire des enquêtes et des recherches sur un sujet, un problème donné
  Commissariat à l'Énergie Atomique bureau d'études chargé des problèmes atomiques et nucléaires
commission *f*
  Commission de Censure comité qui accorde ou refuse le visa de censure à tout film qu'on veut projeter sur les écrans français
  faire des commissions faire des courses, faire des achats
commode *f* meuble à tiroirs
Commonwealth *m*
commun *adj* banal, ordinaire
  en commun ensemble
communauté *f* groupe, société, régime d'association
communisme *m*
compact *adj* qui est condensé
compagnie *f* présence, fréquentation
comparer
compatriote *m* personne du même pays
compétition *f* concours
complet(ète) *adj* entier; qui a tous les éléments nécessaires
complexe *m* ensemble de constructions
compliqué *adj* difficile à comprendre, complexe
compliquer rendre plus difficile
comportement *m* façon de se conduire
comporter contenir
se comporter se conduire d'une certaine manière
composé *adj* formé de plusieurs parties
  composé de formé de
se composer de être composé de, consister en (+ *nom*)
compositeur *m* auteur d'une œuvre musicale
compote *f* fruits (pommes en général) écrasés et cuits avec de l'eau et du sucre
compréhensible *adj* qu'on peut comprendre, facile à comprendre
comprendre contenir, comporter, inclure
compris *adj*
  service compris service inclus dans le prix du repas
comptant *adv*
  payer comptant payer immédiatement en espèces, au moment de l'achat
compte *m*

Vocabulaire 215

> en fin de compte finalement
> se rendre compte comprendre, évaluer, juger
> tenir compte de prendre en considération

compter calculer, dénombrer
> compter que (*suivi souvent du subj*) espérer que, s'attendre à ce que
> compter sur avoir confiance en, se fier à, faire confiance à
> sans compter sans faire attention à la dépense

comptoir *m* grande surface où sont servies les boissons aux clients qui ne désirent pas s'asseoir à une table; *fam* zinc

concerné *part* fortement intéressé, impliqué

concert *m*

concessionnaire *m f* personne qui a le droit exclusif de vendre un produit dans une région donnée (par exemple, un concessionnaire d'automobiles)

concevoir se représenter par la pensée, imaginer

concierge *m f* personne qui a la garde d'un immeuble

concilier

conclure arriver à une conclusion, terminer; tirer une conséquence, tirer une conclusion

«Concorde» *m* avion supersonique fabriqué par la France et l'Angleterre

concours *m* action d'entrer en concurrence avec d'autres; lutte sportive; compétition où les meilleurs gagnent; examen auquel ne seront reçus que les meilleurs et pas seulement ceux qui auront eu la moyenne

conçu *part* imaginé; créé, inventé

concurrent *m* coureur qui prend part à la même course; adversaire, rival, compétiteur

condamner

condition *f*
> à condition de (+ *inf*) pourvu que (+ *subj*)
> condition physique état physique

conducteur(trice) *m f* personne qui conduit une voiture

conduire rouler en voiture, piloter une voiture

conduite *f* direction, action de conduire, de diriger

conférence *f* réunion de diplomates, de chefs de gouvernement ou de ministres; discours

conférer donner, accorder

confessionnel *adj*
> école confessionnelle dirigée par des personnes appartenant à une religion, et où l'on donne un enseignement religieux

confetti *m pl* minces rondelles de papier colorié que l'on se lance dans les fêtes

confiance *f* espérance ferme en qqn, en qqch
> faire confiance à quelqu'un mettre ses espoirs en qqn, se fier à qqn

confiture *f* fruits cuits longuement avec du sucre (*jam*)

conflit *m* guerre

confort *m*

confrère *m* quelqu'un de la même société, compagnie, religion, qui exerce la même profession

confronter comparer, mettre en parallèle

congé *m* vacances; absence temporaire
> congés payés période de vacances, de non-travail, de 4 à 5 semaines, durant laquelle les travailleurs sont payés normalement par leur employeur

congelé *adj* soumis au grand froid pour être conservé longtemps

conique *adj* qui a la forme d'un cône

conjugal *adj* qui concerne l'union entre les époux

connaissance *f*
> une connaissance personne que l'on connaît mais assez peu
> faire la connaissance de rencontrer, être présenté à qqn pour la première fois

connaisseur *m*
> un connaisseur une personne qui est

très au courant de qqch, qui est experte
connaître avoir une connaissance, savoir
  s'y connaître être au courant, être un spécialiste, être très compétent
connu *adj* célèbre, renommé, fameux
consacrer employer, destiner, dédier
conscience *f*
conseil *m* avis, recommandation; opinion
  donner des conseils à qqn lui faire des recommandations
conseiller recommander, suggérer
  conseiller à qqn de faire qqch dire à qqn de faire qqch pour son bien, dans son intérêt
  donner des conseils diriger qqn en lui donnant des conseils
consentant *adj* qui accepte
consentement *m* accord, acceptation, autorisation
consentir accorder
  consentir à qqch permettre qqch, donner son accord à qqch
conséquence *f*
  en conséquence par conséquent
conservateur(trice) *adj m f* hostile aux innovations
conservation *f*
conserve *f* substance alimentaire conservée
  boîte de conserve récipient de métal contenant une denrée alimentaire (légumes, fruits, viande, ...)
conserver ne pas perdre, garder
considérable *adj*
considérer regarder comme, prendre pour
consigne *f* somme qui est remboursée lorsqu'on rend un emballage ou une bouteille vide; dans une gare, bureau où l'on peut laisser ses bagages; instruction, ordre
consigné *adj* mis en dépôt
  bouteille consignée qu'on peut rendre, une fois vide, pour récupérer la consigne, c'est-à-dire la petite somme versée pour louer la bouteille
consigner mettre par écrit, écrire
consister
  consister en être composé, formé de

consoler adoucir l'affliction, les ennuis; montrer de la compassion envers, réconforter
consommateur *m* personne qui consomme, qui achète, par opposition à producteur
consommation *f* action de consommer; boisson quelconque; le fait de boire
consommer faire usage de qqch pour sa subsistance, employer
constat *m* *affidavit*
constater établir la vérité d'un fait; voir, observer, remarquer
consterné *adj* frappé de consternation, accablé, navré
constituer
construction *f* bâtiment; action de construire
construire bâtir
consulter
  consulter un livre se référer à un livre
contemporain *adj* de nos jours
contemporain *m* personne qui a le même âge, qui appartient à la même génération
content *adj* satisfait
se contenter de être satisfait de; se limiter à
continental *adj*
contingence *f* éventualité; fait banal, terre-à-terre, de peu d'importance
continuer
contraire *adj m* opposé
  au contraire *loc adv* inversement; à l'opposé
contravention *f* infraction à une loi, à une règle de circulation automobile; l'amende qui punit cette infraction
contredire dire le contraire
contribuer
contrôle *m* surveillance
contrôler diriger
contusion *f* meurtrissure produite par un corps dur, sans déchirure de la peau ni fracture des os
convenable *adj* correct, suffisant, adéquat
convenablement *adv* correctement, suffisamment
convenir être approprié

Vocabulaire

il convient de il est d'usage convenable de
conversation *f* discussion, entretien
converser parler
convoquer faire assembler, réunir
coordination *f*
   avoir une bonne coordination avoir de bons réflexes
copain (copine) *m f* ami (jargon des étudiants et des jeunes en général)
copieux(euse) *adj* abondant
copropriété *f* propriété commune à plusieurs personnes
coq *m* animal de basse-cour, le mâle de la poule
   coq au vin cet oiseau cuit dans une sauce à base de vin
coquet *adj* joliment construit ou décoré
corbeille *f* sorte de grand panier, généralement sans anse
corde *f* assemblage de fils; câble
   corde raide câble tendu sur lequel il est très difficile de se tenir en équilibre
correspondance *f* dans les transports indique un changement de véhicule
corriger rendre meilleur, rectifier
cortège *m* procession; suite de personnes qui accompagnent qqn pour lui faire honneur; suite, accompagnement
corvée *f* travail fastidieux ou pénible; travail pénible et obligatoire
costume *m* vêtement d'homme qui comprend une veste, un pantalon, parfois aussi un gilet
côte *f* pente d'une colline
   côte à côte juxtaposé
Côte *f* la Côte d'Azur, sur la Méditerranée
coté *adj* cité, constaté; apprécié
côté *m* partie, bord (*side*); point de vue, parti
cotisation *f* action de se cotiser; quote-part de chacun dans une dépense commune
cou *m* neck
   se casser le cou faire une chute, avoir un accident
se coucher aller au lit
couleur *f*

couloir *m* passage dans un immeuble, dans une voiture de chemin de fer, ...
coup *m* choc subit de deux corps
   coup de main assistance passagère, aide
   coup d'œil regarde rapide
   coup franc avantage donné à une équipe, en arrêtant le jeu, de reprendre possession du ballon et de prendre l'initiative du jeu
   risquer le coup tenter sa chance, essayer
   sur le coup immédiatement
   tenir le coup tenir bon, résister à la fatigue, continuer à lutter, à courir, ...
couple *m*
cour *f* espace entouré de murs ou de bâtiments; dans une école, l'endroit où se rendent les élèves entre les cours, pour jouer, se reposer
couramment *adv* facilement, rapidement
courant *m* courant électrique, électricité
   mettre qqn au courant de qqch informer qqn de qqch, lui faire savoir qqch, lui apprendre qqch
   se tenir au courant de qqch être renseigné sur qqch, avoir des renseignements récents sur qqch
couronne *f* ornement de forme circulaire qu'on pose sur la tête
courrier *m* totalité des lettres que l'on écrit ou que l'on reçoit; les lettres, journaux, télégrammes envoyés ou reçus par la poste
cours *m* leçon, enseignement au niveau des lycées ou des universités et grandes écoles
   cours polycopié texte sténotypé de toutes les conférences d'un professeur
course *f* marche très rapide; (sports) épreuve de vitesse
   être dans la course *fam* to be in the running
court *adj* de peu de longueur
courtois poli
coût *m* prix, ensemble des frais
coûter valoir

cela me coûte cela exige des efforts de ma part
coûter cher exiger beaucoup d'argent
coûteux(euse) *adj* qui revient cher
coutume *f* habitude, usage passé dans les mœurs
couture *f* action ou art de coudre, de faire des vêtements
couverture *f* ce qui recouvre un livre, un lit, etc.
couvrir
   couvrir des frais payer des dépenses, régler des dépenses
craindre
   ne crains rien n'aie pas peur, sois tranquille
craquer produire un bruit sec; éclater
   plein à craquer qui ne peut contenir plus de monde
créateur(trice) *adj m f* personne qui crée
création *f*
crédit *m* somme d'argent disponible qu'on peut utiliser à sa guise; ensemble des sommes qui peuvent être dépensées; réputation; délai pour le payment
   avoir du crédit obtenir la permission de payer à crédit
   faire crédit accorder un crédit
   payer à crédit payer selon un délai convenu, par petites sommes
créer tirer du néant, faire naître; produire une chose
creuser faire une cavité
creux(creuse) *adj* vide, qui n'a pas de substance
   heures creuses périodes de rare circulation (*ant* heures de pointe)
crevaison *f* accident qui consiste à avoir un pneu crevé, dégonflé (à plat)
crise *f* moment périlleux dans l'évolution des choses; phase périlleuse ou décisive
critère *m* critérium, marque qui permet de distinguer le vrai du faux
critique *f* art de juger
croire penser
Croix-Rouge *f* Red Cross
croûte *f*

pâté en croûte pâté enveloppé de pâte et cuit au four
croyable *adj* qui peut être cru, vraisemblable
cru *m* vignoble, vin connu
cruel(elle) *adj* qui révèle de la cruauté, le plaisir de faire souffrir
Cuba *m*
culte *m* religion
cuir *m* peau séchée et durcie de certains animaux
cuisine *f* pièce de la maison où l'on fait la cuisine, et où se trouvent cuisinière, réfrigérateur, évier, ...; art de faire cuire et préparer les aliments
   faire la cuisine cuisiner, préparer les aliments
   ustensile de cuisine *m* ou récipient dont on se sert pour faire la cuisine
cuisinier(ière) *m f* personne qui fait la cuisine; appareil à l'aide duquel on fait cuire les aliments (par exemple, cuisinière à gaz, cuisinière électrique)
culturel(elle) *adj* relatif à la culture, à la civilisation; visant à augmenter le niveau de culture du peuple, le niveau des connaissances
cuivre *m* métal rouge ou jaune, dont on fait des ustensiles de cuisine, des instruments de musique, des fils électriques, ...
cure *f* traitement médical
curé *m* prêtre, ministre du culte catholique chargé d'une paroisse
curieux *m* personne qui aime savoir ce qui se passe
curiosités *f* choses rares
cyclisme *m* sport de la bicyclette
cycliste *m* personne qui monte à vélo, à bicyclette; coureur à bicyclette

dame *f* titre donné à toute femme mariée
dangereux *adj* qui présente un danger, qui implique des risques, qui fait courir des risques
danois *adj* du Danemark
danse *f*

danser
danseur(euse) *m f* personne qui danse
davantage *adv* plus
débarras *m* lieu où l'on met les objets encombrants
débordé *adj*
　je suis débordé j'ai trop de travail, j'ai du travail par-dessus la tête
déborder dépasser les bords, envahir
debout *adv* verticalement, sur les pieds
début *m* commencement
débutant(e) *m f* qui débute, qui commence à apprendre à faire qqch
décédé *adj* mort
déception *f disappointment*
décès *m* mort
décevoir ne pas satisfaire, tromper dans ses espérances
décharge *f*
　à la décharge de pour excuser
déchiffrer comprendre, deviner ce qui est obscur ou pas clair
décider déterminer ce qu'on doit faire; prendre une décision
　décider de faire qqch prendre la décision de faire qqch
　se décider (à) prendre la décision de ...
décisif(ive) *adj* capital, déterminant, duquel depend un résultat final
décision *f*
　prendre une décision décider qqch
déclaration *f*
　déclaration de mariage affirmation par écrit qu'un mariage a eu lieu
déclencher *fig* mettre en mouvement, amener, faire naître
　déclencher une guerre faire éclater une guerre, la provoquer
déclin *m* décadence
décliner refuser (une invitation)
　décliner son nom dire son nom
décoller quitter le sol en parlant d'un avion
décommander annuler la commande ou l'ordre donné
décontracté *adj* à l'aise, détendu
se décontracter détendre ses muscles, se détendre
décor *m* tout ce qui sert à décorer une pièce, à créer une ambiance

　un décor rustique un décor qui rappelle la campagne
　un décor paysan un décor qui rappelle l'intérieur d'une ferme
décoré *adj* orné, paré
décorer orner
décourager dissuader
découverte *f* trouvaille, le fait de découvrir, de trouver, d'inventer qqch
découvrir trouver ce qui était caché; arriver à connaître ce qui était caché
décrire faire la description de
déçu *adj* désappointé, désillusionné
défaillance *f* évanouissement, grande fatigue physique qui entraîne l'évanouissement, ou l'épuisement complet
défait *adj* pâle
défaut *m* imperfection physique ou morale
défendre interdire
défendu *adj* interdit
défense *f*
　la défense nationale les mesures que prend un pays pour se défendre contre une attaque de l'extérieur
défilé *m* procession; passage étroit
définition *f*
　par définition si l'on s'en tient à la définition du mot
se défouler action de se libérer d'un complexe psychologique
dégager produire, libérer
degré *m* échelon, grade
déguster boire ou manger lentement et avec plaisir
dehors *m* ce qui est extérieur
　en dehors à l'extérieur de
déjeuner *m* le repas de midi
déléguer charger d'une fonction, envoyer comme représentant
délicat *adj* touchant, gentil, aimable, qui prouve l'intention de faire plaisir
délivrer
　délivrer un certificat donner un certificat, le rédiger, l'écrire
demande *f*
　la demande les besoins des consommateurs (*ant* offre)

220　　　　　　　　　　　　　　　　　　　　　　　　　　　　　*Vocabulaire*

demander prier (qqn) d'accorder une chose (*to ask, to request*)
se demander se poser une question (*to wonder*)
démarrage *m* action de démarrer, de commencer à rouler
démarrer partir, mettre en marche
demi *adj m* moitié d'une unité
   minuit et demi minuit et 30 minutes
   boire un demi (de bière) boire un verre de bière (qui contenait autrefois un demi-litre)
démographie *f* étude statistique des collectivités humaines
demoiselle *f* jeune fille, jeune femme
démolition *f*
démonstration *f proof*
démonter défaire
dénoncer signaler comme coupable
denrée *f* marchandise destinée à la consommation
densité *f*
   la densité des routes leur nombre, leur longueur par km² de terrain
dépannage *m* remise en état d'une auto en panne
dépanner réparer
   dépanner un coureur porter assistance à un coureur
départ *m* action de partir
   faux départ départ prématuré
   prendre le départ partir, commencer une course
départager adopter un procédé qui permet d'établir un classement
département *m* division administrative de la France
dépaysement *m* impression qu'on a quand on change de pays, qu'on va d'un pays dans un autre; *par ext*, impression qu'on éprouve quand on s'éloigne de chez soi
se dépêcher se hâter
dépense *f*
   grosse dépense des frais importants
   regarder à la dépense veiller à ne pas dépenser trop d'argent
dépenser employer de l'argent pour un achat
dépister découvrir ce qui est caché

déplacement *m* voyage; mouvement, changement de place
se déplacer changer de place; se mouvoir; aller d'un endroit à un autre
déplorer regretter, trouver mauvais
dépolitisé *part*
   un peuple dépolitisé un peuple qui ne s'intéresse plus à la politique
dépolitiser faire perdre le goût de la politique
déposer poser une chose que l'on portait
déprimant *adj* qui déprime, affaiblit
dérisoire *adj* si peu important qu'on pourrait en sourire, insignifiant
dernier(ière) *adj m f* qui vient après les autres
derrière *prép*
désaffection *f* perte de l'affection; absence d'intérêt
désapprouver
   désapprouver qqch ne pas approuver qqch
descendant *adj*
   un élément descendant une partie de phrase où la voix va de haut en bas
descendre
descente *f* action de descendre
   descente de lit tapis que l'on place le long d'un lit, sur le sol
déséquilibre *m* absence d'équilibre
déséquilibrer faire perdre l'équilibre
(se) désintoxiquer faire une cure d'air pur à la mer, à la montagne
désirer vouloir, souhaiter
   laisser à désirer être imparfait, manquer de perfection
désireux(euse) (de) *adj* qui a envie de
désobligeant *adj* qui désoblige, qui cause de la peine, de la contrariété, qui ne flatte pas
désormais *adv* à partir de maintenant, à partir de ce moment
dessert *m* le dernier service d'un repas, où l'on sert fromages, confitures, fruits, ...
desservir enlever assiettes, couverts, ... qui étaient sur la table
dessin *m* représentation, au crayon, à la

Vocabulaire   221

plume ou au pinceau, d'objets, de figures, de paysages ...; image
dessin animé suite de dessins qui, filmés, donnent l'apparence du mouvement
dessous *adv*
  en dessous dans la partie inférieure
destiner assigner une destination, réserver
détaché *adj* seul, avant les autres, avant le reste des coureurs
détail *m*
se détendre se distraire, se reposer; prendre quelques moments de repos
détenir posséder, avoir
détente *f* repos, délassement; distraction
détester ne pas aimer du tout
détourné *adj* qui n'est pas direct
(se) détraquer déranger le mécanisme
  se détraquer l'estomac déranger le fonctionnement de son estomac
détruire démolir, faire périr
deuxième *adj* second
dévaluer diminuer la valeur
dévastation *f* destruction
développement *m*
développer *to process (film)*
devenir *to become*
déverser faire couler; émettre
deviner voir vaguement, distinguer à peine; prédire ce qui doit arriver
devoir *m* obligation morale; (sens scolaire) travail écrit, exercice qu'un maître donne à ses élèves
dévorer
  dévorer des yeux regarder avidement ou avec beaucoup d'intérêt
dévoué *adj* plein de dévouement
diable *m* démon, esprit malin
dictionnaire *m*
différence *f*
difficulté *f*
diffusé *part* émis, répandu dans toutes les directions, par la radio, la télévision, la presse, ...
dilettante *m* amateur
dimanche *m* jour de la semaine consacré à Dieu, au repos
dimension *f* proportion
diminuer réduire
dinde *f* femelle du dindon *(turkey)*

dîner *m* repas du soir
  dîner de gala repas extraordinaire de caractère souvent officiel
dîner prendre le repas du soir (on dit aussi parfois souper)
diplomatie *f* art de bien conduire une affaire, habileté, tact, adresse
dire exprimer au moyen de la parole
  entendre dire apprendre par une conversation
direct *adj*
  (émission) en direct émission transmise directement, au moment même, sans avoir été enregistrée
directeur *m* celui qui dirige
direction *f* administration
  la direction d'un restaurant le directeur (les directeurs ou les gérants) de ce restaurant
diriger orienter
discipline *f* matière d'enseignement; catégorie (sportive)
discipliné *adj* qui se soumet à une discipline, obéissant, habitué à obéir
discours *m* allocution que l'on prononce en public; oraison, speech
discret *adj* qui n'attire pas l'attention
discuter parler, bavarder
disponible *adj* qu'on peut utiliser, libre *(available)*
disposer
  disposer de qqch avoir qqch à sa disposition, pouvoir l'utiliser librement, posséder
(se) disputer avoir querelle avec qqn
dissertation *f* développement écrit portant sur une question d'ordre historique, scientifique, littéraire, ... et qui exige une présentation rigoureuse du sujet donné
dissuasion *f*
distance *f*
distinguer voir, remarquer, apercevoir
distraction *f* défaut de celui qui est distrait, qui ne suit pas une conversation, qui rêve, qui songe toujours à autre chose; amusement
  les distractions occasions de s'amuser
distrait *adj* qui a l'esprit ailleurs, occupé

d'autre chose que de ce qui se passe autour de lui
divan-lit *m* sorte de sofa transformable en lit
division *f* série
  première division, deuxième division en terme de sports, groupes d'équipes de qualité voisine
divorce *m*
divorcé(e) *m f* personne qui est légalement séparée de son époux(se)
docteur *m* le titre qu'on donne à un médecin
Doctorat *m* grade de docteur conféré à celui qui a soutenu une thèse avec succès (en France le doctorat d'État demande beaucoup plus de travail que le doctorat d'université)
document *m* tout écrit qui sert de preuve ou de renseignement
documentaire *m* film, en général assez court et instructif qui précède le grand film (il a le caractère d'un document objectif et est un reportage objectif)
domaine *m* sujet, ordre d'idées, matière; propriété
  dans tous les domaines dans tous les ordres d'idées, à tous les points de vue
  en ce domaine sur ce point, dans cet ordre d'idées
domestique *m f* personne employée au service personnel d'une autre
domicile *m* maison, demeure habituelle
  à domicile à la demeure même de la personne, chez soi
dominer être plus fort que
dommage *m*
  c'est dommage c'est regrettable, c'est triste
don *m* libéralité à titre gracieux
donner *to give*
  s'en donner à cœur joie s'amuser beaucoup
(se) doper prendre un excitant, un stimulant
Dordogne *f* département à l'ouest du Massif central; rivière qui se jette dans la Garonne

dorénavant *adv* désormais
dormir *to sleep*
dortoir *m* dormitory
dos *m* back
dossier *m* ensemble des documents concernant une personne, une affaire
douanier(ière) *adj* qui concerne la douane (*customs*)
doubler remplacer
  doubler une voiture dépasser une automobile
doué *adj* qui a le don de pouvoir faire qqch; qui a des dons naturels
se douter de qqch soupçonner qqch
doux *adj* tempéré, modéré; (goût) contraire de sec; d'une saveur agréable
  lumière douce lumière peu violente, agréable à l'œil
  vin doux moelleux, contraire de vin sec
dresser établir, rédiger; lever
drogue *f* produit destiné à stimuler les forces de celui qui l'utilise, ou servant à lui éviter de sentir les effets des efforts qu'il a fournis
Droit *m* études qui concernent les lois, le système juridique d'un pays (*law*)
droit *m* faculté de faire un acte; faculté de jouir d'une chose; impôt, taxe
  avoir le droit de avoir la permission de, être autorisé à …
droit *adj* qui n'est pas courbé; direct
droite *f* côté droit (*right hand side*)
  à droite du côté droit
drôlement d'une façon inattendue; (*par ext, devant un adjectif*) très, beaucoup, excessivement, étonnamment
D. S. *f* voiture Citroën
dur *adj* difficile, épuisant
durable *adj* de nature à durer longtemps
durée *f* espace de temps que dure une chose
durer se prolonger

eau *f* water
ébène *f* bois noir, dur, fourni par l'ébénier, arbre d'Afrique
écart *m*

Vocabulaire   223

à l'écart en retrait, à une certaine distance
échange *m* troc d'une chose contre une autre, acceptée comme équivalent
  échanges commerciaux mouvement des marchandises entre deux ou plusieurs pays
écharpe *f*
  l'écharpe de maire large bande tricolore que le maire porte en travers de la poitrine lors des cérémonies officielles (c'est l'insigne de son autorité)
échéance *f*
  à breve échéance dans peu de temps
  à longue échéance à la longue, à la fin, finalement, lointain
échec *m* insuccès, non-réussite; le fait d'échouer; le fait de manquer le but
échelle *f* *fig* ordre de grandeur
échevelé *adj* qui a les cheveux en désordre
échouer ne pas réussir
éclairé rendu plus clair
éclairer répandre de la clarté, illuminer
éclat *m* splendeur, manifestation brillante
école maternelle *f* école pour les petits enfants âgés de deux à cinq ans
Écoles (rue des) rue du Quartier latin à Paris, perpendiculaire au boulevard St-Michel (V^e arrondissement) (elle passe devant la Sorbonne, le Collège de France, l'École Polytechnique)
écolier *m* jeune élève qui fréquente l'école primaire
Économat *m* épicerie faisant partie d'une chaîne de magasins d'alimentation très nombreux dans le Nord de la France
économe *adj* qui dépense son argent avec mesure et sagesse
économie *f* art de bien utiliser son argent, de l'épargner le plus possible
  économies somme d'argent économisée
économique *adj* qui ne coûte pas cher, qui ne revient pas cher; qui diminue les frais, la dépense
  régions économiques divisions administratives nouvelles (Ve République) qui permettent de grouper plusieurs départements liés par des intérêts communs
  voiture économique dont l'entretien ne revient pas cher
économiste *m f* personne spécialisée dans l'étude des phénomènes économiques
écoute *f* fait d'écouter une émission
  être à l'écoute de être en train d'écouter
écouter essayer d'entendre
écran *m* surface blanche, sur lequel on projette des vues fixes ou animées, des films, des images télévisées
  les écrans français les salles de cinéma françaises
écrasant *adj* qui accable; qui est de beaucoup supérieur
écraser aplatir et briser par une compression, par un choc
s'écrier prononcer en criant
écrit *adj*
  examen écrit épreuve où l'élève répond par écrit
  par écrit sous forme écrite et non sous forme orale
écrivain *m* auteur
édifice *m* bâtiment de dimensions importantes
éducatif(ive) *adj* qui se rapporte à l'éducation
Éducation nationale *f* ensemble des services de l'enseignement public
effet *m* résultat d'une action, suite d'une cause; conséquence
  en effet en réalité, effectivement
efficace *adj* qui produit l'effet attendu
s'efforcer faire tous ses efforts
effort *m*
également *adv* de la même façon, tout autant; aussi
église *f* bâtiment, lieu sacré où se célèbre un culte religieux
Église *f* Église catholique
Égypte *f*
élection *f*
électrification *f* travaux qui permettent

l'utilisation de l'électricité; utilisation de l'électricité dans une région (par exemple, sur un réseau de chemins de fer)

électro-ménager adj se dit d'un dispositif mécanique à commande électrique

élégamment adv d'une façon élégante, agréable

élégant adj vêtu avec chic et avec goût

élément m

élevage m action d'élever des animaux

élève m f écolier, qui reçoit des leçons d'un maître, dans une école primaire ou secondaire

élever rendre plus haut

s'élever monter, augmenter

élite f ce qu'il y a de meilleur, de plus distingué, de supérieur

Elle périodique féminin, revue féminine

éloigné adj distant, à une certaine distance

Élysée m myth séjour des héros après leur mort
    palais de l'Élysée résidence parisienne du Président de la République, située près du boulevard des Champs-Élysées

emballage m ce qui sert à emballer (papier, toile, caisse, carton)

emballer fam ravir d'admiration, enthousiasmer

embellissement m action d'embellir, de rendre plus beau; décoration

embouteillage m encombrement qui paralyse la circulation

embrayer établir la communication entre le moteur d'une machine et les organes qu'il doit mettre en mouvement

s'embusquer disposer en embuscade, se cacher pour attaquer par surprise

émetteur adj m poste d'émission radiophonique

émission f action d'émettre, de livrer à la circulation
    émission de télévision programme de télévision

emmener prendre qqn avec soi, mener avec soi d'un endroit dans un autre

empêcher ne pas permettre, faire obstacle
    empêcher qqn de faire qqch s'opposer à ce que qqn fasse qqch

emphase f exagération, insistance

Empire adj m Ier Empire—fondé par Napoléon Ier en 1804, détruit en 1815
    style Empire style de cette époque fortement empreint d'influences antiques

emplacement m position sur le terrain; lieu, place pour un édifice

emploi m situation, travail

employé m personne qui travaille, agent, commis

employer

employeur m personne qui emploie qqn et le paye

émotif(ive) adj qui a rapport à l'émotion, à la sensibilité; qui est très sensible

émotion f sentiment très vif

s'émouvoir être ému, s'inquiéter, être troublé

s'emporter se mettre en colère, perdre son calme

emprunter obtenir à titre de prêt; prendre
    emprunter une route utiliser une route, passer par cette route

emprunteur m celui à qui on prête de l'argent et qui devra le rendre

ému adj touché

encadré adj placé dans un cadre, flanqué

encaisser mettre en caisse, recevoir de l'argent

enceinte f
    mur d'enceinte mur extérieur qui entoure une construction pour en défendre l'accès

enchanté adj heureux

encombré adj embarrassé par une multitude d'objets; rempli à l'excès

encore adv
    pas encore loc adv not yet

encourager

endeuiller plonger dans le deuil, la tristesse

endimanché *adj* qui porte des habits du dimanche, qui est soigneusement habillé
endommagé *adj* abîmé
endroit *m* lieu en général
énergie *f*
énergique *adj* vif, mouvementé, agité
énervement *m* état d'une personne surexcitée, incapable de maîtriser ses nerfs
énerver agacer, rendre nerveux, agité
enfance *f*
   un ami d'enfance un ami qu'on connaît depuis l'époque où on était enfant
enfant *m f* garçon ou fille dans l'enfance; bébé
enfantin *adj* qui a le caractère de l'enfance, propre à un enfant; facile, peu compliqué
enfoncé *adj* pénétré profondément, affaissé, démoli
enfreindre transgresser, ne pas respecter, désobéir à
engager
   engager des frais faire des dépenses
   engager sa vie mettre sa vie en jeu, promettre de se lier pour la vie, promettre de s'engager pour la vie
engloutir dépenser, investir de grosses sommes d'argent en très peu de temps
engorgement *m* embarras dans un conduit, un tuyau
engrais *m* produit qui permet d'obtenir de meilleures récoltes lorsqu'on le mélange à la terre
ennemi *adj m*
ennui *m* impression de dégoût, manque d'intérêt
ennuyeux(euse) *adj* qui cause de l'ennui; fatigant, qui engendre de la lassitude
énorme *adj* de très grande dimension, imposant, d'importance inhabituelle
enrayer suspendre l'action, arrêter
enseignant *m f* personne qui enseigne, qui donne un enseignement
   les enseignants l'ensemble des professeurs et des instituteurs

enseignement *m* éducation
   enseignement supérieur enseignement dispensé dans les universités et dans les grandes écoles
enseigner *to teach*
ensemble *m* un groupe
   dans l'ensemble pour la plupart
   d'ensemble général
   un ensemble industriel groupe d'usines
ensuite *adv* puis (indique une succession), après
entendre *to hear*
s'entendre se comprendre, s'accorder; être compris
   cela s'entend cela se comprend, bien entendu, évidemment
   s'entendre avec qqn être d'accord avec qqn, partager les mêmes points de vue
entendu *adj*
   bien entendu évidemment
enterrement *m* cérémonie au cours de laquelle on met en terre le corps d'une personne morte
enthousiasmé *adj* rempli de joie et qui la manifeste
enthousiaste *adj* (*ant* apathique, flegmatique, froid, indifférent)
entier *adj* complet; sans restriction
   en entier complètement
entièrement *adv*
entouré *adj* placé au milieu de, ou près de
entourer encercler
entrain *m* ardeur, enthousiasme (avec une nuance de gaîté)
entraîner enseigner, soumettre à un entraînement; préparer à un sport, à un exercice; causer; occasionner, produire
s'entraîner faire des exercices en vue de se maintenir en bonne forme, ou d'acquérir plus de maîtrise dans un sport, une technique, ...
entre *prép*
   entre eux *between them*
entrebâiller entrouvrir légèrement
entrée *f* lieu par où l'on entre dans un bâtiment; action d'entrer
entreprendre s'engager à faire ou à

fournir; prendre la résolution de faire une chose et la commencer
entrepreneur *m* chef d'une entreprise industrielle, artisanale, ou de construction
entreprise *f* firme, organisation, usine; projet, mise à exécution de ce projet
  entreprise de pompes funèbres entreprise chargée de l'organisation des funérailles, des enterrements
  libre entreprise (*écon*) organisation des affaires (industrie, commerce, agriculture, ...) laissée à l'initiative privée
entretenu *adj* tenu en bon état
entretien *m* chose ou action nécessaire pour la subsistance; conversation
entrevoir voir avec difficulté, vaguement
énumérer énoncer successivement les parties d'un tout
envie *f* désir
envier désirer, convoiter; désirer avoir ce qu'ont les autres; désirer être ce qu'ils sont
environ *adv* à peu près
envoyer expédier
  envoyer qqn faire qqch donner l'ordre à qqn d'aller faire qqch
  envoyer ses vœux expédier par la poste lettres ou cartes contenant ses souhaits
épanoui *adj*
  l'air épanoui qui montre de la joie, du bonheur
épicerie *f* boutique de l'épicier
épinard *m* plante aux feuilles d'un vert très foncé qu'on utilise en cuisine
épineux(euse) *adj* plein de difficultés; embarrassant
épingler attacher, fixer avec une ou plusieurs épingles
Épiphanie *f* fête (6 janvier) de l'Église qui rappelle la manifestation du Christ aux gentils, et, particulièrement, aux mages; fête des Rois
époque *f* date, moment, point fixe dans l'histoire; période
  à l'époque à cette époque-là, à ce moment-là, en ce temps-là

épouvantable *adj* horrible, qui fait peur
époux(se) *m f* mari ou femme ou les deux
épreuve *f* examen, ou partie d'examen
  à toute épreuve solide, très résistant
éprouver ressentir, connaître par expérience
épuisant *adj* très fatigant
épuisé *adj* très fatigué
s'épuiser utiliser toutes ses forces au point de ne pouvoir les reprendre
équilibre *m* juste combinaison de forces, d'éléments
équipe *f* groupe de personnes, joueurs, engagés dans la même tâche; groupe de coureurs cyclistes dont les frais sont payés par une marque de cycles ou d'apéritif (par exemple: l'équipe Peugeot, l'équipe Mercier, ...)
  classement par équipe liste de toutes les équipes faite en tenant compte du temps mis par chacun de leurs membres pour parcourir les étapes d'une course (l'équipe dont les coureurs ont mis le moins de temps vient en tête)
  équipe de France équipe nationale de football (ou de rugby, etc.) composée des meilleurs joueurs du pays
  esprit d'équipe sentiment d'agir en accord avec les autres joueurs et non pas isolément
équipé *part* doté, muni du matériel nécessaire
équipement *m* action d'équiper; matériel
équiper pourvoir de choses nécessaires
érafler écorcher légèrement la peau; effleurer la surface
érotique *adj* qui a rapport à l'amour, qui éveille l'instinct sexuel
escale *f*
  faire escale s'arrêter pour débarquer ou embarquer des passagers
escalier *m* suite de marches pour monter et descendre
espace *m* étendue, lieu, intervalle de temps
  espace vert dans une ville, ... zone

plantée d'arbres, parc, zone de verdure, zone non habitée

Espagne *f* pays formant la plus grande partie de la péninsule ibérique (capitale Madrid)

espagnol *adj* d'Espagne

espèce *f* sorte; espèce humaine

esprit *m*

    esprit de camaraderie atmosphère de camaraderie, d'amitié

    les esprits français la mentalité française, la pensée française

    des gens d'esprit personnes spirituelles

essayer tenter

essentiellement *adv*

Essonne *f* petite rivière au sud de Paris qui a donné son nom à une ville (Essonne) et à un département et qui se jette dans la Seine à Corbeil

essor *m* développement, progrès; épanouissement

essuie-glace *m* appareil pour essuyer le pare-brise d'une auto par temps de pluie

essuyer ôter, en frottant, l'eau, la poussière, ... (*wipe*)

est *m* côté de l'horizon où le soleil se lève

estimer penser, juger, évaluer

estomac *m* organe, partie du tube digestif

estrade *f* construction surélevée en général en planches

estragon *m* plante aromatique très utilisée en cuisine dans le Midi de la France (*tarragon*)

établir faire

établissement *m* institution

étage *m* espace entre deux planchers (en France le rez-de-chaussée n'est pas compté comme étage)

étagère *f* meuble formé de tablettes placées par étages les unes sur les autres, en général accroché ou appuyé à un mur

étalage *m* exposition de marchandises

étape *f* période, phase, stage; lieu, ville où l'on s'arrête avant de reprendre la route; distance entre deux villes-étapes

classement de l'étape *m* ordre d'arrivée des coureurs à la fin d'une étape

étape de montagne distance à parcourir entre 2 villes et dont la partie difficile se trouve en montagne

terminer une étape parcourir cette étape en entier, parvenir à l'arrivée

état *m* condition; condition physique

État *m* gouvernement

état civil *m* la situation civile, le fait qu'on est célibataire, marié, père de famille, veuf, divorcé, ...

été *m* dans notre hémisphère, la saison chaude

étendre élargir, prolonger

étoile *star*

Étoile *f* vaste place circulaire sur l'avenue des Champs-Élysées où est situé l'Arc de Triomphe, aujourd'hui appelée Place du Général de Gaulle

étonnant *adj* qui surprend, surprenant

s'étonner

    s'étonner de (+ *substantif*) être frappé par, être surpris par

étouffant *adj* suffocant

étranger *m adj* qui est d'une autre nation

    à l'étranger dans un autre pays, dans d'autres pays

être *m* tout ce qui possède l'existence

étrenne *f* présent fait à l'occasion du premier jour de l'année ou de tout autre jour consacré par l'usage

étroit *adj* qui a peu de largeur

étude *f* travail écrit, recherche; application de l'esprit pour apprendre ou approfondir

    études série complète des cours dans un établissement d'enseignement

étudiant(e) *m f* jeune qui suit des cours dans une université

étudier

    une réclame étudiée ici une réclame conçue ici

européen(enne) *adj* qui habite l'Europe; qui y est relatif

évacuation *f*

évaluer apprécier la valeur

éveiller tirer du sommeil; *fig* exciter
événement *m* ce qui arrive, ce qui se produit; fait historique
   événement national fait important à l'échelle de toute la France, fait auquel toute la France s'intéresse
s'éventer se rafraîchir à l'aide d'un éventail
éventuel(elle) *adj* qui peut arriver ou pas selon que certaines conditions sont remplies ou non
éviter empêcher; esquiver, se détourner de, fuir
évocateur(trice) *adj* qui a la propriété ou le pouvoir d'évoquer, de rappeler un souvenir
évoluer changer progressivement
évoquer faire penser à, faire venir à l'esprit, rappeler; rappeler à la mémoire; commémorer, célébrer; suggérer
exact *adj* ponctuel, à l'heure
exactitude *f* caractère de ce qui est juste, vrai, précis
exagérer
examen *m* épreuve que subit un candidat
excédé *adj* fâché, outré
excellence *f* perfection
exception *f*
   à quelques exceptions près à l'exception de quelques cas particuliers
exceptionnel(elle) *adj*
exceptionnellement *adv* contrairement à l'ordinaire
excitant *adj m* qui stimule; qui éveille des sensations, des sentiments
exclure renvoyer, écarter
exécution *f* action, manière d'exécuter
   mettre à exécution exécuter, appliquer dans les faits
exemple *m*
exemption *f* *deferment*
exercice *m*
exigeant *adj* demandant beaucoup, difficile à contenter
exigence *f* ce qu'une personne exige, réclame à une autre, demande, besoin, nécessité
exiger demander avec force, nécessiter, réclamer avec insistance

exode *m* émigration en masse
expérience *f*
expérimental *adj* destiné à prouver les qualités de qqch
expert *m* une personne qui connaît à fond une question, qui se spécialise
explication *f* développement destiné à faire comprendre
   explication de texte développement (oral) destiné à faire comprendre un passage tiré d'un texte, analyse textuelle
expliquer
exploit *m* *performance, record*
exploitation *f* emploi, utilisation
exploiter faire valoir une chose; profiter abusivement de qqn ou de qqch
explosif *m* bombe classique ou atomique
exposer mettre en vue
exprès *adj*
   faire qqch exprès avec intention, en le voulant pleinement
express *m*
   pour **café express**: café noir, très concentré
L'Express *m* journal hebdomadaire
expression *f*
extensible *adj*
extérieur *adj m*
extrait *m* passage, partie, épisode
extravagance *f* action extravagante
extrémité *f* partie extrême, bout

F3 *m* formule qui désigne une habitation à trois pièces principales
fabrication *f* manufacture, action de fabriquer; action ou manière de fabriquer
fabriquer produire; transformer des matières en objets d'usage courant
Fac *f* *fam* Faculté universitaire
face *f*
   en face de vis-à-vis, par-devant
   faire face à parer à, supporter
   faire face à une dépense payer
fâché *adj* contrarié, peiné au point de se mettre en colère
se fâcher se mettre en colère
facile *adj* simple
facilité *f* moyen de faire sans peine

faciliter aider, rendre facile
façon f manière
   de toute façon quoi qu'il en soit
factice adj fait artificiellement, faux, pas authentique
facture f note officielle de marchandises vendues portant la liste de ces marchandises et leur prix
Faculté f dans une université, section d'enseignement supérieur
Fahrenheit 32° Fahrenheit représentent 0° centigrade
faible adj petit, peu important
   avoir un faible avoir un goût prononcé
faiblesse f manque de force, de mérite, de courage
faillir
   il a failli mourir il a manqué mourir, il est presque mort
faillite f échec (*bankruptcy*)
   en faillite qui a échoué, qui s'écroule, anéanti
faim f besoin de manger
   avoir faim avoir besoin de manger
faire
   ça se fait c'est courant, c'est l'usage, cela se voit fréquemment
   cela fait auberge de campagne cela rappelle une auberge de campagne, ressemble à une auberge de campagne
   comment se fait-il que? ... pourquoi? pour quelle raison? comment est-il possible que?
   faire faire charger qqn de faire
   faire faire le plein d'essence charger qqn de faire le plein d'essence
   se laisser faire par qqn se soumettre à qqn
   ne pas s'en faire ne pas s'inquiéter
fait m ce qui est vrai, réel; chose faite; événement
   fait divers événement de peu d'importance (accident de circulation, vol, escroquerie, ...)
falloir (*fallu*)
   il faut + *inf* il est nécessaire que + *subj*
familial adj qui concerne la famille

familiale f voiture de tourisme carrossée de manière à admettre le maximum de personnes
famille f le père, la mère et les enfants vivant sous le même toit; race, maison
   avoir de la famille avoir des parents
   en famille avec les membres de la famille, dans l'intimité
   famille nombreuse une famille qui a beaucoup d'enfants
   nom de famille par opposition à prénom, le nom que portent tous les membres d'une même famille
fanfare f concert de trompettes, de clairons; musique militaire qui ne se sert que d'instruments de cuivre
farce f plaisanterie, action burlesque
farfelu adj
   idée farfelue une idée bizarre, un peu folle
Far-West m l'ouest américain
fastidieux adj qu'on fait sans plaisir, peu intéressant
fatigant adj
fatigué adj épuisé, sans forces
se faufiler se glisser adroitement
faute f désobéissance à une loi, à un règlement; erreur
   c'est de ma faute c'est moi qui suis responsable
   faute de par l'absence de, à cause du manque de
   sans faute certainement, à coup sûr
fauteuil m grande chaise dotée de deux supports pour les bras
faveur f
   avoir la faveur de qqn avoir la préférence de qqn, être préféré par qqn
favorable adj
   être favorable à soutenir, défendre
favori(ite) adj préféré
favoriser encourager, aider; avantager
fédéral adj relatif au gouvernement central dans un État fédéral (les U.S.A., par exemple)
félicitation f compliment
   adresser des félicitations à qqn complimenter qqn
féminin adj

femme *f* personne du sexe féminin; épouse
  femme de ménage bonne, domestique
fenaison *f* récolte des foins (*haying*)
fenêtre *f* ouverture pratiquée dans un mur
fer *m iron*
  fer forgé métal travaillé artistiquement, ouvragé, le plus souvent à chaud
ferme *f* exploitation agricole
fête *f* solennité religieuse ou civile, en commémoration d'un fait important: réjouissance publique
  fête des Rois fête du 6 janvier qui rappelle la manifestation du Christ aux gentils, et, particulièrement, aux mages, nommée aussi **Épiphanie**
  Fête du Travail *f* fête qui honore les ouvriers (1er mai)
  jour de fête jour où l'on célèbre une solennité, à l'échelle locale ou nationale
  Salle des Fêtes dans une ville la salle où se font les grandes réunions publiques (bals, banquets, conférences)
feu *m* feu de signalisation
feu d'artifice *m* ensemble de fusées, de pétards, ... qu'on tire dans les fêtes publiques
feuille *f* morceau de papier, document
feuilleton *m* fragment de roman ou d'histoire qui paraît à intervalles réguliers
se fiancer s'engager par une promesse de mariage
fiasco *m* échec complet
fiche *f* feuille de papier ou de carton sur laquelle on inscrit un renseignement susceptible d'être utilisé ultérieurement
ficher
  ficher la paix à qqn *fam* laisser qqn en paix, laisser qqn tranquille
fier(ère) *adj*
  être fier de qqch être heureux de l'avoir, de le montrer, d'en parler
  se fier à avoir confiance en, faire confiance à

fièvre *f* élévation de la température normale qui est de 36,6 à 37 degrés centigrades
  trente-neuf de fièvre à peu près 102°F.
figuré *adj m* sens figuré, signification détournée du sens propre
file *f* rangée de personnes ou de choses
filet *m* morceau de viande tirée du dos de certains animaux ou poissons, sans os ou sans arêtes, très tendre et très recherché; tissu à claire-voie pour retenir les poissons, les balles, les oiseaux, ...
  filet à provisions filet destiné à transporter les achats
  les filets (football) autre terme pour les buts
fille *f* jeune personne du sexe féminin
  coureur de filles homme qui n'est pas fidèle, qui recherche la compagnie des jeunes filles, qui court d'une fille à l'autre
  jeune fille femme non mariée
  nom de jeune fille le nom de famille que porte une femme avant de se marier
fillette *f* petite fille
  sport pour fillettes (ironique) sport facile à pratiquer, où aucun effort n'est fourni
film *m*
  le grand film au cours d'une séance de projection, le film principal qui vient après les actualités et le documentaire
fils *m* enfant mâle
fin *f* cessation; but
  mettre fin à cesser, arrêter
  sans fin longuement
fin *adj*
  un fin connaisseur un grand connaisseur
finale *f*
  finale de rugby dernier match qui oppose les deux meilleures équipes en tête du classement
finalement *adv* en fin de compte, pour finir, enfin
financement *m funding*

Vocabulaire

financier(ère) *adj* qui est relatif aux finances, à l'argent
financier *m* spécialiste en matière de finance
financièrement *adv* en matière de finance
fini *adj* achevé, parfait en son genre
finir
   en finir avec qqch arriver à la fin de qqch, en voir la fin, mettre fin à qqch
   finir par aboutir à, se terminer par
fixer établir
flanc *m* côté
flâner marcher lentement, sans but précis
flanquer se trouver sur les côtés de, sur les flancs de
flatteur(euse) *adj* qui flatte, qui loue avec exagération, qui tend à idéaliser
flèche *f arrow*
flemmard *adj m* qui est paresseux, qui n'aime pas faire d'efforts
fleur *f flower*
fleurir *fig* apparaître en quantité, se développer
flot *m fig* grande quantité
flottille *f* petite flotte, réunion de bâtiments de petit tonnage
foi *f* croyance aux enseignements d'une religion
   faire foi servir de référence
foie *m liver*
foin *m* herbe des prairies séchée
   rentrer les foins ramener à la ferme les charrettes chargées de foin
fois *f* moment où un fait se produit (par exemple, une fois, deux fois, trois fois)
   la prochaine fois la fois d'après, la fois suivante
folie *f* démence, aliénation d'esprit
foncé *adj* de couleur sombre
foncier(ière) *adj*
   impôt foncier taxe sur les terrains, champs, propriétés, ...
fonctionnaire *m f* toute personne qui travaille dans une administration et qui est payée par l'État

fonctionner
fond *m essential; background; remains*
   article de fond article qui porte sur l'essentiel, qui traite d'une question grave
   au fond en réalité
fondateur *m* personne qui crée, qui a fondé un empire, une religion, ...
se fondre se combiner
fontaine *f*
fonte *f cast iron*
football *m* sport dans lequel 22 joueurs, divisés en deux camps, s'efforcent d'envoyer un ballon dans le but du camp adverse, sans se servir des mains (*soccer*)
footballeur *m* celui qui pratique le football
footing *m jogging*
forain *m* marchand ou propriétaire de manège qui va de ville en ville les jours de fête ou de foire
force *f* puissance
forcer obliger
forcément *adv* d'une façon évidente, nécessairement
forêt *f*
forgé *adj*
formalité *f* acte qui est obligatoire mais qui ne soulève aucune difficulté
formation *f* action de former, d'éduquer
forme *f*
   être en grande forme, être en pleine forme être en excellente condition physique
formule *f*
formulé *adj* exprimé
fort *adj* puissant, concentré
   boisson forte boisson fortement alcoolisée
   c'est plus fort que moi je n'y peux rien, je ne peux résister
fortune *f*
   faire fortune (en parlant d'un mot) devenir très populaire, très fréquemment employé
fortuné *adj* qui a de la fortune, qui est riche
fou (folle) *adj* inconsidéré, peu raisonnable

une somme «folle» une grosse somme d'argent, une somme extravagante, incroyable
un temps fou temps qui est excessif, beaucoup trop de temps
foule *f* grand nombre de personnes assemblées, multitude de personnes, grande quantité
  il y a foule il y a beaucoup de monde
(se) fouler (une cheville) *to sprain (one's ankle)*
four *m* une pièce, ou un film raté, un très mauvais spectacle, un fiasco; partie fermée d'une cuisinière où l'on met les aliments que l'on veut faire rôtir
  sole au four sole rôtie au four
fournir procurer, donner
fournisseur *m* celui qui vend
fourniture *f* approvisionnement
  fournitures scolaires outils de travail dont se servent les écoliers (livres, cahiers, gommes, ...)
fox *m* (pour fox-trot) danse des années 20 à rythme rapide et saccadé
frais (fraîche) *adj* légèrement froid, pas glacé
frais *m* (toujours au pluriel) dépenses
  faux frais petites dépenses imprévues
  subvenir aux frais assumer la charge des dépenses, se charger des dépenses
franc *m* unité monétaire, environ 1/5 du dollar
franc (franche) *adj* direct, qui s'exprime librement, sans contrainte, loyalement, vrai, sincère
Français *m* citoyen de France
France *f*
  France III chaîne de radio équivalente à France Culture
  France Culture une des 4 stations de radio, qui émet des programmes culturels ou éducatifs
fraternité *f* en Amérique, association mondaine d'étudiants (jeunes gens seulement)
frein *m* brake
freiner agir sur les freins pour ralentir ou s'arrêter (*to brake*)

frénésie *f* exaltation violente
fréquenter visiter fréquemment
(se) fréquenter sortir ensemble d'une façon régulière et sérieuse
frigidaire *m* appareil frigorifique, réfrigérateur (ne pas confondre avec le congélateur)
frigo *m* réfrigérateur, appareil frigorifique
frire faire cuire dans une poêle ou dans une bassine à friture avec du beurre, de la margarine ou de l'huile
froid *adj* qui manque de chaleur, de passion, de sensibilité
fromage *m* aliment obtenu par la fermentation du lait coagulé et caillé (*cheese*)
front *m* *forehead, face*
  mener de front deux choses faire deux choses en même temps
frontière *f* limite qui sépare deux pays
fruit *m*
  fruits de mer coquillages et crustacés
  jus de fruits boisson non alcoolisée à base de fruits
fumer *to smoke*
fur *m*
  au fur et à mesure *progressively*
fureur *f*
  faire fureur être très à la mode
furieux *adj* très en colère
fuselage *m* corps d'un avion auquel sont fixés les ailes, le train d'atterrissage, ...
fusionner réunir en une seule société, en une seule association
futur *adj*

gager parier
gagner être vainqueur; recevoir, acquérir; mériter
galerie *f* *luggage rack*
Galeries Lafayette *f pl* grand magasin parisien, avec succursales en province et à l'étranger
galette *f* gâteau rond et plat, à pâte feuilletée ou non
gangster *m* mot franglais pour bandit
garage *m* lieu couvert où l'on range voitures, tracteurs, ...

Vocabulaire 233

garagiste *m* personne qui tient un garage
garçon *m* jeune homme
    c'est un joli garçon, il est joli garçon il est beau, bien fait
    garçon de restaurant serveur dans un café ou restaurant, employé chargé d'accueillir les clients et de les servir à table
garçonnet *m* jeune garçon
garde *f*
    rester sur ses gardes rester prudent, maître de soi, rester vigilant
garde-à-vous *m* attitude immobile du soldat, du policier qui témoigne son respect
garder ne pas donner, conserver
gare *f*
    Gare de Lyon à Paris gare des chemins de fer qui desservent le Sud-Est de la France
garé *adj* rangé, placé, stationné
gaspiller dépenser exagérément, à tort et à travers
gâteau *m* pâtisserie
gâter traiter avec une grande bonté, combler de présents
gauche *f* le côté gauche; ensemble des partis politiques partisans d'un changement (par opposition aux conservateurs)
    la gauche les partis politiques de gauche (par exemple, les socialistes, les communistes)
gazeux(euse) *adj*
    eau gazeuse qui contient du gaz carbonique
gel *m fig* immobilisation
    gel des salaires interdiction d'augmenter les salaires
gendarme *m* membre d'un corps de police nationale chargé de maintenir l'ordre dans le pays
gendarmerie *f* bâtiment où sont logés les gendarmes
gêne *f* situation pénible, incommode, embarrassante
gêner causer de l'embarras, embarrasser, tenir en contrainte
général *adj*
    classement général classement fait en tenant compte du temps mis par chaque coureur pour parcourir toutes les étapes
généraliser
genre *m* type, sorte
gens *m f* le peuple, tout le monde
    jeunes gens jeunes hommes; jeunes personnes des deux sexes
gentil(ille) *adj* aimable
gentiment *adv* d'une manière gentille, convenable
gérant *m* personne qui s'occupe de la direction d'une entreprise (café, restaurant, ...) qui ne lui appartient pas
geste *m* mouvement du corps, surtout de la main, des bras
gesticuler faire des gestes désordonnés
ghetto *m* quartier d'une ville où une minorité est obligée de résider
gibier *m game*
glace *f* vitre, lame de verre, miroir; rafraîchissement à base de crème sucrée, aromatisée et congelée (glace au chocolat, à la vanille, au café, aux fraises ...)
    marchand de glaces marchand ambulant qui vend des glaces ou d'autres friandises glacées
glissant *adj* qui glisse (*slipping, sliding*)
global *adj*
    résultat global résultat final, d'ensemble
gnocchi *m pl* plat italien à base de pâtes faites de farine, œufs, fromage, cuites dans du lait et gratinées au four
goinfre *adj m* qui mange beaucoup, avidement et malproprement
golf *m* sport d'origine écossaise, qui consiste à envoyer une balle, à l'aide de crosses (*clubs*), dans les trous successifs d'un vaste terrain; le terrain lui-même
gomme *f* gomme élastique, petit bloc de caoutchouc, servant à effacer des traits de crayon, de plume
gorgée *f* ce qu'on peut avaler de liquide en une seule fois (*swallow*)

Vocabulaire

gothique *adj m* qui vient des Goths
  style gothique se dit d'une forme d'art qui s'est épanouie en Europe du XIIe siècle jusqu'à la Renaissance
goût *m* discernement; préférence; grâce, élégance
  à mon goût ce qui me convient, que j'aime, qui me plaît
  les goûts ce qu'on aime
goûté *adj* apprécié, populaire
gosse *f fam* enfant
gouvernement *m*
gouverner
grâce *f* agrément
  grâce à par le moyen de
gramme *m* unité de masse du système métrique (*abrév* gr), $\frac{1}{28}$e d'une *ounce*
grand *adj m*
grand-messe *f* office religieux (catholique) avec chants et accompagnement d'orgue
Grande-Bretagne *f* *Great Britain*
grandeur *f*
  la grandeur du mariage ce qu'il y a de grand dans le mariage, l'importance du mariage
gratiner recouvrir de fromage râpé et cuire au four
  au gratin plat recouvert de fromage râpé et cuit au four
gratuit *adj* qu'on fait ou donne gratis, sans qu'on ait à payer
gratuitement *adv* sans qu'il faille payer
grave *adj* sérieux
gravement *adv*
gravure *f* image, estampe (*etching*)
grec (**grecque**) *adj* de la Grèce
Grenoble *f* chef-lieu des Hautes-Alpes, au sud-est de Lyon
grève *f* interruption concertée du travail
  se mettre en grève déclencher une grève, cesser le travail
grever
  grever un budget peser lourd sur un budget, coûter cher
gréviste *m* celui qui fait la grève
grièvement *adv* sérieusement

gril *m* instrument de cuisine fait de tringles ou tiges de métal sur lequel on fait cuire certains mets
grille *f* barrière métallique
grillé *adj* cuit au gril, rôti sur le gril
grippe *f* influenza
gris *adj m* couleur grise
grossesse *f* état d'une femme enceinte
grossièreté *f* manque de délicatesse ou d'éducation
grotte *f* caverne souterraine
groupement *m* réunion, mise en commun
grouper mettre en groupe; réunir, assembler
gruyère *m* fromage cuit à base de lait de vache fabriqué en Suisse et dans la Savoie et le Jura
  crème de gruyère fromage cuit fait d'un mélange de plusieurs autres fromages. On peut le manger tel quel ou en tartines
guérir délivrer qqn d'un mal physique ou moral
guerre *f* lutte, conflit armé
  Deuxième Guerre mondiale la guerre de 1939–1945
  guerre mondiale guerre qui implique plusieurs pays dans plusieurs continents
gueuleton *m fam* repas copieux
guide *m* liste de renseignements utiles; personne qui sert de guide
  guide des spectacles petite revue hebdomadaire qui contient la liste de tous les spectacles de la semaine, ainsi que les endroits où on peut les voir et les prix des places
guignol *m* sorte de marionnette, d'origine lyonnaise
guise *f*
  en guise de à la place de, en manière de
gymnase *m* salle où l'on se livre aux exercices du corps
gymnastique *adj f* action, art d'exercer, de fortifier le corps, exercices destinés à maintenir le corps en bonne condition physique

habilement *adv* astucieusement
habilité *f* aptitude légale
  être habilité à être autorisé à, avoir qualité pour
habillé *adj* vêtu
habitant *m* qui réside habituellement en un lieu
habitat *m* conditions d'habitation
habitation *f* logement, lieu où l'on habite (maison, immeuble, appartement)
habiter avoir sa demeure, être domicilié, vivre
habitude *f* coutume; chose que l'on fait régulièrement
  c'est dans les habitudes cela se fait
  d'habitude ordinairement, la plupart du temps
habituer accoutumer, faire prendre l'habitude
***hall** *m* entrée; parfois une salle de vastes dimensions
***hand-ball** *m* sport d'équipe qui se joue avec un ballon rond et uniquement avec les mains
***handicap** *m* désavantage
***hangar** *m* abri pour machines, matériel ou récoltes
***hanter** fréquenter, visiter souvent
harmonie *f*
harmonieux(euse) *adj*
harmonisation *f* action d'harmoniser
***hasard** *m*
  au hasard à l'aventure
***hasarder** risquer, dire sans beaucoup d'assurance
***hâtivement** *adv* à la hâte, très vite
***haut** *adj* élevé
***Haute-Savoie** *f* département des Alpes françaises près de la Suisse et de l'Italie
hebdomadaire *adj m* de la semaine, de chaque semaine
héberger loger, recevoir chez soi
hectare *m* mesure de superficie (il y a 100 hectares dans un kilomètre carré)
***Hendaye** *f* ville française près de la frontière espagnole

***herse** *f* instrument agricole garni de dents de fer qui permettent de briser les mottes de terre ou d'enfouir les semences
***herser** *to harrow*
hésiter être incertain sur le parti qu'on doit prendre
hétéroclite *adj* qui s'écarte de l'ordinaire, composite, fait de parties de styles très différents
heure *f* vingt-quatrième partie du jour; soixante minutes
  de bonne heure tôt
  heure de pointe heure où la circulation est intense (*ant* **heure creuse**)
  heure du café moment de la journée où l'on prend le café, surtout après le repas de midi, entre une heure et deux heures
  tout à l'heure dans un moment; il y a quelques moments
heureux(euse) *adj* qui éprouve du bonheur
hier *adv* jour précédant celui où l'on est
hiver *m* saison froide
H.L.M. *f* habitation(s) à loyer modéré
***hockey** *m*
***homard** *m* crustacé dont la chair est très estimée (*lobster*)
homme *m* personne du sexe masculin
homologue *m* qui a les mêmes fonctions
honnête *adj*
honneur *m* considération due au mérite
  garçon et demoiselle d'honneur le jeune homme et la jeune fille qui accompagnent la mariée et ouvrent le cortège derrière elle
  salle d'honneur pièce réservée aux grandes cérémonies officielles, aux grands événements
  vin d'honneur réunion au cours de laquelle on sert une boisson, pas forcément du vin, à l'occasion d'un événement extraordinaire ou pour honorer qqn
***honte** *f*
  c'est une honte! c'est une chose honteuse
***honteux(euse)** *adj* scandaleux
horaire *adj m* distribution du temps de

travail et de non-travail; tableau des heures d'arrivée et de départ
horizon *m*
horloge *f* machine d'assez grande dimension souvent accrochée à un mur et qui permet de connaître l'heure
horreur *f* haine; répugnance; atrocité
  c'est une horreur c'est qqch d'horrible
  faire horreur à qqn déplaire au plus haut point
*****hors-d'œuvre** *m* petit plat normalement froid servi avant le plat principal en début de repas
*****hors-jeu** *m* faute commise par un joueur quand il n'est pas à sa place sur le terrain
  siffler un hors-jeu signaler une telle faute par un coup de sifflet
hostilités *f pl* guerre
hôtel *m* maison meublée où descendent les voyageurs; demeure particulière plus ou moins somptueuse
hôtesse *f*
  hôtesse de l'air (*stewardess*)
*****hotte** *f* dispositif placé au dessus d'une cheminée, dans une pièce, en guise de décoration ou pour éviter que la fumée n'entre dans la pièce
*****housse** *f* enveloppe d'étoffe que l'on adapte à un meuble ou aux sièges d'une voiture pour les protéger
Hugo (Victor) poète romantique français (1802–1885)
huissier *m* homme de loi chargé de faire exécuter une loi, un décret, de veiller à l'application d'une mesure judiciaire ou d'une sentence, de faire des constats, ...
humain *adj*
(L')Humanité *f* journal communiste
humeur *f* disposition de l'esprit, du tempérament
humide *adj*
huile *f* corps gras, liquide à la température ordinaire
  lampe à huile ancien moyen d'éclairage avant qu'on n'utilise l'électricité
huile d'arachide *f peanut oil*

*****hurler** pousser des cris de colère ou de douleur
hydre *f* serpent à sept têtes; *fig* désigne un danger sans cesse renaissant
hydro-électrique *adj*
  usine hydro-électrique usine qui produit du courant électrique en utilisant la force motrice de l'eau

idéal *adj*
idée *f*
  être ouvert à une idée être préparé à accepter une idée
  dans cet ordre d'idées à ce propos
idéologie *f* ensemble d'idées
idéologique *adj*
illustré *adj* qui contient des illustrations, des dessins ou des photos
image *f*
imiter
immédiat *adj*
immédiatement *adv* sans attendre, sur-le-champ
immeuble *m* bâtiment
immobile *adj*
immobilier *adj* contraire de mobilier, qui est immobile
  propriété immobilière propriété constituée par une terre, un immeuble, une maison
immoralité *f* opposition aux principes de la morale
impardonnable *adj* qu'on ne peut pas pardonner
impatience *f*
s'impatienter perdre patience, s'énerver, perdre son calme
impeccable *adj* sans défaut, parfait
impératif(ive) *adj m* qui a le caractère du commandement
impitoyable *adj* qui est sans pitié
implantation scolaire emplacement et création des bâtiments scolaires, des écoles
implanter insérer, fixer dans, placer, introduire
impliquer entraîner, signifier
importation *f*
imposant *adj*

Vocabulaire 237

une cérémonie imposante à la fois grave et solennelle
s'imposer se faire accepter par une sorte de contrainte ou par le respect qu'on inspire
impressionner émouvoir, toucher
imprimer faire une empreinte sur qqch (*to print*)
improviser parler sans préparation
imprudence *f* irréflexion, manque d'attention
imprudent *adj* qui manque de prudence
impuissance *f* manque de force, incapacité, inaptitude
inaccessible *adj* impossible à atteindre, à obtenir
inaugurer déclarer officiellement que qqch va commencer à fonctionner
incapable *adj m*
incessamment *adv* dans quelques instants, d'un moment à l'autre
incident *adj* accessoire
    phrase, proposition incidente proposition placée entre deux virgules
incident *m* événement de peu d'importance
inclus *adj* compris, qui n'a pas besoin d'être ajouté
incohérence *f* manque de suite, de logique
incomber revenir obligatoirement à
inconfort *m* manque de confort
inconvénient *m* désavantage
    voir un inconvénient à qqch ne pas aimer, ne pas accepter qqch, désapprouver
incorrect *adj* impoli, pas courtois
Incorruptibles *m pl* titre français de l'émission télévisée *The Untouchables*
indécis *adj* irrésolu, qui n'est pas décidé
indépendant *adj*
indicateur *m* livre ou brochure qui indique, sert de guide
    Indicateur Chaix périodique qui indique les horaires de la S. N. C. F. pour toute la France
indifférent *adj*
    ceci me laisse indifférent ceci ne m'impressionne pas, ne m'intéresse pas, je n'y accorde aucune importance
indiquer suggérer, montrer
indispensable *adj* essentiel
individu *m fam* personne (péjoratif)
individualisme *m*
individuel *adj*
    classement individuel classement de chaque coureur en particulier
industrialiser équiper d'industries
industriel *m* personne qui gère une industrie, une usine
industriel(elle) *adj*
inestimable *adj* de très grande valeur, très précieux
inévitable *adj*
infâme *adj* abject, avilissant
inférieur *adj* en-dessous de
infliger une peine à qqn frapper qqn d'une peine
influence *f*
influencer agir sur qqn, peser sur ses décisions
influent *adj* qui a de l'autorité, du prestige, de l'influence
information *f* renseignement, nouvelle donnée par un journal, par la radio ou la télévision
informations *f pl* nouvelles données par la radio, ou la télévision, par un journal
s'informer se renseigner
infraction *f* violation d'une loi
ingénieur *m*
inhumain *adj* barbare, indigne d'un homme
initiative *f* action de celui qui propose ou qui fait le premier qqch
inlassable *adj* qu'on ne peut pas lasser, infatigable
innocent *adj* qui n'a commis aucune faute, qui n'est pas coupable
innombrable *adj*
inonder recouvrir, s'étaler sur, comme le ferait une nappe d'eau; submerger, envahir
insalubre *adj* qui n'est pas sain
insensible *adj* indifférent; imperceptible
insister
insonorisation *f* action d'insonoriser, de

rendre insonore, d'étouffer les bruits
insonoriser rendre insonore, étouffer les bruits
inspecteur *m* titre donné aux agents de divers services publics chargés de la surveillance et du contrôle
installé *adj* placé
s'installer se mettre à une place
instant *m*
    pour l'instant pour le moment
instituer
instituteur *m* personne qui enseigne dans une école primaire
instrument *m* instrument de musique
insuffisant *adj* qui ne suffit pas
insupportable *adj* pénible, même impossible à supporter
insurmontable *adj* qui ne peut pas être surmonté
intégral *adj* entier, complet
intégration *f*
intention *f*
    à leur intention pour eux
intercontinental *adj*
interdire défendre qqch, ne pas autoriser qqch; condamner, ne pas permettre
s'intéresser à trouver de l'importance à, se livrer à l'étude de, aimer, pratiquer, trouver de l'intérêt à
intérêt *m*
    avoir intérêt à trouver avantage à
intérieur *m*
Internat *m* concours que passent les médecins et pharmaciens pour suivre les cours pratiques dans les hôpitaux
interrupteur *m* appareil destiné à ouvrir et à fermer un courant électrique
intervalle *m* période de temps
intervention *f* action d'intervenir dans une affaire; (médecine) traitement actif, opération
interview *f*
intime *adj*
introduire laisser entrer
inventaire *m* état, dénombrement
inverse *adj* contraire, opposé
inversement *adv* d'une manière inverse
investir placer des fonds
invite *f* ce qui invite à faire qqch

invité(e) *m f* personne qu'on invite, qu'on reçoit
    avoir des invités faire venir chez soi des personnes qu'on veut recevoir
ironiser
    ironiser sur qqch se moquer de qqch, railler qqch
irrévérencieux(euse) *adj* qui manque de respect
isolé *adj* seul, séparé
israélite *adj m f* de religion juive (ne pas confondre avec Israélien, habitant d'Israël)
Italien(ienne) *m f* de nationalité italienne
italien(ienne) *adj* de l'Italie

jambe *f* leg
James, Henry écrivain américain (1843–1916)
janvier *m* premier mois de l'année (depuis 1564)
Japon *m* pays oriental
jardin *m* lieu, ordinairement enclos, où l'on cultive des fleurs, des légumes, des arbres
jargon *m* langage particulier à certains milieux, à certains groupes sociaux, à certaines professions
jauge *f* sorte de règle graduée, métallique, qui sert à mesurer la hauteur, la quantité d'un liquide (par exemple, l'huile dans un moteur de voiture)
jazz *m*
Jeanneret, Édouard (voir **Le Corbusier**)
jeter *to throw (away)*
    jeter un journal se débarrasser d'un journal
    se jeter contre se précipiter contre
    jeter son argent par les fenêtres gaspiller son argent sans compter, dépenser son argent d'une façon irréfléchie pour des motifs ridicules
jeu *m* divertissement, récréation; amusement, passe-temps, distraction
jeune *adj m f* qui n'est pas âgé
jeune fille *f* femme jeune non mariée
jeunes *m pl* jeunes gens et jeunes filles
jeunes gens *m* terme général pour jeunes

Vocabulaire

garçons et filles, généralement au-dessus de 15–16 ans
joindre rapprocher deux choses de manière qu'elles se touchent
se joindre
  se joindre à qqn aller retrouver qqn en vue de faire la même chose que lui
joli *adj* agréable à regarder
jouer se divertir, se récréer
  jouer un rôle exercer une fonction, avoir une certaine importance
joueur *m* membre d'une équipe sportive ou autre
jour *m* espace de vingt-quatre heures
  l'autre jour dernièrement, sans indication précise de date
  un grand jour un jour important
  menu du jour le menu, la liste des plats, spécialement servis ce jour-là (ce menu change chaque jour)
  de nos jours à l'époque actuelle, aujourd'hui
  jour de l'an premier jour de l'année
  jour férié jour chômé officiel
  Jour des Morts fête du 2 novembre en l'honneur de tous les morts
journal *m* publication périodique; journal particulier (*diary*)
journalier *m* ouvrier de ferme qu'on emploie à la journée, d'une façon temporaire
journaliste *m* personne qui écrit dans un journal
journée *f* espace de temps qui s'écoule depuis le lever jusqu'au coucher; jour marqué par quelque événement
juge *m* magistrat qui prononce des jugements civils ou criminels
jugement *m* opinion, verdict
juger apprécier la conduite des autres
  juger l'arrivée d'une course constater officiellement l'ordre d'arrivée des coureurs à l'étape
juillet *m* septième mois de l'année
juin *m* sixième mois de l'année
jurer blasphémer, prononcer des jurons (*to swear*)
  jurer comme un charretier *to swear like a trooper*

jus *m* suc tiré d'une chose par pression, ou de toute autre manière
juste *adj*
  il est juste de *it is fair to, appropriate to*
juste *adv* exactement; à peine

képi *m* coiffure que portent les soldats
kilo *m* préfixe indiquant, dans le système métrique, la multiplication d'un nombre par mille; souvent employé pour kilogramme—à peu près 2,2 «pounds»
kilomètre *m* unité de distance, valant 1000 mètres, environ ⅝ d'un mille (*mile* = 1609 mètres; mille marin = 1852 mètres)
kiosque *m* abri établi pour la vente des journaux, des fleurs, sur la voie publique
kirsch *m* eau-de-vie faite avec des cerises aigres dans la région est de la France

là *adv*
  par-là aux environs, dans le quartier, tout près
La Baule ville française du sud de la Bretagne célèbre pour sa belle plage de sable fin
labourer retourner la terre à l'aide d'une charrue (*to plough*)
labyrinthe *m* édifice dont on trouve difficilement la sortie
lac *m*
lacet *m* *lacing*
  route en lacets route avec de nombreux virages, le plus souvent en montagne
là-dedans *loc adv* dans ce lieu
La Haye *f* capitale de la Hollande
laïc *adj m*
laideur *f* le contraire de la beauté; *ugliness*
laine *f*
  laine de verre verre filé employé comme isolant thermique et phonique (*fiberglass insulation*)
laïque *adj m f*

école laïque école neutre d'un point de vue religieux
laisser permettre; abandonner
laissez-passer *m* document, qui donne le droit d'entrer, de sortir, de circuler librement
lait *m milk*
laitier(ière) *adj* à base de lait, fait avec du lait
lamentablement *adv* d'une manière lamentable, qui porte à la pitié
lampadaire *m* support vertical portant une ou plusieurs lampes
lampe *f* appareil producteur de lumière (lampe électrique, lampe à alcool, lampe à pétrole, lampe à essence); ensemble composé de la source lumineuse (ampoule) et de son support (par exemple, lampe de chevet)
lancer dire avec force; mettre en vedette, faire connaître, mettre sur le marché, *to throw*
se lancer s'engager
langage *m* emploi de la parole pour exprimer les idées
langue *f*
   une mauvaise langue une personne qui calomnie
lapin *m* animal domestique (*rabbit*)
   civet de lapin ragoût de lapin cuit avec des oignons et du vin
larme *f* pleur
   verser des larmes pleurer
Lascaux *m* lieu de Dordogne célèbre pour ses grottes préhistoriques
lavabo *m* cuvette pour se laver
Le Corbusier, Édouard Jeanneret, dit architecte d'origine suisse, naturalisé français, né en 1887, mort en 1965 (il a conçu un nouveau type d'habitation montée sur potences en béton)
lecture *f* action de lire
légende *f* récit où l'histoire est défigurée par les traditions
léger(ère) *adj* qui ne pèse guère
légèrement *adv* peu
législatif(ive) *adj*
législation *f* ensemble ou système de lois

législation du travail ensemble des lois qui traitent du problème du travail (durée du travail, taux, salaires, congés, accidents du travail, retraite)
légume *m* produit végétal employé comme aliment (par exemple, carottes, haricots, pommes de terre)
lendemain *m* le jour suivant, le jour d'après
   au lendemain de la guerre dans les moments, les mois qui ont suivi la guerre; immédiatement après la guerre
lent *adj* contraire de rapide
   à pas lents en marchant lentement
lentement *adv* avec lenteur
lessive *f* linge qui doit être lessivé, lavé
lettres *f* une des grandes divisions des études supérieures; on dit aussi parfois humanités
se lever se mettre debout; sortir du lit
liaison *f*
   liaison aérienne ligne d'avion
Libération *f* fin de l'occupation allemande (Libération de la France en 1944)
librairie *f* magasin du libraire; commerce de livres
libre *adj* inoccupé
   école libre dirigée par des religieux ou des laïcs mais où on enseigne la religion
Licence *f* grade universitaire, intermédiaire entre celui de bachelier et celui de docteur
licencié *adj m* qui a une Licence, un diplôme de Licence
lien *link, relationship, connection*
lier
   lier conversation avec qqn engager la conversation avec qqn
   lier amitié avec qqn devenir l'ami de qqn
lieu *m*
   lieu de rencontre endroit où les gens viennent pour faire connaissance avec d'autres personnes
   avoir lieu se dérouler
   en premier lieu premièrement

ligne f
  (télé) moyen d'analyser une image (plus le nombre de lignes est élevé, plus l'image projetée reproduit fidèlement la réalité)
  ligne directrice orientation, direction générale
  les grandes lignes les lignes de chemin de fer principales (par opposition aux lignes secondaires et aux lignes de banlieue)
limite f
Limoges chef-lieu du département de la Haute-Vienne, sur la Vienne
liqueur f boisson dont la base est l'eau de vie ou l'alcool
lire parcourir des yeux (par exemple, lire un journal, un roman)
liste f
lit m meuble sur lequel on se couche
  lit à une place lit pour une personne
littéraire adj
littérature f
livraison f action de livrer à l'acquéreur une chose vendue
livre m book
livre f livre sterling—unité monétaire britannique qui vaut un peu moins de 3 dollars américains
livrer mettre une chose en la possession de qqn
se livrer s'abandonner, se consacrer
local m lieu, partie d'un bâtiment qui a une destination déterminée
local adj de l'endroit, de la ville en question
locataire m celui qui loue une maison, un appartement
locomotrice f locomotive
locution f expression, façon de parler
loge f logement de portier ou de concierge; petit cabinet
logement m lieu où l'on demeure habituellement, habitation, appartement
se loger avoir un logis, une habitation
loin adv far; far away
  de loin de beaucoup
Loir m rivière qui se jette dans la Loire par l'intermédiaire de la Maine

Loir-et-Cher m département à cheval sur la Loire (chef-lieu: Blois)
loisir m temps libre, occupation, distraction
  loisir roi distraction favorite, pratiquée par le plus grand nombre
Londres capitale de l'Angleterre
loterie f tirage au sort de numéros désignant des billets gagnants et donnant droit à des lots; jeu de hasard où les gagnants sont désignés par le sort
louer occuper provisoirement moyennant un loyer
Louis XIII m roi de France de 1610 à 1643
  style Louis XIII style caractérisé par le mélange harmonieux de la brique et de la pierre
Louis XIV m roi de France de 1643 à 1715, le «Roi-Soleil»
Louis XV m roi de France de 1715 à 1774
Louis XVI m roi de France en 1774, décapité en 1793
lourd(e) adj pesant, difficile à porter
Louvre m musée célèbre à Paris, ancien palais royal
loyer m prix payé pour louer un logement, une propriété quelconque; montant mensuel d'une location, rent
lucarne f ouverture pratiquée dans le toit d'une maison (*dormer window*)
lucide adj
luisant adj brillant de sa propre lumière
lumière f ce qui éclaire les objets et les rend visibles, éclairage
lundi m deuxième jour de la semaine
lune f planète satellite de la Terre autour de laquelle elle tourne
  lune de miel les premiers temps immédiatement après le mariage
lustrer faire briller, donner du lustre, de l'éclat
  liquide à lustrer par exemple, la cire (*wax*)
lutter combattre corps à corps
luxe m somptuosité excessive
Luxembourg m petit État (duché) entre

la France, l'Allemagne et la Belgique, capitale, Luxembourg; ancien Palais à Paris où siège aujourd'hui le Sénat
  jardin du Luxembourg le parc et le jardin autour du Palais du Luxembourg
lycée *m* établissement secondaire d'État, dirigé par un proviseur, où l'on poursuit des études jusqu'au baccalauréat
Lyon *f* très grande ville de France, située au confluent de la Saône et du Rhône
lyonnais(e) *adj* de la ville (région) de Lyon

machin *m* familier pour «chose»
machine *f*
  machine à laver machine qui fait la lessive, qui lave le linge; machine qui lave la vaisselle
magasin *m* boutique
  les Grands Magasins nom donné à quelques magasins de Paris où l'on trouve de tout
mahométan *adj m f* de religion musulmane
mai *m* cinquième mois de l'année
maigre *adj* qui a peu de graisse; qui n'est pas gras
maillot *m* short sleeve shirt
  maillot jaune vêtement collant de couleur jaune que porte le coureur qui est en tête du classement du Tour de France
  prendre le maillot jaune arriver à la première place au classement général
main-d'œuvre *f* ensemble des ouvriers nécessaires pour l'exécution d'un travail donné (par opposition aux machines)
maire *m* officier municipal élu qui dirige les affaires de la commune
mairie *f* bâtiment où se trouvent le bureau du maire et les services de l'administration municipale (dans un village ou une ville)
mairie-école *f* bâtiment qui abrite la mairie et les écoles (cas fréquent dans les villages en France)
maïs *m* céréale dont les fruits, sous forme de grains jaunes ou blancs, sont portés par un épi
maison *f* bâtiment d'habitation, logement où l'on habite; établissement (par exemple, le restaurant, la pâtisserie)
  à la maison chez soi
maison de jeunes *f* bâtiment destiné à des distractions réservées aux jeunes personnes
Maître *m* celui qui commande, qui gouverne; titre qu'on donne à un avocat, à un huissier
maître-autel *m* autel principal
maîtresse de maison épouse ou mère de famille qui s'occupe de gérer le budget de la famille, et des soins du ménage
Maîtrise *f* grade universitaire entre celui de bachelier et celui de docteur et qui remplace la Licence
majeur *adj*
  être majeur avoir plus de vingt et un ans
majorité *f* âge à partir duquel on jouit de ses droits civiques (21 ans); la plupart
mal *m* ce qui est contraire au bien, à l'ordre; peine
  faire du mal être nuisible, provoquer une douleur
  pas mal (de) en assez grand nombre
malade *adj m f* qui éprouve quelque altération dans sa santé
maladie *f* altération dans la santé
maladresse *f* défaut d'adresse
malchance *f* mauvaise chance
malchanceux(euse) *adj* en butte à la mauvaise chance
malheur *m* événement néfaste, mauvaise fortune
malheureusement *adv* unfortunately
malheureux(euse) *adj* qui n'est pas heureux
malle *f* coffre
maman *f* mère (dans le langage des enfants)

Vocabulaire   243

manche *f* partie du vêtement qui couvre le bras

Manche *f* département au nord—nord-ouest de la France dont le chef-lieu est Saint-Lô

manège *m* *merry-go-round*

manie *f* habitude bizarre, ridicule

manière *f* façon
- **les bonnes manières, les manières** les usages, les habitudes de politesse
- **une manière propre** une façon bien à soi, unique, personnelle

manifestation *f* façon de montrer ses opinions en public, *demonstration*

se manifester se montrer

manœuvre *f* exercice

manquer faillir, tomber en faute, rater

mansardé *adj* disposé en mansarde
- **chambre mansardée** (de Mansard, architecte français) chambre située sous un comble brisé

manteau *m* vêtement de dessus, qu'on porte par temps froid ou frais

maquillage *m* fard que les femmes mettent sur leur visage

se maquiller se farder le visage

marathon *m*

marchand de journaux *m* commerçant qui vend des journaux

marchandise *f* tout ce qui peut s'acheter, se vendre, se marchander

marche *f* partie plane d'un escalier qu'on franchit d'un pas (*step*); musique dont le rythme est fortement marqué; mouvement
- **marche à pied** *walking*
- **marche arrière** mouvement en arrière (auto)

Marché Commun *m* marché européen

marcher *fam* fonctionner normalement, remplir une fonction

Mardi gras *m* dernier jour avant le début du carême

margarine *f* substance grasse comestible, ressemblant au beurre

mari *m* homme uni à une femme par le mariage

mariage *m* cérémonie religieuse ou civile, ou les deux à la fois
- **la salle des mariages** dans une mairie la pièce spécialement réservée à la célébration des mariages

mariée *f* la femme qui se marie

se marier prendre femme, prendre mari; (sens absolu) devenir le mari (l'époux) ou la femme (l'épouse) de qqn
- **se marier avec qqn** épouser qqn

marque *f* signe qui sert à distinguer un produit d'un autre (par exemple, étiquette, nom du fabricant)
- **de marque** de grande classe, qui porte une marque connue

marquer indiquer, montrer

marrant *adj fam* amusant, drôle

marron *m* fruit du châtaignier (*chestnut tree*)
- **crème de marrons** crème à base de marrons

marron *adj* couleur de la châtaigne (*chestnut, brown*)

Marseille deuxième ville de France, grand port sur la Méditerranée

masqué *adj* dont le visage est invisible, caché

massacrer tuer ou abattre avec sauvagerie des bêtes sans défense, ou en tuer de grandes quantités

masse *f* les citoyens moyens, le peuple, par opposition à l'élite

masser grouper, rassembler

se masser se grouper

match *m* partie, rencontre sportive
- **gagner un match** remporter la victoire
- **perdre un match** se faire battre, être battu

matelas *m* grand coussin qui garnit un lit ou qu'on pose à terre pour se coucher lorsqu'on fait du camping

matériaux *m pl* matières entrant dans la construction d'une chose (machine, édifice, ...)

matériel *m* ensemble des objets de toute nature qui servent à une exploitation, à un établissement (matériel d'une ferme, d'une usine)

matériel(elle) *adj*

maternité *f*

matière f
  en matière de en ce qui concerne
matin m morning
maudire abominer (to curse)
mauvais(e) adj qui n'est pas bon
maximum m
mécanique f construction et fonctionnement des machines
  s'y connaître en mécanique (voir s'y connaître)
mécanisation f emploi de machines
mécène m personne riche, protectrice des lettres et des arts
méchant adj m porté au mal, mordant, désagréable, dangereux
mécontent adj qui n'est pas content, fâché
mécontentement m irritation, manque de satisfaction
médaille f pièce de métal constituant le prix dans certains concours
médecin m (femme-médecin f) celui (celle) qui exerce la médecine
médecine f
médical adj
médicament m produit, substance, employé pour guérir un malade, remède
médiocre adj ni bon ni mauvais, de qualité inférieure
méditerranéen(enne) adj
se méfier manquer de confiance
mégarde f faute d'attention
  par mégarde sans le faire exprès, sans y faire attention, involontairement
meilleur adj m f (comparatif de «bon») qui a un plus haut degré de bonté (superlatif) le meilleur, la meilleure exprime la supériorité sur tous
mélomane m personne qui aime la musique avec passion
melon m cantaloupe
membre m f
même adj same, very
  le jour même le jour en question
  tout de même quand même, cependant
menaçant adj qui se fait craindre
menace f parole destinée à effrayer, à faire peur

ménage m travaux à l'intérieur de la maison; famille; un couple marié
mensonge m propos contraire à la vérité
mensonger adj qui cherche à tromper, à donner une fausse impression
mensuel(elle) adj par mois
mentalité f état d'esprit, manière de penser; attitude, comportement
mention f distinction
mener to lead
  mener par le bout du nez faire agir à sa fantaisie
menu m liste des plats servis dans un restaurant
mer f sea
Mercure m messager des dieux
mère f mother
mérite m
  n'avoir aucun mérite (à propos d'un film) n'avoir aucune qualité
mériter être digne de, avoir gagné
merlan m sorte de poisson (whiting)
messe f office religieux catholique
mesure f règle, disposition, loi; précaution
  dans la mesure du possible autant que possible
  dans la mesure où in so far as
  dans quelle mesure how far
mesurer déterminer avec sagesse
méthode f façon de faire, de procéder
méthodique adj qui a de l'ordre, de la méthode
métier m profession manuelle ou mécanique, emploi, travail
  métier d'appoint emploi complémentaire exercé durant ses loisirs pour améliorer ses moyens d'existence
mètre m unité de mesure de longueur (3.28 feet)
métro m chemin de fer souterrain
  Métro abrév Métropolitain de Paris
metteur en scène m (au cinéma et à la télé) spécialiste qui dirige les prises de vues (décors, éclairage, son, jeu des acteurs)
mettre
  mettre en place organiser, exécuter
  mettre ... francs à qqch payer ...

Vocabulaire

francs pour qqch, payer qqch ...
francs, dépenser ... francs pour cette chose
se mettre à commencer à
se mettre à plusieurs former un groupe, se grouper
s'y mettre se mettre à faire qqch
meublé *adj* qui est garni de meubles
meurtrier(ière) *adj m f* qui cause la mort de beaucoup de personnes
micro *m abrév* microphone
midi *m* le milieu de la journée, 12 heures
Midi *m* le sud de la France
mieux *m* meilleur état
milanais *adj* de Milan (Italie)
 sauce milanaise à base de fromage et de sauce tomate
milieu *m* centre, classe sociale, entourage
militaire *adj m*
millier *m* mille; un très grand nombre
 des milliers de km plusieurs fois mille km
minceur *f* qualité de ce qui est mince, peu épais, peu considérable
miner creuser lentement; consumer, ruiner
minéral *adj*
 eau minérale eau naturelle, jaillie d'une source, et renfermant des sels minéraux qui lui confèrent des propriétés thérapeutiques (elle peut être gazeuse ou non)
ministre *m* homme d'État chargé de la direction d'un ensemble de services publics
 Premier ministre en France, le chef du gouvernement
minuit *m* le milieu de la nuit, zéro (0) heure
minuscule *adj* tout petit
minutage *m* calcul du temps mis par un coureur pour parcourir une distance
minute *f*
 voilà dix minutes que ... depuis dix minutes ...
minutieux(euse) *adj* qui s'attache aux petits détails
mise *f* action de mettre
 mise en circulation action de mettre en mouvement, de diffuser (publication, nouvelle, monnaie, rumeur, etc.)
 mise en circuit action de mettre en circulation
 mise au point perfectionnement, rectification; réglage définitif (moteur)
Mistral *m* un des Trans-Europe-Express et qui relie Paris et Nice (le mot mistral désigne un vent violent qui descend la vallée du Rhône)
mi-temps *f*
 à mi-temps la moitié du temps, à temps partiel
mi-temps *f* une des deux parties d'un match de football, de rugby ...
mitrailleuse *f* arme à feu automatique qui peut lancer, en très peu de temps, un grand nombre de projectiles
mobile *adj*
mobilier *m* l'ensemble des meubles
mode *f* usage passager de bon ton qui règle, selon le goût du moment, la manière de s'habiller, de vivre, de sentir, ... (ne pas confondre avec **le mode**, manière d'être)
 à la mode ce qui est dans les habitudes courantes, au goût du jour
modèle *adj m f* sur quoi on peut prendre exemple
 ferme modèle ferme moderne, qui peut servir d'exemple aux autres
modérateur(trice) *adj* qui retient dans les bornes de la modération
modernisation *f*
moderniser rendre plus moderne
se moderniser
modifier changer
modique *adj* modeste, de faible valeur
moindre *adj* (et superlatif) plus petit en dimensions, en quantité, plus faible en intensité
mois *m* chacune des douze divisions de l'année
moisson *f* récolte des céréales (*harvest*)
moitié *f* une des deux parties égales d'un tout
moment *m*

au bon moment au moment voulu, quand il le fallait
mondain(aine) *m f* personne attachée aux plaisirs du monde
monde *m* l'univers; la terre; les gens (sens collectif)
  avoir du monde recevoir des invités
  il y a du monde il y a beaucoup de personnes
  noir de monde bondé de spectateurs
Monde *m* grand journal quotidien, paraissant l'après-midi, sauf le dimanche, à Paris
Monde diplomatique *m* journal des affaires étrangères
mondial *adj* du monde
moniteur(trice) *m f* personne chargée de surveiller et en même temps d'enseigner certaines disciplines
monnaie *f* argent d'un pays (*currency*); petite somme d'argent, en général en pièces
  rendre la monnaie rendre à l'acheteur l'argent qu'il a versé en trop
monotonie *f*
monstre *m*
montagne *f*
  à la montagne dans une région montagneuse
montant *m* somme
montant *adj* qui va de bas en haut
Montesquieu, Charles de Secondat, Baron de écrivain français (1680–1755), auteur des *Lettres persanes* et de l'*Esprit des lois*
Montoire *f* ville sur le Loir dans le Loir-et-Cher
monument *m*
moquer
  se moquer de qqn tourner qqn en ridicule
moqueur(euse) *adj m f* qui aime se moquer des gens, les tourner en ridicule
moral *m* état d'esprit, disposition
  remonter le moral relever l'état d'esprit
moral *adj*
mordu *m fam* un partisan acharné, un fanatique

Morzine station d'hiver en Haute-Savoie
mosquée *f* temple mahométan
mot *m*
  c'est des mots! ce ne sont que des mots, cela ne veut pas dire grand chose, c'est vide de sens
moteur(trice) *adj* qui cause le mouvement
moteur *m*
moto *f abrév* motocyclette
motocycliste *adj m f*
moue *f* grimace faite par mécontentement
  faire la moue faire une grimace de dégoût
moule *m* récipient dans lequel on cuit un mets pour lui donner une certaine forme
mourir décéder
moutarde *adj* de couleur jaune
mouvement *m* mode, façon de faire
  suivre le mouvement faire comme tout le monde
moyen *m* ce qui sert pour parvenir à une fin
  avoir les moyens de faire qqch avoir assez d'argent pour faire qqch, pouvoir se permettre de faire qqch
  moyen de déplacement véhicule
moyen(enne) *adj* ordinaire, typique
moyenne *f* chose, quantité qui tient le milieu entre plusieurs autres
  avoir la moyenne (à un examen) avoir assez de points pour être reçu, au moins dix sur vingt ($^{10}/_{20}$)
  x km de moyenne vitesse moyenne de x km à l'heure
multiplier
municipal *adj* relatif à l'administration d'une commune
  Conseil municipal ensemble des représentants élus par les habitants d'une commune
municipalité *f* le maire et ses adjoints; administration municipale
munir pourvoir de ce qui est nécessaire, utile
mur *m wall*
mûr(e) *adj* complètement développé

Vocabulaire

mûrier *m mulberry*
musette *f* instrument de musique
  orchestre musette orchestre avec un ou plusieurs accordéons
musicien *m* personne qui joue d'un instrument de musique
musique *f*
mutualiste *adj m* membre d'une mutuelle
mutuelle *f* système d'assurance privée
mythe *m* chose fabuleuse ou rare; récit fabuleux
mythique *adj* qui a le caractère d'un mythe, qui est chargé d'un sens magique, légendaire

nage *f*
  être en nage être couvert de sueur
naissance *f* le fait de naître, de venir au monde
  donner naissance à causer, produire
naître venir au monde
Nantes grande ville de la Loire-Atlantique connue pour ses chantiers navals
napoléonien(enne) *adj* de Napoléon (l'Empereur Napoléon Ier a régné de 1804 à 1815; l'Empereur Napoléon III a régné de 1852 à 1870)
natal *adj* où l'on est né
natalité *f* nombre de naissances
natation *f* art, action de nager; nage
national *adj*
Nationale *f* route nationale
nationalisé *part* qui appartient au gouvernement, qui est propriété de l'État, et qui est géré par lui ou ses fonctionnaires
nationaliser une entreprise faire gérer par l'État ou ses représentants une entreprise qui était privée
nature *f*
  en nature sous forme d'objets (par opposition à en espèces: en argent monnayé)
navet *m turnip*
  un «navet» (en terme de spectacle) un «four», une pièce médiocre
nazi *adj m* du régime nazi, du régime d'Hitler
  occupation nazie occupation par les troupes allemandes sous le régime nazi (1940–1944)
néant *m* rien, ce qui n'existe point
nécessaire *adj*
nécessité *f*
nef *f* partie centrale d'une église dans le sens de la longueur
négociation *f*
néologisme *m* mot nouveau ou acception nouvelle d'un mot existant
nerf *m nerve*
  des nerfs à toute épreuves des nerfs solides, un parfait équilibre nerveux
net(ette) *adj* évident
nettement *adv* d'une manière nette, claire
nettoyer rendre net, propre
  liquide à nettoyer produit détergent dont on se sert pour enlever des taches (on dit aussi détachant)
neuf(neuve) *adj* contraire de vieux, d'ancien, d'usagé
Neuilly banlieue parisienne au nord du Bois de Boulogne
nez *m* organe de l'odorat
Nice *f* grande ville de la Côte d'Azur
Nicolas nom d'un petit garçon, un des personnages principaux de l'émission Bonne nuit les petits (c'est une marionnette)
nier dire qu'une chose n'existe pas, n'est pas vraie
niveau *m* élévation, hauteur, degré
  niveau d'huile hauteur de l'huile sur la jauge d'un moteur de voiture
  niveau de vie revenu moyen des habitants d'un pays
Noël *f* jour anniversaire de la naissance du Christ (25 décembre)
nœud *m knot*
  nœud papillon *bow tie*
nom *m* nom de famille; substantif
nombre *m* quantité
  nombre élevé grand nombre
nombreux(euse) *adj* qui est en grand nombre
normal *adj* qui se fait régulièrement, d'habitude

notaire *m* avocat spécialiste dans les contrats (bail, testament, ou contrat de mariage, etc.)
notamment *adv* spécialement, en particulier
note *f* chiffre exprimant la valeur d'un travail
Nounours *m* gros ours gentil, marionnette très aimée des petits Français
nourriture *f* les aliments, les repas
Nouvel Observateur *m* journal de gauche
nouvelle *f* annonce d'une chose, d'un événement arrivé récemment; conte, récit
   fausse nouvelle nouvelle qui n'est pas vraie
novembre *m* onzième mois de l'année
noyer asphyxier dans un liquide
nuageux(euse) *adj* couvert de nuages
nuance *f* différence délicate, très légère
nuisibles qui font du tort
nuit *f*
   bonne nuit *loc consac* se dit quand on se sépare pour la nuit
   nuit blanche nuit sans sommeil, d'insomnie
   tombée de la nuit *f* moment où la nuit succède au jour, crépuscule
nul(nulle) *adj*
   mariage nul qui n'a aucune valeur, qui ne sera pas reconnu comme valable officiellement
numéro *m* exemplaire, partie d'un ouvrage périodique
nuptial *adj*
   marche nuptiale marche jouée à l'occasion d'un mariage
nutrition *f*

O.R.T.F. *m* Office de la Radio-Télévision française (réseau nationalisé)
objection *f*
objet-surprise *m* chose dont la découverte fait plaisir
obligatoire *adj* qu'on est forcé de faire, exigé par la loi, par un règlement, ...
obliger exiger, contraindre
observation *f* remarque
   faire une observation faire une remarque, exprimer une plainte, une objection
s'observer se surveiller
obstination *f*
obstinément *adv* avec obstination
occasion *f* circonstance; sujet, cause
   à chaque occasion chaque fois que c'est possible
   à l'occasion de temps en temps, quand l'occasion se présente
   avoir l'occasion de avoir la chance de, la possibilité de
   manquer une occasion laisser passer la chance de ...
   voiture d'occasion voiture qui n'est plus neuve, usagée
occupation *f* travail, affaire dont on s'occupe
occupé *adj*
   être occupé à se consacrer à, s'occuper de
   place occupée où qqn est déjà assis, qui est prise par qqn
occuper
   occuper une table s'asseoir à une table
s'occuper de se charger de, être responsable de
octroyer accorder, donner
œcuménique *adj*
   tendance œcuménique mouvement en faveur de la réunion de toutes les Églises chrétiennes
œil *m* (*pl.* yeux) organe de la vue
   avoir l'œil vif, être très attentif, ne pas être distrait
   avoir qqn à l'œil surveiller qqn de très près
œil-de-bœuf *m* ouverture ronde ou ovale
œuvre *f* travail, tâche
Œuvres *f pl* organisme qui s'occupe des détails matériels de la vie des étudiants (le titre complet est: Centre Régional des Œuvres Universitaires Scolaires—C.R.O.U.S.)
offrir proposer
ogive *f*
   arcs en ogive voûte formée de deux arcs qui se croisent

Vocabulaire   249

oie *f* *goose*
olympique *adj*
   Jeux Olympiques compétition sportive internationale qui a lieu tous les quatre ans, en un endroit différent du monde
ombre *f* interception de la lumière par un corps opaque
   une ombre au tableau un point faible dans une théorie, dans un bilan
omettre oublier, négliger
on-dit *m* quelque chose qui se dit, qu'on raconte sans être sûr que c'est vrai, une rumeur
onéreux(euse) *adj* qui occasionne des frais; incommode, qui est à charge
opération *f*
opinion *f*
s'opposer à qqch refuser qqch, dire «non»
opposition *f* action de faire obstacle à qqch, d'empêcher qqch
oral *adj*
oral *m*
   examen oral épreuves où le candidat, l'étudiant doit répondre de vive voix à des questions posées
orchestre *m*
orchestré *part* organisé
ordinaire *adj m*
   essence ordinaire *regular gas*
ordonnance *f* prescription d'un médecin qui contient la liste des médicaments à acheter
ordonné *adj* qui a des qualités d'ordre et de méthode
ordre *m*
   de premier, de deuxième ordre de première, de seconde classe, importance
   de troisième ordre de qualité inférieure, négligeable
   service d'ordre ensemble des personnes chargées de maintenir l'ordre à l'occasion d'une manifestation, d'un événement sportif, d'une réunion, ...
oreille *f* organe de l'ouïe
   l'entendre de cette oreille être favorable, penser de même (souvent à la forme négative)
organiser préparer
organisme *m* organisation
organiste *m* personne qui joue de l'orgue
orgue *m* instrument de musique à vent, principalement en usage dans les églises
orgues *f pl* (désigne un seul instrument de musique)
orientation *f*
orienter guider, diriger
original *adj*
origine *f* commencement, début
Orléans ancienne capitale de l'Orléanais, chef-lieu du département du Loiret, sur la Loire
Orly *m* aéroport au sud de Paris
osé *adj* qui peut choquer, gêner
oser avoir la hardiesse de
oublier faire sortir de sa mémoire, perdre le souvenir de, ne plus penser à, omettre, négliger
outre *prép*
   outre que en plus du fait que
ouvrier(ière) *adj m f* personne qui, moyennant un salaire, fait un certain travail manuel
ouvrir *to open*
   ouvrir des horizons révéler de nouvelles perspectives, de nouvelles possibilités
s'ouvrir se révéler, se présenter
ovale *adj*

pacifique *adj* dont le but est la paix
Pacifique *m* océan
païen(enne) *adj* qui n'est pas chrétien
paisible *adj* qui est d'humeur douce et pacifique
paître (se dit des animaux) manger de l'herbe à même le sol
paix *f* tranquillité, repos
palier *m* sorte de plate-forme ménagée dans un escalier (*landing*)
panne *f* arrêt accidentel
panneau *m* plaque de bois, de métal portant des indications
   panneau de signalisation panneau

destiné à régler la circulation routière

panser soigner

paperasse *f* papiers, écrits, feuilles diverses en nombre et souvent mal rangés

papeterie *f* commerce de papier et d'articles de bureau; boutique de ce commerce

papier *m paper*

papiers *m pl* ensemble des documents qu'on doit avoir sur soi

Pâques *m* fête de l'église chrétienne en mémoire de la résurrection de Jésus-Christ

parc *m*

parcourir lire, examiner rapidement

parcours *m* trajet en général, distance

par-delà *loc adv* au-delà de, en plus de

pardonner oublier une faute, ne pas songer à la punir

parent *m*

   les parents le père, la mère d'une famille; les autres membres d'une famille (oncles, tantes, cousins, cousines, ...)

parer à remédier à

   parer au plus pressé s'occuper d'abord des choses les plus urgentes

paresse *f* nonchalance, lenteur

paresseux(euse) *adj* qui n'aime pas le travail, l'action

parfaitement *adv* à la perfection, sans difficulté, très clairement

parfois *adv* de temps en temps, quelquefois

parier faire un pari, un contrat (*to bet*); affirmer avec vigueur, avec certitude

Paris capitale de la France

Paris-Inter chaîne de radio française

parisien(enne) *adj* de Paris, qui se fait à Paris

   parisienne (après un nom de plat et au féminin) à la mode parisienne, c'est-à-dire avec des légumes et des pommes de terre nouvelles

parquet *m flooring*

   parquet démontable assemblage de planches sur lequel on peut danser

part *f* portion d'un tout qui est divisé entre plusieurs personnes

   de la part de au nom de, venant de

   d'une part d'un côté (*on the one hand*)

   d'autre part d'un autre côté (*on the other hand*)

   quelque part en quelque endroit, en un endroit indéterminé

partager diviser en plusieurs parts; posséder avec d'autres

   partager qqch avec qqn donner à qqn une part de ce qu'on possède

partenaire *m f* personne avec qui on sort, on danse, ...

parterre *m* bande de terre plantée de fleurs, de gazon

parti *m* groupe de personnes unies par la même opinion

participer prendre part

particulier *m* personne privée, individu

particulier(ière) *adj* unique, spécial; qui appartient à qqn, qui n'est pas public

   en particulier spécialement, séparément

partie *f* (jeux) totalité des coups qu'il faut jouer ou des points qu'il faut marquer pour qu'un des joueurs ait gagné ou perdu; part, subdivision,

   en partie partiellement

   partie de plaisir distraction, occupation amusante

partir se mettre en chemin, se mettre en route

parvenir arriver

parvis *m* place située devant l'entrée principale d'une église

pas *m step*

   à deux pas tout près

Pascal, Blaise (1623–1662) écrivain, philosophe, auteur des **Provinciales** et des **Pensées**, né à Clermont-Ferrand

passage *m* action de passer; lieu où l'on passe

passager *m* personne qui emprunte un moyen de transport

passager(ère) *adj* de peu de durée

passant(e) *m f* personne qui passe dans la rue par hasard
passé *m* temps écoulé
passe *f*
    être en passe de être sur le point de
passer (suivi d'une expression de durée) *to spend*
    passer des vacances un mois, deux jours, etc.
    passer un examen se présenter pour être examiné
se passer avoir lieu
se passer de s'abstenir de, éviter de
passionnant *adj* propre à intéresser vivement
passionner
    se passionner pour qqch s'intéresser vivement à qqch
Passy un des quartiers chics et élégants de Paris, se trouve dans le secteur ouest de la capitale, dans le XVIe arrondissement
pâte *f dough*
pâté *m* viande épicée cuite et conservée froide; pâtisserie qui renferme des viandes ou du poisson
    pâté de foie gras pâte faite de foie d'animaux engraissés, notamment les oies et les porcs, hachée, épicée et cuite au four
patient *adj* qui a de la patience
patinage *m* action de patiner (les patineurs se servent de patins, qui glissent sur la glace, ou de patins à roulettes)
patron(onne) *m f* chef, directeur, gérant
patronage *m* organisation, souvent religieuse, chargée de s'occuper d'enfants ou d'adolescents pendant les jours de congé scolaire
Pau ville du Sud-Ouest de la France, chef-lieu du département des Basses-Pyrénées
pavillon *m* maison particulière
payant *adj*
    cours payant cours qu'il faut payer, qui n'est pas gratuit
se payer
    les imprudences se paient il faut payer les imprudences
    se payer qqch s'offrir le luxe de faire qqch
Pays-Bas *m pl* la Hollande
paysage *m landscape*
pêche *f* art, action de pêcher (*fishing*)
peine *f* effort, douleur, souffrance morale, chagrin
    à peine *loc adv* depuis très peu de temps
    ça vaut la peine cela mérite qu'on y aille
    ce n'est pas la peine de il n'est pas utile de
    valoir la peine avoir une certaine importance, être digne d'intérêt
peloton *m* le gros de la troupe des coureurs
pelouse *f* terrain couvert de gazon, d'herbe courte et épaisse
pénalisation *f* désavantage ou sanction qu'on inflige à un joueur sous forme de minutes ajoutées au temps mis par lui pour parcourir l'étape; punition, obligation de réparer une faute
penchant *m*
    avoir un penchant avoir une inclination
pencher
    pencher pour telle chose préférer cette chose, la choisir de préférence à une autre
penderie *f* cabinet ou placard où l'on suspend les vêtements
pendre être suspendu
penser *to think*
pénurie *f* absence, rareté, disette
percevoir recueillir
perdre être vaincu
    avoir du temps à perdre avoir du temps libre
se perdre disparaître
perfectionner
père *m* celui qui a un ou plusieurs enfants
Père Noël *m Santa Claus*
péril *m* danger

période *f* espace de temps, époque
périphérie *f* contour, alentours
  à la périphérie situé sur les bords, sur les frontières
permanence *f*
  en permanence sans interruption
se permettre prendre la liberté de
  se permettre de faire qqch avoir les moyens financiers de faire qqch, avoir assez d'argent pour faire qqch
permis *m* autorisation, permission écrite
  avoir la permission de être autorisé à
  permis de conduire autorisation de conduire une voiture
perpétuellement *adv*
persan *adj* de la Perse
persistance *f*
persister
personnalité *f* personne connue en raison de ses fonctions, de son influence, ...; individualité consciente
personne *f*
  grande personne adulte
personnel *m* ensemble des personnes attachées à une entreprise, employées dans un service public, ...
  personnel de service personnes chargées de la garde, de la surveillance, du nettoyage de qqch
petit(e) *m f* jeune enfant
petite-fille *f* fille d'un fils ou d'une fille
peu à peu petit à petit, graduellement, par degrés
peuple *m* multitude d'hommes: (1) qui forme une nation; (2) qui appartient à plusieurs nationalités mais groupée sous une même autorité; (3) sur le plan social, partie la plus nombreuse et la moins riche d'une ville, d'un pays
peuplier *m poplar*
peur *f*
  avoir peur craindre
pharmacie *f*
phase *f* période, épisode, passage
phénomène *m* fait naturel; être ou objet qui offre qqch d'anormal, de surprenant

philo *f* (pour philosophie) classe terminale des lycées où on insiste sur l'enseignement de la philosophie
Phocéen *m* train rapide de nuit entre Paris et Marseille (le nom vient de Phocée, l'ancien nom de Marseille)
photo *f* photographie
phrase *f* groupe de mots qui a un sens complet
phrase-énoncé *f* phrase affirmative ou négative simple (*declarative statement*)
physique *adj*
Picardie *f* région du Nord de la France (on y cultive les céréales et élève du bétail)
pièce *f* document; salle, chambre; spectacle; partie; monnaie (*coin*)
  pièce de théâtre spectacle (comédie, tragédie, drame, ...)
  pièce principale dans un appartement toute pièce autre que la cuisine et la salle de bains
pied *m*
  à pied en marchant, au moyen des pieds
  mettre sur pied établir
  remettre sur pied rétablir
piège *m trap*
  se laisser prendre à un piège se laisser tenter
pierre *f* corps dur et solide qui sert à bâtir
piètre *adj* médiocre
pile *f battery, energy source*
  pile atomique réacteur nucléaire
pilote *m*
Pimprenelle nom d'une petite fille, un des personnages principaux de l'émission *Bonne nuit les petits* (c'est une marionnette)
pin-up *f*
pion *m* surveillant (jargon des étudiants)
piqûre *f* injection
piscine *f* bassin artificiel pour la natation
piste *f* espace, terrain, aménagé pour des courses de ski, de chevaux, d'autos, ...

Vocabulaire

piste de danse espace, partie d'une pièce réservée aux danseurs
place f place publique, lieu public (*public square*); espace, endroit que peut ou doit occuper une personne, une chose; espace disponible; rôle, emploi
  à la place de au lieu de
  place d'Italie grande place sur la rive gauche à Paris
placé *adj* situé
placer mettre dans un lieu
plafond *m ceiling*
plage *f beach*
se plaindre faire des observations, parce qu'on n'est pas satisfait; (se) lamenter
se plaindre de qqch ne pas être satisfait de qqch
plaine f étendue plate
plaisanter dire des choses amusantes pour faire rire, ne pas parler sérieusement
plaisanterie f parole, histoire, réflexion amusantes
plaisir *m*
  faire plaisir plaire
  faire plaisir à voir agréable à observer
Plaisir de France *m* périodique de grand luxe
plan *m*
  au premier plan sur une image, une photo, ce qui est situé le plus près du lecteur
  au second plan ce qui vient immédiatement après le premier plan
  de premier plan de première importance
  plan de verdure lieu réservé pour la verdure, espace vert
plancher *m floor*
planifier organiser, diriger d'après un plan
plante *f*
plastique *adj* de matière plastique
plat *adj* dont la surface est unie, sans relief
plat *m* pièce de vaisselle plus grande et plus creuse que l'assiette; son contenu (par exemple, un plat de poisson)
plateau *m* large plat sur lequel on sert ou dessert les mets et les boissons
plein *adj*
  être plein de soi-même avoir une haute idée de sa propre personne, être vaniteux, se croire très important
plein *m* contraire du vide
  (faire le) plein d'essence remplir entièrement le réservoir d'essence
se plier s'incliner, se soumettre
plonger se précipiter en se laissant tomber
plupart f (avec l'article défini uniquement) le plus grand nombre, la majorité
plus *adv*
  en plus en supplément
plus-value f accroissement de la valeur d'un bien
pneu *m* pneumatique
  crever un pneu avoir un pneu crevé, troué et donc être obligé d'en changer ou de changer de roue
  pneu radial pneumatique renforcé par une enveloppe métallique et qui offre plus de sécurité
pneumatique *adj* qui peut se gonfler d'air, qui utilise l'air comprimé comme support ou comme moteur
poêle f ustensile de cuisine en métal, plat et rond dont on se sert pour faire frire légumes et viandes
poème *m* ouvrage en vers
poids *m* pesanteur (*weight*)
poids lourd *m* gros camion automobile
point *m*
point de vue *m* manière de considérer les choses pour les juger
poison *m*
poisson *m* animal aquatique
  poisson d'avril plaisanterie, attrape, farce du 1er avril
poli *adj* civil, courtois, conforme aux règles de la politesse
policier(ère) *m* personne, agent qui fait partie d'un service de police (par

exemple, détective, agent de police, inspecteur de police)
policier *adj* qui se rapporte à la police
  film policier qui retrace les épisodes de la lutte entre policiers et gangsters
  roman policier roman à sujet policier
politique *adj f* tout ce qui se rapporte aux problèmes de gouvernement, aux partis politiques, aux relations entre divers pays, ...; façon de concevoir et de régler un problème
  politique étrangère manière de conduire les relations avec les autres pays
pollution *f*
pomme *f* fruit du pommier, qui se mange cru ou cuit en compote et qui sert à la fabrication du cidre
pomme de terre *f potato*
pompe à essence *f gas pump*
pompier *m* homme appartenant à un corps organisé pour combattre les incendies et autres sinistres
pompiste *m f* employé(e) qui fait marcher les pompes à essence (ne pas confondre avec pompier)
ponctuel(elle) *adj.* à l'heure exact, qui n'est pas en retard
pont *m bridge*
  faire le pont chômer un jour ouvrable placé entre deux jours fériés
populaire *adj* très apprécié par le public, goûté par tout le monde; de condition ouvrière
population *f*
populeux(euse) *adj* fortement peuplé, où la population est très dense
porc *m* cochon; viande de porc
porte *f* ouverture pour entrer et sortir
porte d'entrée *f* porte principale
porte-fenêtre *f French door*
porte-monnaie *m* bourse pour l'argent de poche (*billfold*)
porter produire; avoir sur soi
  porter des fruits produire des résultats
  porter un jugement exprimer une opinion
posé *adj* calme, reposant

poser placer, mettre; se tenir dans des attitudes étudiées comme modèle pour un photographe
  poser une question demander, questionner
se poser atterrir
positif(ive) *adj* qui apporte qqch, qui entraîne une amélioration
position *f*
  position d'un coureur la place qu'il occupe dans une course
posséder
  se laisser posséder *fam* se laisser tenter, se laisser faire, se laisser convaincre
possibilité *f*
poste *m* emplacement; place dans une équipe; appareil, machine
  poste de télé, de radio récepteur de télé, de radio
  poste d'observation endroit d'où on peut bien voir ce qui se passe
poste *f post office; f pl postal system*
pot *m* vase de terre ou de métal, marmite de cuisine; (*fam*) boisson
pote *m fam* ami
pouce *m* gros doigt (*thumb*)
  manger sur le pouce manger à la hâte, sans cérémonie; faire un maigre repas
pouf *m* siège en forme de gros tabouret
poulet *m* petit d'une poule (*chicken*)
pouls *m* battement des artères
  tâter le pouls compter les pulsations du cœur en exerçant une pression sur l'artère du bras au niveau du poignet
poumon *m* principal organe de l'appareil respiratoire
poupée *f* jouet représentant un bébé ou une fillette, en porcelaine, celluloïd, matière plastique, carton bouilli, ...
pourparlers *m pl* négociations
poursuivre chercher à atteindre
  poursuivre un travail continuer ce travail
pourvoir
  être pourvu de être équipé de, posséder

Vocabulaire

pousser déplacer par un effort
  pousser à l'extrême exagérer
  pousser un «Oh!» prononcer à très haute voix l'exclamation «Oh!»
prairie *f* étendue de terre couverte d'herbe, de pâturages
pratique *adj* commode, fonctionnel, utile
  des études pratiques des travaux manuels, un entraînement physique
pratiqué *adj* auquel on se livre
  un sport très pratiqué un sport très répandu
pratiquer
précédemment *adv* auparavant
précédent *adj* qui est immédiatement avant
prêcher recommander
précis *adj* exact
précisément *adv* exactement, justement
précision *f*
préfabrication *f*
préfecture *f* ville où réside le Préfet qui est le représentant du Gouvernement
  Prefecture de police direction des services de police (particulière de Paris)
préférence *f*
  de préférence *loc adv* plutôt
préhistorique *adj* qui a précédé les temps historiques
premier(ère) *adj* first
  en premier *loc adv* d'abord
prénatal *adj* d'avant la naissance
prendre saisir, tenir
  être pris par être occupé par
  prendre la route partir sur la route (en voiture, en moto, à bicyclette)
  prendre qqn pour croire qu'une personne est autre qu'elle n'est, se tromper sur son identité ou sa qualité
  s'en prendre à tout le monde incriminer tout le monde, rendre tout le monde responsable
prénom *m* petit nom, nom particulier, nom de baptême
se préoccuper de accorder de l'intérêt à, de l'importance à; s'inquiéter de
être préoccupé être inquiet

préparatif(s) *m* action de préparer, ou de se préparer (ne pas confondre avec préparation); dispositions que l'on prend en vue de préparer qqch
préparation *f*
préparatoire *adj*
préparer
se préparer à se tenir prêt à, prévoir, envisager
préposé *m* personne chargée d'un service spécial, *e.g.*, mailman
prérogative *f* privilège, avantage particulier
présalaire *m* allocation, subvention
prescrire ordonner
présentateur(trice) *m f* personne qui présente au public une émission de radio, de télévision
présentation *f*
présenter faire connaître; montrer
se présenter arriver, s'offrir; se faire connaître
présidence *f* les fonctions de président; le fait d'être président
  assurer la présidence être le président
pressant *adj* qui insiste vivement
presse *f* machine destinée à laisser une empreinte quelconque; presse à imprimer; les journaux, les journalistes
  mettre sous presse imprimer
  voiture de presse voiture transportant des journalistes
pressé *adj* qui a hâte, qui n'a pas le temps; urgent
  être pressé par le temps être obligé de faire vite, faute de temps
pression *f* action de presser, contrainte
  pression d'un pneu force de pression de l'air à l'intérieur d'un pneu
prêt *m* somme d'argent qu'on obtient de l'État, d'une banque et qu'il faudra rendre au bout d'un certain temps; action de prêter
prétendre affirmer
  prétendre à réclamer comme un droit
prétentieux(euse) *m f* qui se flatte tout le temps, a une trop grande idée de lui-même

256   *Vocabulaire*

prétention *f*
se prêter
   se prêter à des interprétations donner lieu à des interprétations
prêtre *m* curé, ministre du culte catholique
prévision *f* action de prévoir, anticiper
   prévision météorologique annonce du temps qu'il fera
prévoir imaginer un événement futur, s'y préparer à l'avance; juger à l'avance
   il est à prévoir il est presque certain que
prévu organisé
   prévu pour 10 heures qui doit avoir lieu à 10 heures
primaire *adj*
   école primaire qui reçoit les enfants de 5 à 11 ans
prime *f* récompense
   prime à la naissance somme d'argent versée par l'État à la naissance d'un enfant
principal(ale) *adj*
principe *m*
   en principe normalement
printemps *m* la première des quatre saisons de l'année (21 mars–21 juin)
priorité *f*
prise *f* action de s'emparer de qqch, de prendre qqch
prise d'armes *f* cérémonie militaire (revue, remise de décorations ...)
prise (de courant) *f* contacteur où l'on branche les appareils électriques
prisonnier(ère) *adj m f* qui est détenu en prison
privé *adj* qui appartient à des particuliers, à une société, à une compagnie, qui ne dépend pas de l'État
priver refuser à qqn la jouissance de
privilégié *adj* qui jouit d'un privilège, d'un avantage
prix *m* valeur vénale d'une chose; récompense
   à prix fixe dont le prix est fixé à l'avance

distribution des Prix fête au cours de laquelle on remet les récompenses aux élèves
hors de prix très cher
probatoire *adj* propre à prouver
problème *m*
procès *m* instance devant un juge sur un différend
   faire le procès de accuser, condamner
prochain(aine) *adj* qui est proche (dans l'espace ou dans le temps); qui vient ensuite, après
proche *adj* qui est près; qui va arriver bientôt, qui est arrivé il y a peu de temps (en parlant du temps); voisin, contigu (en parlant de l'espace)
produit *m* ce qui est tiré d'une terre ou créé par une industrie; résultat
prof *m* (dans le jargon des étudiants) professeur
professeur *m* personne qui enseigne soit dans un lycée, soit à l'université
professionnel(elle) *adj*
profiter tirer avantage
   en profiter pour ... saisir l'occasion pour ...
profond *adj*
programme *m* ensemble de matières professées dans les cours et sur lesquelles porte un examen ou un concours; projet, plan
progresser
progressif(ive) *adj*
progressivement *adv*
projet *m*
projeter faire passer; envisager
   projeter un film montrer un film
promenade *f* action de se promener; lieu aménagé pour les promeneurs
promeneur *m* personne qui se promène
promesse *f* engagement, résolution, serment
promoteur *m* (en terme de construction) homme d'affaires qui finance la construction d'immeubles; celui qui donne l'impulsion
promotion *f*
prononcer
proportionnel(elle) *adj*

Vocabulaire

propos *m*
  à propos (formule de transition) *by the way*
proposer
proposition *f* *clause*
  proposition incidente proposition accessoire
propre *adj* qui n'est pas sale; particulier
  sens propre sens primitif et naturel
proprement *adv* vraiment
propriétaire *m* *f*
propriété *f*
propulseur *m* engin qui sert à mettre en mouvement et à faire avancer un bateau, un avion
  propulseur nucléaire propulseur alimenté par l'énergie atomique
prospection *f* action de prospecter, de chercher, d'explorer
protéger défendre
protestant *adj* *m* *f* de religion protestante
prouesse *f* acte de courage, de valeur
prouver donner la preuve de, montrer
provençal *adj* de Provence, province au Sud-Est de la France
  à la mode provençale très épicé avec beaucoup d'ail et de persil (après un nom de plat, au féminin)
provenir (en précisant l'origine) venir de
province *f*
  la province toute la France, en dehors de la capitale
provision *f* ensemble de choses nécessaires ou utiles
  faire des provisions acheter ce qui est nécessaire
provisoire *adj* temporaire
proximité *f* voisinage
  à proximité *loc adv*, à proximité de *loc prép* près de, à faible distance de
prudent *adj* prévoyant, réfléchi, qui fait très attention à ce qu'il fait
psychologue-conseil *m* psychologue qui travaille avec des urbanistes et des sociologues
public(ique) *adj*

séance publique réunion à laquelle tout le monde peut prendre part
publicitaire *adj* qui a rapport à la publicité
publicité *f* annonce, réclame
se publier
puissance *f* force
  puissance de production possibilité de production, capacité de production
puissant *adj* qui a de la force, qui a beaucoup de pouvoir
pull *m* pull-over, tricot avec ou sans manches, que l'on passe par la tête
pupitre *m* meuble composé d'une planche inclinée montée sur un pied et fait pour porter un livre
Pyrénées *f* *pl* chaîne de montagnes au Sud-Ouest de la France, séparant la France de l'Espagne

quai *m* rue ou avenue longeant un fleuve; partie du port où accostent les navires
qualifié *adj* qui a les qualités nécessaires pour
qualité *f* vertu, mérite particulier
quand (+ *conditionnel*) même si (+ *imparfait*)
  quand je devrais ... même si je devais ...
quant à *loc prép* à l'égard de, pour ce qui est de, en ce qui concerne
quarantaine *f* environ quarante, autour de quarante
quart *m* quatrième partie
  passer un mauvais quart d'heure passer un moment désagréable, se trouver dans une situation très embarrassante
quartier *m* partie d'une ville
404 *f* voiture fabriquée par Peugeot
quelconque *adj* ordinaire
querelle *f* échange de paroles vives, parfois accompagnées de violences
question *f*
  c'est hors de question ce n'est pas la peine d'y songer, inutile d'y penser
  il est question de il s'agit de
  question-débat *f* question que l'on peut

discuter, débattre, qui donne lieu à un débat

Quimper ancienne capitale du comté de Cornouaille, chef-lieu du Finistère en Bretagne

quintessence *f* ce qu'il y a d'essentiel, de meilleur, de parfait dans une chose

quitter abandonner, se retirer de
  quitter un endroit partir de cet endroit

quoi *pron rel*
  avoir de quoi faire qqch avoir ce qui est nécessaire pour faire qqch

R–10, R–12, R–16 trois voitures fabriquées par Renault

R.N. 10 route nationale de Paris à Hendaye

R.N. 13 route nationale de Paris à Caen et à Cherbourg

R.N. 20 route nationale de Paris à Toulouse et à la frontière espagnole

raccompagner reconduire

raccorder joindre, relier

race *f*

radial (**radiaux**) *adj* disposé suivant un rayon, de forme rayonnée (voir **pneu**)

radiateur *m* appareil employé pour le chauffage

radieux(**euse**) *adj* heureux, ravi, rayonnant de joie et de bonheur

radio *f* radiographie, examen radiographique (photographie par les rayons X); radiophonie
  radio Andorre poste d'émission radiophonique en Andorre
  radio Europe Nº 1 poste d'émission radiophonique en Sarre
  radio Luxembourg poste d'émission radiophonique au Luxembourg
  radio Monte-Carlo poste d'émission radiophonique à Monte-Carlo

raffoler
  raffoler de qqch *fam* adorer, aimer qqch à la folie

rafraîchissant *adj* frais, qu'on a plaisir à boire

ragoût *m* morceaux de viande cuits avec des morceaux de légumes dans une sauce

raide *adj* fort tendu, rigide

raison *f* droit; motif, excuse
  c'est à raison que ... **on a raison de** ...
  parler raison parler sagement, raisonnablement

raisonnable *adj*
  prix raisonnable prix qui n'est pas exagéré, ni trop cher, ni pas assez cher, prix moyen, pas trop élevé

ralentir aller plus lentement; rendre moins intense

Rambouillet petite ville au sud-ouest de Paris, célèbre pour son château et la forêt qui l'entoure

ramener amener de nouveau; faire revenir une personne au point d'où elle était partie

ranch *m*

rangé *adj* aligné par rangs, mis de côté pour laisser la voie libre

rangement *m* action de ranger
  rangement ou **coin-rangement** dans une maison moderne désigne tout espace destiné à ranger, à mettre les choses en ordre (par exemple, penderies, tiroirs, placards). *Par ext* désigne toute pièce qui peut être utilisée à cette fin, mais qu'on peut aménager à sa guise

ranger garer; mettre dans un endroit, dans un certain ordre, en rang

râpé *adj* réduit en très petits morceaux, au moyen d'une râpe (*grated*)

râper réduire en poussière, en miettes

rapide train rapide, qui ne s'arrête qu'aux gares les plus importantes

rappeler
  rappeler qqch à qqn le faire se souvenir de qqch, lui remettre qqch en mémoire

rapporter apporter avec soi, ramener avec soi
  rapporter de l'argent faire gagner de l'argent

rare *adj* qui ne se produit pas souvent, n'arrive pas souvent

raseur *m fam* ennuyeux, fâcheux

Vocabulaire   259

rassurant *adj* qui rassure, qui rend la tranquillité, qui dissipe l'inquiétude

rassurer rendre la confiance, calmer; tranquilliser

rater ne pas réussir, manquer

ravi *adj* très heureux, joyeux, enchanté

ravissant *adj* charmant

rayon *m* section spécialisée dans un grand magasin

rayonnant *adj* éclatant

réacteur *m* nom donné aux propulseurs à réaction

réaction *f*
   avion à réaction avion dont la propulsion est assurée par un moteur à réaction

réagir (à) avoir une réaction, éprouver des sentiments

réaliser effectuer

réaliste *adj* qui appartient au réalisme, en philosophie, en littérature et en arts; qui a le sens des réalités, l'esprit pratique

rebord *m* bord élevé et ajouté

rebuter décourager, dégoûter

récemment *adv* il y a très peu de temps

récent *adj* qui existe depuis peu

récepteur *m* poste récepteur

réception *f* réunion mondaine ou officielle chez soi à l'occasion d'une fête, d'un mariage, d'un anniversaire

recevoir accepter, prendre ce qui est offert; contenir; (terme de sports) jouer contre une équipe chez soi
   recevoir (des invités) avoir des invités chez soi pour une soirée, un repas

réchaud *m* ustensile de ménage pour réchauffer les plats (réchaud électrique, à alcool)

recherche *f*
   la recherche nucléaire les travaux des savants dans le domaine atomique
   les recherches l'ensemble des travaux et des études des chercheurs en vue de découvrir du nouveau

récipient *m* ustensile ou vase

réclamation *f* plainte, demande

réclame *f* vente à prix réduit; annonce publicitaire (*advertisement*)
   en réclame vendu à prix réduit

réclamer demander

recoin *m* coin plus caché, moins en vue

recommandation *f* avis, conseil

recommander
   recommander à qqn de faire qqch conseiller à cette personne de faire qqch

récompense *f* cadeau que l'on a mérité

reconnaissable *adj* qu'on peut reconnaître

reconnaître identifier; admettre comme vrai
   se reconnaître retrouver son image, son caractère
   s'y reconnaître savoir où on en est, voir clairement où l'on se trouve

recourir à se servir de

recours *m* action de rechercher de l'assistance
   avoir recours à demander le secours de, faire appel à

recouvrir couvrir entièrement; cacher sous des apparences trompeuses

recréer créer de nouveau, reproduire

reçu *adj* qui a passé avec succès un examen, qui a été admis à un examen

récupérer rentrer en possession de

redire
   trouver à redire se plaindre, critiquer, condamner

redoubler (sens scolaire) répéter l'année, suivre les mêmes cours une 2e fois (année)

redressement *m* action de corriger, de réparer

réduction *f*

réduire rendre moindre, diminuer
   se réduire à qqch revenir à signifier, vouloir dire, se limiter à (dans sa signification, ses conséquences, ses prétentions)

refaire faire de nouveau

réfléchir penser

réflexe *m* mouvement involontaire qui

survient rapidement en réaction à un événement, un fait quelconque

avoir de bons réflexes réagir très rapidement à une situation donnée

réflexion *f* remarque

réforme *f* reform (terme militaire) mise hors de service, exemption

refus *m* action de refuser

refusé *adj* qui a échoué à un examen, qui n'a pas été reçu

refuser ne pas accepter, ne pas accorder; ne pas vouloir, dire «non»

    se refuser à ne pas consentir à, refuser de

    refuser un élève (à un examen) déclarer qu'il a échoué, qu'il n'a pas été admis

regard *m* action de regarder, coup d'œil

regardé *adj* vu; estimé

regarder

régime *m* forme de gouvernement; administration

    régime alimentaire conduite à tenir en matière de nourriture, d'alimentation

    suivre un régime se conformer à certaines règles en matière d'alimentation, éviter certains mets, manger de préférence tel légumes, telles viandes, ...

région *f*

régional *adj*

registre *m* catalogue, gros cahier sur lequel on inscrit des renseignements qu'on veut conserver

règle *f*

    être en règle être en ordre, avoir tous ses papiers, faire ce que demande la loi

règlement *m* loi, prescription

régler diriger; juger, trancher rapidement une question; mettre au point (montre, moteur, ...)

    régler un problème trouver une solution à un problème

régner être souverain, roi; commander en tant que tel; *fig* exister

régulateur *m* appareil destiné à régulariser la marche d'une machine

régulier(ère) *adj* qui se produit, se répète à intervalles réguliers

régulièrement *adv* avec régularité, suivant un calendrier bien établi, à intervalles réguliers (par exemple, chaque jour, deux fois par jour, trois fois par semaine)

regret *m*

    à regret contre son désir, sans le vouloir, contre sa volonté

regretter éprouver du chagrin

réitérer répéter

relance *f* nouvelle mise en mouvement, en vue de faire des progrès

relatif *m* (*gram*) pronom relatif

relatif(ive) *adj*

relation *f*

    inviter des relations inviter des personnes que l'on connaît, avec lesquelles on a des relations

relativement *adv* d'une façon relative

se relayer se remplacer mutuellement

relevé *m* détail, résumé écrit, liste

relève *f* remplacement

relèvement *m* *fig* augmentation

relief *m*

    mettre en relief faire ressortir, mettre en valeur

relier joindre

religieux(se) *adj m*

    instruction religieuse enseignement religieux

religion *f*

relouer louer de nouveau

remarquable *adj* digne d'être remarqué; extraordinaire, notable; exceptionnel

remarque *f*

remboursable *adj* qui peut, qui doit être remboursé, rendu, restitué

rembourser rendre l'argent déboursé

remède *m* *fig* qqch qui sert à apaiser les souffrances morales, solution à un problème, à un inconvénient

remettre

    remettre à plus tard différer, retarder

    remettre en marche mettre de nouveau en mouvement

    remettre en question ne plus accepter comme définitif ou réglé

remettre un devoir donner un devoir à un professeur

remonte-pente *m* appareil ou dispositif qui sert à transporter les skieurs jusqu'au sommet d'une pente, d'où ils redescendront en skiant (*ski tow*)

remonter monter de nouveau au lieu d'où on était descendu

remorquer tirer

remplacer mettre à la place de

rempli *adj filled (out)*

une fiche bien remplie qui porte beaucoup de renseignements

remporter

remporter une étape gagner cette étape, être le vainqueur

remuer mouvoir; émouvoir

rémunéré *adj* payé, rétribué

Renault *f* compagnie automobile nationalisée (Louis Renault, 1877–1944, ingénieur et constructeur, un des pionniers de l'industrie française); voiture fabriquée par cette compagnie

rencontre *f* le fait de se trouver avec quelqu'un par hasard; match, épreuve sportive

rencontrer *to meet*

rendez-vous *m* rencontre convenue entre deux ou plusieurs personnes de se trouver à la même heure en un même lieu; lieu où l'on a décidé de se rencontrer, de se rendre

donner rendez-vous à qqn décider avec qqn de se rencontrer à une certaine heure

prendre un rendez-vous convenir à l'avance d'être reçu, par exemple, par un médecin

rendre restituer, remettre; faire devenir

se rendre se transporter, aller

renommé *adj* réputé, célèbre

renoncer à abandonner

renouveau *m* nouveau départ, nouvelle phase

rénover donner une nouvelle forme, remettre à neuf; rendre neuf, jeune; moderniser

renseignement *m* indication, information, éclaircissement servant à faire connaître une chose

renseigner donner des renseignements à

rentabilité *f* le fait d'être rentable

rentable *adj* qui rapporte de l'argent

rentrée *f* reprise, retour

rentrée scolaire début de l'année scolaire en septembre, reprise des cours en automne

rentrer retourner, revenir

répandre verser par terre

répandre un bruit faire courir un bruit, raconter autour de soi

répandu *adj* connu, populaire

réparation *f* action de réparer, de remettre en bon état

repartir partir de nouveau

répartir partager, distribuer; diviser

répartition *f* partage, distribution

repas *m* nourriture que l'on prend chaque jour à certaines heures

prendre un repas manger, c'est-à-dire soit déjeuner (à midi), dîner (vers 7 ou 8 heures) ou souper (tard dans la soirée)

repêchage *m* action de repêcher, épreuve supplémentaire en faveur de candidats éliminés une première fois

réplique *f* action de répondre à ce qui est dit ou écrit

réponse *f answer*

repopulation *f*

reportage *m* article

reportage photographique article basé sur une enquête photographique

repos *m* délassement, pause, arrêt de travail; tranquillité, quiétude

reposant *adj* paisible

reposer

cela repose c'est reposant, ce n'est pas fatigant

se reposer reprendre des forces, cesser de travailler, rester au calme

reprendre aller chercher qqch qui vous appartient; recommencer

reprendre des minutes rattraper des minutes de retard, se rapprocher d'un autre concurrent qui avait de l'avance

représentant *m* personne qui représente qqn, commis voyageur
représentation *f* le fait de jouer une pièce de théâtre
représenter tenir la place de qqn
reproche *m* observation faite à qqn pour lui rappeler qu'il a tort
    sur un ton de reproche d'une façon peu aimable, peu gentille
reprocher
    reprocher qqch à qqn accuser qqn d'être responsable de qqch
reproduction *f* imitation fidèle
répugner ne pas être agréable à faire, faire horreur
    répugner à faire qqch hésiter à faire qqch, le faire avec dégoût
réputé *adj* fameux, renommé
réseau *m* ensemble, système de voies ferrées, de routes, de lignes téléphoniques, ...
réserver mettre à part
    réserver une chambre retenir, louer à l'avance
résidence *f*
    résidence universitaire lieu où résident les étudiants
résidentiel(elle) *adj* où l'on réside
résignation *f* soumission à la volonté de qqn, au destin
résoudre trouver, apporter une solution à
    se résoudre à faire qqch accepter de faire qqch car on n'a pas le choix
respecter
    respecter une loi obéir à cette loi
respectif(ive) *adj*
responsable *m* personne qui est chargé, en tant que chef, de prendre des décisions, mais qui doit en rendre compte à une autorité supérieure, personne qui a la responsabilité de qqch
responsabilité *f* obligation morale de bien faire, de bien jouer, la conscience qu'on en a
ressembler à être semblable à
ressentir sentir, éprouver
    s'en ressentir avoir droit de se plaindre
ressortir apparaître nettement
restaurant *m*

restauration *f* remise en bon état
reste *m* ce qui demeure
    de reste qui reste, qui n'a pas été dépensé
    du reste au surplus, d'ailleurs
rester demeurer, habiter en permanence
    il reste beaucoup à faire beaucoup de choses sont à faire, beaucoup de choses doivent encore être faites
restriction *f*
résultat *m* ce qui résulte d'une action
résumé *m* abrégé d'une œuvre, d'un livre
retard *m* le fait d'arriver, d'agir trop tard; délai
    être en retard ne pas être à l'heure, arriver après l'heure convenue
retardataire *m f* qui est en retard
retenir réserver; empêcher de partir
retenue *f* réserve polie
se retirer s'en aller; quitter un genre de vie, sa profession
retour *m* action de revenir
retraite *f* lieu où l'on se retire loin des affaires du monde; cessation de toute activité professionelle
    retraite aux flambeaux procession de nuit à la lumière de torches
rétrospectivement *adv* d'une manière rétrospective
retrouver revoir, rencontrer
réunir rejoindre, rapprocher; rassembler
se réunir se grouper, se rencontrer au cours d'une réunion
réussir avoir un résultat heureux
    réussir à un examen passer avec succès cet examen
    un mariage qui réussit un mariage solide, harmonieux, et qui durera longtemps
réussite *f* action de réussir, d'avoir du succès; bon résultat
revanche *f*
    en revanche d'autre part, par contre
rêve *m* espoir, espérance, désir (*dream*)
réveille-matin *m* *alarm clock*
se réveiller cesser de dormir
réveillon *m* repas fait au milieu de la nuit, surtout dans la nuit de Noël et du Jour de l'an

Vocabulaire   263

révélateur significatif, qui révèle qqch
se révéler apparaître, se manifester
revendication f demande, réclamation
revenir (à) venir de nouveau; coûter
  il vous revient de il vous appartient de, c'est à vous de faire …
  ne pas en revenir être très étonné
  on y revient on se remet à l'aimer, cela revient à la mode
  revenu m l'argent que l'on gagne, dont on dispose; ressources, rentrées d'argent
  le revenu national l'ensemble des ressources d'un pays durant une période donnée (par exemple, durant un an)
rêver songer, souhaiter
revient m
  prix de revient coût total d'un produit, d'une marchandise ou d'un service
revoir
  revoir un problème, une question ré-étudier, reconsidérer, revenir sur ce problème, cette question pour y apporter une meilleure solution
révoltant adj qui donne envie de se révolter
révolution f changement radical, profond
revue f parade militaire; inspection détaillée pour vérifier les effectifs ou le matériel d'un corps de troupes; publication mensuelle ou hebdomadaire; périodique
  revue spécialisée qui ne traite que d'une spécialité (par exemple, le théâtre ou le sport)
rez-de-chaussée m étage au niveau du sol
rhum m
  baba au rhum gâteau dont la pâte est très légère et qu'on arrose de rhum
rhumatisme m maladie douloureuse qui affecte les articulations
richesse f
rideau m tout ce qui cache qqch
  un rideau d'arbres rangée d'arbres qui empêche de voir distinctement
ridicule adj m
  tourner qqn en ridicule se moquer de qqn et le rendre ridicule
rigueur f
  à la rigueur si c'est absolument nécessaire, s'il le faut vraiment
rillettes f pl sorte de pâté fait de viande de porc et d'oie hachée et cuite dans la graisse (*potted minced pork*)
rire *to laugh*
risque m
  prendre des risques s'exposer à un danger
risquer
  cette pièce risque d'être un four il est à craindre que cette pièce soit un four
rite m façon dont se déroulent des cérémonies religieuses, ensembles des règles pour célébrer un culte religieux
rival m adversaire
rivalité f lutte, opposition
river assembler par des rivets
  être rivé à qqch ne pas pouvoir s'en détacher
rivière f un cours d'eau qui se jette dans un fleuve
riz m *rice*
robe f vêtement de femme, d'une seule pièce et qui couvre tout le corps
rock m danse moderne; musique moderne
Roi m chef d'état
  tirer les Rois trouver un objet-surprise dans une galette le jour de la fête des Rois
rôle m fonction, ce qu'on doit faire
  jouer un rôle (au théâtre) incarner un personnage
roman m récit d'aventures inventées ou transformées (*novel*)
Rome f capitale italienne
rond adj circulaire
rondelet adj fam un peu rond
  somme rondelette somme assez importante
ronéo f *stencil machine*
roue f *wheel*
rouge m fam vin rouge

rouge ordinaire vin rouge de qualité courante
roulé *adj* faire avancer; marcher, voyager (en voiture, ...); *fig* duper, dépouiller
route *f*
   code de la route ensemble de règles concernant la façon de se comporter, de conduire sur la route, dans les rues
   prendre la route se mettre en route, partir en voiture
Route mauve route touristique du centre de la France
routier(ière) *adj* qui a rapport aux routes
routine *f*
rubrique *f* titre, indication de matière
rude *adj* difficile, qui cause de la fatigue, de la peine
rue *f* *street*
rugby *m* sorte de football, qui se joue à la main et au pied, avec un ballon ovale, et opposant des équipes de 13 ou 15 joueurs (le jeu consiste à porter le ballon derrière le but adverse ou à le faire passer au-dessus de la barre transversale entre les poteaux de but)
ruine *f*
   se relever de ses ruines réparer les dommages causés par la guerre
ruiner détruire
ruser *to use deceit, craft*
Russie *f* pays soviétique
rythme *m*

S.N.C.F. *f* Société Nationale des Chemins de Fer Français
sacrifice *m*
sacrifier
sage *adj*
   un enfant sage un enfant qui se tient bien, qui est poli, obéissant
sain *adj* en bonne santé physique ou morale
   une saine amitié une amitié sans équivoque, franche
Saint-Cloud banlieue parisienne au sud-ouest du Bois de Boulogne

Saint-Lazare gare ferroviaire parisienne qui dessert la région nord-ouest
saint-nectaire *m* fromage d'Auvergne
saisir prendre entre ses mains
   être saisi par l'émotion être violemment ému
saisissant *adj* très impressionnant
saison *f* une des quatre divisions de l'année; saison sportive, mondaine
salade *f*
salaire *m* rémunération d'un travail manuel, calculée à l'heure et payée en général deux fois par mois (ne pas confondre avec **traitement** pour les fonctionnaires de l'Etat, **solde** pour les militaires; **honoraires** pour les professions libérales)
salarié *m* personne qui reçoit un salaire, employé, travailleur
sale *adj* malpropre
salle *f* pièce (par exemple, salle de classe, salle de restaurant, salle de cinéma)
salle à manger *f* pièce d'un appartement où l'on prend ses repas
salle d'attente *f* salle où l'on attend (par exemple, dans une gare)
salle d'eau *f* salle qui contient lavabo et douche (**salle de bains**: baignoire, bidet)
salle de séjour *f* salon, living room
salon pièce de séjour, de réception
saluer donner une marque extérieure de civilité, de politesse
salutaire *adj* utile, indispensable
samedi *m* septième jour de la semaine
sanctionner punir
sang *m* *blood*
sang-froid *m* calme, maîtrise de soi
santé *f* état de celui qui est sain, qui se porte bien
sapin *m* conifère très grand et toujours vert (*fir*, ne pas confondre avec le pin)
satellite *adj* qui dépend d'un autre sur le plan politique ou économique
satellite *m* engin porteur d'appareils divers, lancé par une fusée et qui tourne autour de la Terre (certains satellites comme Telstar ou Early Bird sont équipés pour relayer des

émissions de radio ou de télé entre les U.S.A. et d'autres pays)
satisfaction f contentement
satisfaire
satisfaisant adj qui donne satisfaction
saule m arbre qui pousse dans les endroits frais, le long des rivières (*willow*)
    saule pleureur variété de saule, aux branches retombant jusqu'à terre
saut m *jump*
sauvage m homme non civilisé
savoir être instruit dans qqch; connaître
    cela ne saurait suffire cela ne pourrait suffire, cela ne peut pas suffire
    on ne sait jamais on n'est jamais sûr, comment savoir, on peut toujours douter
    on ne sait jamais avec lui on peut s'attendre à tout de sa part, ses réactions sont imprévisibles
scandaleux(euse) adj qui fait scandale
scène f épisode
schéma m figure simplifiée servant à la démonstration (*diagram*)
Science f
scientifique adj m f
scolaire adj pour les écoles, pour les écoliers, qui a rapport à l'école
scotch m whisky écossais; *scotch tape*
scrutin m vote
    le mode de scrutin système de vote (par exemple, scrutin majoritaire, avec représentation proportionnelle, scrutin uninominal, scrutin de liste)
séance f session, réunion; projection d'un film
sec (sèche) adj contraire d'humide; brusque, cassant
sèchement adv d'une façon brusque, cassante
secondaire adj qui vient en second, accessoire
secouer agiter fortement et à plusieurs reprises
secours m aide, assistance
secret m
    avoir le secret de qqch savoir faire qqch, être très habile dans l'art de faire qqch

secrétaire m f
secrétariat m membres du personnel qui remplissent les fonctions de secrétaires dans un établissement, un ministère, ...; bureaux, services dans une administration
sécurité f
Sécurité sociale f ensemble des législations (ainsi que les organismes chargés de leur application) qui ont pour objet de garantir les individus et les familles contre certains risques sociaux
ségrégation f séparation des races, par exemple, des blancs d'avec les noirs, apartheid
Seine f le fleuve qui arrose Paris et Rouen et qui se jette dans la Manche
le XVIe seizième (voir **arrondissement**)
séjour m fait de rester plus ou moins longtemps dans un lieu
séjourner demeurer quelque temps dans un lieu
sélection f choix
sélectionner choisir
semaine f durée de sept jours
    en semaine pendant la semaine, les jours ouvrables
semblable adj pareil, de même nature, similaire
sembler avoir une certaine apparence, avoir l'air, paraître
Sénat m une des deux assemblées législatives françaises (l'autre est la Chambre des Députés)
sens m direction
sensation f
    faire sensation impressionner, émouvoir un public, une foule
sensationnel(elle) adj
sensible adj qui est facilement ému, touché; fig qu'on remarque aisément
sentiment m
sentimental adj qui fait appel aux sentiments, ou qui les provoque
sentir *to feel*

se sentir chez soi être comme chez soi, être à l'aise, se sentir bien
séparation *f*
séparé *adj*
séparément *adv* chacun de son côté
séparer
se séparer quitter qqn, partir chacun de son côté, prendre congé
septembre *m* neuvième mois de l'année
série *f*
   en série en grandes quantités, à la chaîne
sérieusement *adv* d'une façon sérieuse, avec application
sérieux(euse) *adj* grave, important, réfléchi; sur qui on peut compter; respectueux, qui ne flirte pas
sermonner faire des remontrances à
serpenter avoir un cours tortueux, couler en faisant des S, des méandres
serrer étreindre, presser
serveur(euse) *m f* la personne qui sert
service *m* (au restaurant, au café) pourcentage ajouté à la note ou à l'addition et destiné à payer le garçon qui vous a servi (la somme remise de la main à la main constitue plutôt le pourboire)
   mettre en service faire fonctionner effectivement, se servir de, utiliser régulièrement
   les services (dans une ville) les services publics—les écoles, la mairie, la poste, ...
service militaire *m*
serviette *f* sorte de grand portefeuille; morceau de linge avec lequel on s'essuie à table ou après s'être lavé dans le cabinet de toilette
servir apporter sur la table les plats que les clients ont commandés et se tenir à leur service
   servir à être propre, bon à
   servir de faire office de, tenir lieu de
   se servir de utiliser
servitude *f* esclavage, oppression
sévir qui se manifeste vivement
siècle *m* période de cent ans
siège *m* partie d'une voiture, endroit ou meuble où l'on s'assied

siffler produire un son aigu, avec la bouche ou en soufflant dans un sifflet
signature *f*
signe *m* caractéristique; indice, marque
   faire signe manifester par un geste
   vivre sous le signe de vivre dans une atmosphère de
signer mettre sa signature
sillonner parcourir dans tous les sens
silo *m* réservoir, construction destinée à contenir blé, maïs, autres céréales, ...
simple *adj*
simplement *adv* ordinairement, sans recherche, d'une façon simple
singulier(ère) *adj* étrange, surprenant
sinistré *m* victime d'un cataclysme naturel ou de la guerre
sinon *conj* autrement, sans quoi
situation *f* emploi, poste
situé *adj* placé
situer placer, poser dans un certain endroit, préciser l'emplacement
skier
skieur(euse) *m f* celui qui fait du ski
slalom *m*
slogan *m*
snob *adj m f* qui prétend imiter les gens de la haute société
socialiste *adj m*
société *f*
société anonyme *f* société commerciale ou industrielle par actions (*joint-stock company*)
sociologue *m* savant qui s'occupe de sociologie
soif *f* thirst
   avoir soif
soigné *adj* qui a été l'objet de beaucoup de soin, d'attention
soigner donner des soins à
soigneusement *adv* avec soin
soigneux(euse) *adj* qui apporte du soin à ce qu'il fait
soin *m* care
   les soins de ... la besogne de, les soucis de
soirée *f* espace de temps, depuis le déclin du jour jusqu'au moment

Vocabulaire

où l'on se couche; réunion en soirée, réception
sol *m* terre
sole *f* poisson plat de forme ovale dont la chair est très recherchée (*sole*)
soleil *m* astre central de notre système planétaire
solennité *f* cérémonie solennelle
solidarité *f*
solution *f*
sombre *adj* qui n'est pas clair (le gris foncé, le noir sont des couleurs sombres)
somme *f* total, quantité, résultat d'une addition, certaine quantité d'argent
sommelier *m* l'employé, le garçon spécialement chargé de servir les vins
sommet *m* le point le plus haut
somptueux(euse) *adj*
   repas somptueux qui a coûté beaucoup d'argent, superbe
son *m* *sound*
   au son de accompagné par une musique
songer former dans son esprit, concevoir, penser, imaginer
   songer à faire qqch rêver de faire qqch, souhaiter faire qqch
Sorbonne *f* siège de la Faculté des Lettres et des Sciences Humaines de l'Université de Paris, a pris le nom de son fondateur, Robert de Sorbon (1201–1274)
sororité *f* en Amérique, association mondaine d'étudiantes
sort *m* destinée
sorte *f* espèce, variété
sortie *f* action de sortir; promenade, excursion à pied ou en voiture
   la sortie du lycée le moment où les élèves quittent le lycée après la fin des classes
sortir aller dehors
   s'en sortir *fam* se tirer d'affaire, réussir, franchir une difficulté
   sortir avec une jeune fille fréquenter une jeune fille régulièrement ou non
sosie *m* personne qui ressemble parfaitement à une autre

sou *m* ancienne monnaie valant la vingtième partie d'un franc
   ne pas avoir le sou être sans argent
   une affaire de sous une question d'argent
souci *m* soin accompagné d'inquiétude
   se faire du souci s'inquiéter
soucoupe *f* petite assiette qu'on place sous une tasse
soulager aider, venir en aide à; calmer la douleur
soulever élever, lever à une faible hauteur
se soumettre à subir
soumission *f* obéissance
souple *adj* flexible, maniable
souplesse *f* aisance, peu de rigueur, flexibilité, absence de raideur
source *f* origine
sourire *m* *smile*
sous-bois *m* végétation qui pousse sous les arbres d'une forêt; (peinture) dessein représentant un intérieur de forêt
sous-entendre impliquer
sous-location *f* action de sous-louer, de donner ou prendre à loyer une partie d'une maison ou d'un appartement dont on est le locataire
sous-louer prendre ou donner à loyer du principal locataire une portion de maison ou d'appartement (*to sublet*)
sous-marin *m* vaisseau de guerre qui peut se déplacer sous les eaux
sous-secrétaire *m* celui qui aide un secrétaire
sous-sol *m* construction située au-dessous du rez-de-chaussée
sous-titré *adj* avec des sous-titres, c'est-à-dire des indications dans une autre langue au bas de l'image
soutenir supporter, appuyer
souterrain *adj* qui est sous terre
souvenir *m*
se souvenir (de) se rappeler, ne pas oublier, garder en mémoire
souvent *adv* fréquemment
soviétique *adj* qui se rapporte à l'U.R.S.S.
speaker(ine) *m f* celui (ou celle) qui annonce les programmes, les

nouvelles à la radio et à la télévision, présentateur
spécial *adj* particulier
spécialisé *part*
spécialiste *m f* médecin qui s'attache à l'étude, au traitement et à la cure d'un genre de maladies en particulier
spécialité *f* plat que le cuisinier d'un restaurant réussit parfaitement, son plat favori
spectacle *m* représentation théâtrale
  donner le spectacle de faire preuve de, révéler; donner l'exemple de
spectaculaire *adj* impressionnant à regarder
sport *m*
  faire du sport pratiquer un sport ou faire des exercices physiques, de la gymnastique
sportif(ive) *adj m f* qui fait du sport
stabilité *f*
stable *adj*
stade *m stadium*; degré, partie distincte d'un développement
stage *m* temps pendant lequel des débutants sont astreints à des études, des obligations; situation transitoire, préparation
standard de vie *m* niveau de vie
standing *m* confort, luxe; train de vie
station *f abrév* station-service
  station de métro arrêt, gare sur une ligne de métro
  station de sports d'hiver lieu de séjour en montagne pour les sports d'hiver
station-service *f gas station*
stationner être garé
stéthoscope *m* instrument servant à ausculter
store *m* rideau qui se lève et se baisse devant une fenêtre au moyen d'un ressort (*roller shade*)
Strasbourg capitale de l'Alsace, sur l'Ill et le Rhin
strict *adj* qui refuse tout relâchement, exigeant
stylo à bille *m abrév* stylographe, instrument pour écrire

subir supporter, être victime de, endurer
subitement *adv* tout d'un coup
subsistance *f* nourriture et entretien, ensemble des vivres et objets grâce auxquels on subsiste
succéder (à) prendre la succession de
succès *m* issue heureuse d'une affaire
  pièce à succès pièce souvent jouée ou souvent demandée à cause du succès qu'elle obtient
successif(ive) *adj*
succomber céder à une tentation
succursale *f* établissement dépendant d'un autre (*branch*)
sucreries *f pl* bonbons, friandises (*sweets*)
sud *m* celui des quatre points cardinaux qui est opposé au nord
sud-est *m* qui est situé entre le sud et l'est
Sud-Express *m* grand express qui relie Paris et la frontière espagnole
sueur *f* transpiration
suffire être en assez grande quantité pour; pouvoir satisfaire à
  il suffit de il n'est besoin que de, c'est assez de
suffisamment *adv* d'une manière adéquate
suisse *adj* de (la) Suisse
  petit suisse fromage blanc crémeux de forme cylindrique, consommé avec du sucre ou de la confiture
suite *f*
  tout de suite immédiatement
suivant *adj* qui vient après
suiveur(euse) *adj m f*
  voiture suiveuse la voiture qui suit un coureur et qui transporte de quoi le dépanner et même des bicyclettes de rechange
suivi *adj* guidé, formé
suivre
  suivre à la télévision regarder sur l'écran de télévision
  suivre un cours assister à un cours, y être inscrit
sujet *m* matière sur laquelle on compose,

on écrit, on parle; personne considérée par rapport à ses actes
super *m abrév* supercarburant
supercarburant *m* essence dont l'indice d'octane est supérieur à l'ordinaire
superficie *f* surface occupée sur le terrain
supermarché *m* magasin d'alimentation où s'achètent tous les produits alimentaires, ou ménagers
se superposer coïncider
supersonique *adj* qui est relatif aux vitesses très supérieures à celle du son
supplément *m*
   payer un supplément verser une somme d'argent en plus
supplémentaire *adj* qui vient en plus, nouveau
supplier prier avec instance et humilité, implorer
supporter endurer, résister à
supporter *m* (anglais) partisan qui apporte son appui, son aide
supprimer rayer, ôter
supprimer faire disparaître, éliminer, annuler, rayer (d'un texte)
sûr *adj* certain
Suresnes banlieue parisienne à l'ouest du Bois de Boulogne
surexcitation *f* très vive excitation
surlendemain *m* le jour qui suit le lendemain
surmonter être placé au-dessus de; dépasser en s'élevant par-dessus
surprise-partie (*party*) *f* réunion dansante privée
surtout *adv* avant tout
surveillant *m* personne chargée de la surveillance dans une école, une usine, ...
surveiller veiller avec grande attention, observer les actions, les gestes, les mouvements de qqn
survivre *to survive*
sus *adv*
   en sus en plus, en supplément
suspension *f* ensemble du dispositif qui assure le confort d'une voiture— ressorts (*springs*), amortisseurs (*shock absorbers*)
sympathique *adj* qui éveille la sympathie, aimable, gentil
symptôme *m*
synagogue *f* édifice religieux où les Israélites célèbrent leur culte
syndical(e, aux) *adj* qui appartient à un syndicat
syndicaliste *m* qui a rapport aux syndicats
syndicat *m* groupement formé pour la défense d'intérêts communs (par exemple, syndicat ouvrier)
système *m*

table *f*
   table de nuit Louis XVI petite table de style Louis XVI (fin 18e siècle)
tableau *m* ouvrage de peinture
   tableau comparatif série de renseignements, de détails, qui permettent de faire des comparaisons
tablier *m* vêtement de protection, pièce d'étoffe ou de cuir, maintenue par des attaches, qu'on porte devant soi pour préserver ses vêtements (par exemple, tablier de cuisine)
tabou *adj m* chose dont l'usage ou le contact sont interdits; sujet qu'il est interdit de critiquer ou même d'aborder
tâche *f* ouvrage à exécuter, ce que l'on a à faire
tact *m* délicatesse
tamisé *adj* filtré
   lumière tamisée voilée
tango *m* danse originaire d'Amérique latine
tant *adv* tellement
tapageur *adj*
   publicité tapageuse exagérée, qui se fait trop remarquer
tapis *m* pièce d'étoffe (par exemple, de laine, de nylon) dont on recouvre un meuble, un parquet
tapissé *adj* revêtu; couvert
tapisser revêtir, couvrir une surface
taquiner agacer gentiment
tard *adv* après l'heure habituelle, après le moment voulu

tarder différer
  il me tarde que ... c'est avec impatience que j'attends ...
tarif *m* tableau indiquant le prix des transports, le coût des marchandises, ...; ensemble des prix
  tarif douanier montant des droits, des taxes à payer lorsqu'on passe un produit neuf d'un pays dans un autre
tarte *f* gâteau fait d'une pâte entourant soit des fruits, soit de la confiture
tasse *f* petit récipient avec anse dans lequel l'on sert du café, du thé (par exemple, tasse à café)
tâter presser légèrement
taux *m* pourcentage
taxe *f* part d'impôt, charge financière
technicien *m*
technique *adj f* qui appartient en propre à un art, à une science ou à un métier
tel(telle) *adj*
  rien de tel que ... il n'y a rien qui puisse se comparer à ..., rien ne vaut ...
téléphone *m*
téléphoner
Télé-Revue *f* hebdomadaire qui contient les programmes de télévision pour la semaine à venir
téléspectateur *m* toute personne qui écoute et regarde la télévision
télévisé *adj* filmé pour et par la télévision
télévision *f*
témoignage *m*
  porter témoignage de témoigner de, être la preuve de
témoin *m* personne qui a vu ou entendu qqch, personne qui assiste à un événement
tempérament *m* ensemble des penchants, caractère
  à tempérament par petites sommes, à crédit
tempéré *adj* où la température n'est jamais extrême ni très basse ni très élevée

temple *m* édifice religieux où les Protestants célèbrent leur culte
temps *m*
  à temps assez tôt
  en temps voulu au moment opportun
  il est grand temps il est presque trop tard
  il était temps que le moment était depuis longtemps venu de ...
  le bon vieux temps temps passé que l'on évoque à regret
tendance *f* intention, orientation; penchant
tendancieux(euse) *adj* qui n'est pas objectif, qui vise à prouver quelque chose, à imposer une opinion, un point de vue
tendre présenter
tendu *adj* dans un état de tension nerveuse
se tenir avoir lieu
  ne pas savoir à quoi s'en tenir ne pas pouvoir savoir exactement combien on va dépenser, n'être jamais sûr du prix de qqch; être dans l'incertitude
  se tenir à jour se tenir au courant, se tenir informé de ce qui est nouveau
  se tenir bien se comporter convenablement, décemment
tenir à être attaché à
tenir à faire qqch avoir envie de faire qqch
tennis *m*
tenter séduire, attirer; essayer, entreprendre
  cette pièce me tente j'ai envie d'aller la voir
tenue *f* uniforme, habit, costume
tenue de route *f* aptitude d'une voiture à se tenir dans la ligne commandée par le conducteur
terme *m* fin, limite, mot
  mettre un terme à en finir avec, mettre fin à
terminale *f* une des trois classes qui mènent au baccalauréat, à la fin des études secondaires dans les lycées
terminer conclure, achever

Vocabulaire

terrasse *f*
    terrasse de café emplacement sur le trottoir ou en retrait, devant un café, où se trouvent des tables et des chaises et où les consommateurs peuvent s'asseoir

tête *f*
    coûter les yeux de la tête, coûter très cher

théâtre *m* salle où l'on joue des pièces de théâtre

théorique *adj*
    examen théorique qui ne comporte pas d'exercices pratiques

timbale *f*
    timbale de pâté pâté cuit dans un moule de forme ronde et servi dans ce moule

timbre *m stamp*

timide *adj*

tir *m* action de tirer au moyen d'une arme à feu, fusil, ou carabine ou revolver

se tirer de réussir à s'échapper, surmonter une difficulté, sortir d'une situation embarrassante, ...

tireur *m* joueur qui tire au but

titre *m* le nom d'une œuvre, d'une revue, ...

tituber chanceler sur ses jambes, aller de droite et de gauche en marchant parce qu'on est fatigué, épuisé

titulaire *m* celui qui possède un objet ou un emploi

toilette *f* action de s'habiller, se coiffer
    articles de toilette objets utiles pour faire sa toilette, tels que peignes, brosses, brosse à dents, crème à raser, rasoir, ciseaux, pâte dentifrice, pommade, désodorisant
    les toilettes la façon dont les femmes sont vêtues, les vêtements qu'elles portent; le w.c.

toit *m* couverture d'un bâtiment

tombereau *m* voiture à deux ou quatre roues, profonde et qui bascule vers l'arrière pour décharger facilement son contenu

torche *f* flambeau grossier, consistant en un bâton de sapin entouré de résine, de cire ou de suif

tort *m* faute, erreur, action ou état contraire au droit
    avoir tort soutenir une chose fausse, ne pas avoir raison
    c'est à tort que on a tort de

tôt *adv* de bonne heure, à l'avance, avant l'heure
    plus tôt avant l'heure habituelle

TOTAL *m* une marque d'essence française

total *m* résultat d'une addition
    au total tout compté, tout considéré

touche *f*
    ligne de touche ligne qui limite un terrain de jeu dans le sens de la longueur
    arbitre de touche juge qui signale les balles sorties en touche, les hors-jeu, ...

Toulouse ancienne capitale du Languedoc, située sur la Garonne, centre de constructions aéronautiques et d'industries chimiques

tour *m* circuit, action de parcourir; ruse malicieuse
    faire un tour se promener
    le tour est joué! ça y est, et voilà!, c'est aussi simple que ça!
    Tour de France course cycliste dont le tracé fait en gros le tour de la France (parfois certaines étapes se trouvent en Italie, Suisse ou Belgique)

tour *f high rise apartment, skyscraper*

touriste *m f*

tourner

Toussaint *f* fête du 1er novembre, en l'honneur de tous les saints

tout *adv* entièrement
    en tout au total

traction avant *f* voiture dont les roues avant sont motrices

tradition *f* habitude ancienne transmise de génération en génération

traditionaliste *adj* qui se conforme aux traditions

traditionnel(elle) *adj* qui fait partie

Vocabulaire

d'une tradition, qu'on a toujours fait ou vu faire

traducteur(trice) *m f* celui qui traduit

se traduire par entraîner, amener

trafic *m* importance, ou fréquence du flot de la circulation des voitures, des trains, des marchandises, ...

tragédie *f* pièce qui révèle à l'homme les graves problèmes qui tournent autour de sa nature, de son destin, et qui vise à provoquer une intense émotion

train *m*
 être en train de être actuellement occupé à

traîne *f* partie très allongée d'une robe que la mariée traîne derrière elle

traité *m* convention entre deux ou plusieurs gouvernements

traitement *m* rémunération

traits *m pl* lignes du visage

tranquille *adj* calme
 on est tranquille expression familière pour: on est au calme, on vous laisse tranquille

tranquillement *adv* de façon calme, tout simplement

tranquillisant *m tranquilizer*

transept *m* nef secondaire qui coupe la nef principale à angle droit

transfert *m* substitution; transport

transformer donner une autre forme

transiter passer en transit, traverser

transmis *adj* envoyé, parvenu; en radio-télé: reçu et renvoyé par la voie des ondes

transports *m pl* ensemble des moyens utilisés pour le mouvement des marchandises et des personnes

traquer poursuivre, pourchasser

travailler *to work*

travailleur *m* ouvrier, celui qui travaille

travaux publics *m pl* travaux effectués pour le compte de l'État

traverser passer d'un côté à l'autre

tremblement *m*
 tremblement de terre secousse qui ébranle le sol sur une plus ou moins grande étendue, séisme

se trémousser s'agiter, se tortiller (par exemple, en dansant)

trésor *m*
 le Trésor français service du ministère des Finances

trésorier *m* personne qui détient et comptabilise les sommes d'argent d'une collectivité

tribune *f* emplacement surélevé, parfois couvert, d'où on domine le terrain de sports

tricolore *adj* à trois couleurs (le drapeau français est tricolore)

trimestre *m* espace de trois mois consécutifs

tripe *f* boyau, ou partie de l'intestin des animaux, préparé pour la consommation

triste *adj* accablé, affligé, déprimé

Trocadéro *m* place sur les hauteurs de Passy où se trouve le Palais de Chaillot

Troglodytes *m pl* hommes préhistoriques qui vivaient dans des cavernes dans la vallée du Loir ou, selon les légendes antiques, au sud-est de l'Egypte

trombone *m* petite agrafe (*paper clip*)

trôner occuper une place d'honneur, bien en vue

trottoir *m* espace ménagé sur les côtés d'une rue et réservé aux piétons

trou *m* ouverture, cavité

troupe *f* l'ensemble des acteurs qui jouent une pièce

troupeau *m* réunion d'animaux domestiques; multitude de personnes qui suit aveuglément un chef (sens péjoratif)

trouvaille *f* découverte, invention

trouver goûter, apprécier, aimer, juger

se trouver être

truc *m* "*gimmick*"

truchement *m* intermédiaire

truffe *f* sorte de champignon de couleur noire, très recherché, qui pousse sous terre, utilisé en cuisine

truffé *adj* parsemé de truffes, ou de petits morceaux de truffes

tuberculose *f* maladie infectieuse des poumons

Tudor *m pl* famille royale anglaise importante au XVIe siècle

style Tudor style d'architecture où les pans de mur blancs sont coupés par des poutres

tuer détruire, ôter la vie d'une manière violente

turbot *m* variété de poisson plat et ovale dont la chair est très recherchée (*turbot*)

tutoyer s'adresser à qqn à la deuxième personne du singulier (on tutoie parents, jeunes enfants et amis intimes)

type *m fam* personne d'une forte originalité; individu quelconque

un pauvre type *fam* homme de peu de valeur, un bon à rien

type *m* genre, sorte

typique *adj* caractéristique

U.R.S.S. *f* Union des Républiques Socialistes Soviétiques, la Russie soviétique

U.S.A. *m pl*

Ulysse *m* héros de l'*Odyssée*

union *f*

unique *adj* qui est seul en son genre

uniquement *adv* seulement, simplement, exclusivement

urbanisation *f*

urbaniste *m* architecte dont l'activité s'étend à l'étude et à l'aménagement de zones d'habitation

urgence *f* qualité, caractère de ce qui est urgent

accorder l'urgence à un problème considérer un problème comme le premier à résoudre

urgent *adj*

usage *m* manière, façon de faire habituelle

usine *f* établissement industriel, fabrique; bâtiment où travaillent des ouvriers

utilisation *f*

utiliser

utilité *f* caractère de ce qui est utile

unanimité *f*

vacancier *m* personne qui part, qui est en vacances, estivant

vache *f* femelle du bœuf; *fig* personne injuste et méchante

vague *f wave*

la vague des jeunes la grande masse, le grand nombre des jeunes

valable *adj* qui a les conditions requises pour produire son effet; acceptable, fondé; qui a de la valeur, qui compte; acceptable

valeur *f* prix; importance; mérite

de valeur qui a de la valeur, compétent

valide *adj*

mariage valide valable, célébré selon les règles et la loi

valise *f*

vallée *f* région basse entre deux montagnes (en général il y coule une rivière)

vallée du Rhône *f* vallée formée par le fleuve qui descend du lac de Genève, traverse Lyon en coulant vers la Méditerranée entre le Massif Central et les Alpes

valoir

à valoir qui aura une valeur, qui sera valable

il vaut mieux il est préférable de

rien ne vaut il n'y a rien d'aussi (beau, bon, agréable, etc.) que, rien ne se compare à

Van der Rohe, Mies architecte contemporain d'origine hollandaise (1886–1969)

vanter louer avec excès

variante *f* légère différence

à quelques variantes près à peu de différence près

varier présenter des changements

variété *f*

émission de variétés programme distrayant, amusant

vase *m* récipient décoratif

vaste *adj* grand, étendu

veau *m* jeune vache; viande de cet animal

vedette *f* dans un film, celui qui a le

rôle le plus important; champion, artiste en renom
veine *f fam* chance
veille *f* jour (ou soirée) qui précède celui (ou celle) dont on parle
veiller exercer une surveillance
vendeur(euse) *m f* employé(e) qui vend
vendre céder moyennant le prix convenu
vendredi *m* sixième jour de la semaine
venir
    en venir là arriver à ce point, arriver à cette extrémité
    venir de + *inf* (*to have just* + *past participle*)
vente *f* action de vendre
venue *f* arrivée, action de venir
verbe *m*
verdure *f* herbe et feuillages verts
verglas *m* mince couche de glace sur le sol, provenant de la congélation de l'eau, du brouillard
vérifier contrôler, s'assurer que tout est correct
véritable *adj*
verre *m* récipient en verre pour boire
    boire un verre *fam* prendre un verre, prendre une boisson
verser payer, attribuer; (*to pour*)
version *f* traduction d'une langue étrangère dans la langue maternelle (contraire de thème)
vert *adj m* couleur verte
vertige *m* impression de perdre l'équilibre, d'être pris dans un mouvement tournant
veste *f* *jacket*, *coat*
veuf *m* un homme qui a perdu sa femme, dont la femme est morte
veuve *f* femme qui a perdu son mari et qui n'a pas contracté un nouveau mariage
vexant *adj* qui contrarie, qui embarrasse très fortement; qui est offensant et humiliant
vexé *part* tourmenté, troublé, très gêné
vexer blesser qqn moralement, froisser qqn
viande *f* chair des animaux morts qui est destinée à la consommation

victime *f*
victoire *f*
victorien *adj* relatif à la reine Victoria d'Angleterre et à son époque (XIXe siècle)
vide *adj* contraire de plein, dont le contenu est épuisé, qui ne contient plus rien
vie *f life*
    mener une vie bien réglée ne pas faire d'excès
    une vie réglée bien ordonnée, régulière, sans excès
vieux (vieille) *adj m f* âgé
    mon vieux *fam* mon cher, mon cher ami
vif (vive) *adj* rapide; alerte
vignette *f* taxe automobile annuelle
vigoureusement *adv*
vigueur *f* force physique
    être en vigueur être en application (en parlant des règlements, des lois)
vil *adj* de peu de valeur
vilain *adj* laid, pas agréable à regarder
villa *f* maison de campagne ou de banlieue coquette, élégante
ville *f city*
    avoir une chambre en ville louer une chambre chez un particulier ou dans un hôtel
    en tenue de ville portant cravate et costume
    manger en ville manger dans un restaurant ordinaire, et non pas chez soi ou au restaurant universitaire
ville-dortoir *f* ville voisine d'une agglomération industrielle ou commerciale qui sert de quartier résidentiel (dortoir: *dormitory*)
vin *m* jus du raisin fermenté et vieilli (*wine*)
violence *f* la force brutale, la brutalité
violon *m*
    violon d'Ingres activité, occupation secondaire; *par ext* passe-temps
viril *adj* vigoureux; assez violent et brutal
visa *m* sceau et signature apposés sur un document soit pour le valider, soit

Vocabulaire

pour attester le paiement d'un droit

visa de censure autorisation de la Commission de censure

visage *m* figure (*face*)

viser chercher à atteindre

visite *f* action d'aller voir avec attention qqch; inspection; action de se rendre chez qqn (visite de politesse, d'amitié)

visiter aller voir; inspecter

vital *adj*

intérêt vital importance primordiale, essentielle

vitalité *f*

vite *adv*

faire vite se dépêcher, se hâter

vitesse *f* grande allure, allure rapide, rapidité, qualité de ce qui se déplace à allure rapide, espace parcouru en une heure par un véhicule (vitesse horaire)

vitrail (vitraux) *m* grande surface vitrée formée de morceaux de verre de couleurs différentes qui éclaire une église, une chapelle

vitre *f* panneau de verre qui garnit les châssis d'une fenêtre (*window pane*)

vitré *adj* garné de vitres

vivant *m adj*

bon vivant homme d'humeur gaie et facile, qui a un penchant pour les plaisirs

vivement *adv* avec force, avec promptitude et énergie

vivre exister; habiter

vocation *f* aptitude spéciale pour un état, une profession

vœu souhait; promesse

envoyer ses vœux exprimer ses souhaits de bonne année

vœux de nouvel an souhaits de bonne année

vogue *f* mode, faveur, popularité

c'est en vogue c'est à la mode

voie *f* route, chemin, *lane*

être en voie de disparition être en train de disparaître

voie ferrée *f* chemin de fer

voile *f* *sail*

faire de la voile faire du bateau à voiles

voire *adv* et même

voisin *adj m* qui est proche; qui habite à côté

voisinage *m* proximité

voiture *f* automobile

voiture banalisée voiture de police camouflée et transformée en paisible voiture particulière

voiture de marchand de glaces véhicule sur roues que le marchand pousse ou tire

voiture-piège *f* voiture de la police équipée pour contrôler la circulation

voiture-radio *f* voiture équipée d'un poste émetteur-récepteur de radio pour rester en communication avec la O.R.T.F. ou avec d'autres voitures-radio

voix *f* son qui sort des poumons et de la bouche

à haute voix assez fort pour que tout le monde entende

vol *m* horaire d'avion; avion

volant *m* roue qui sert à guider une voiture

voler prendre par ruse ou par force le bien d'autrui

voleur *m* qui a volé ou qui vole habituellement

volley-ball *m* sport qui se dispute entre deux équipes de six joueurs se renvoyant un ballon par-dessus un filet léger sans qu'il touche le sol

volontiers *adv* par inclination, par choix personnel, volontairement, de bon gré, avec plaisir

Voltaire François-Marie Arouet, dit Voltaire (1694–1778)

voter exprimer son choix au moyen d'un vote

voter des crédits accorder ces crédits après les avoir approuvés par un vote

voûté *adj* qui se tient courbé, dont le dos est courbé

Vocabulaire

vouvoyer s'adresser à qqn en lui disant
«vous»
voyage *m trip* (ne pas confondre avec
l'anglais *voyage*)
  voyage en groupe voyage organisé
pour des groupes de touristes
  voyage organisé voyage, visite ou excursion que l'on fait à plusieurs et
dont les détails sont réglés par une
organisation, une agence de voyage
voyager
vraiment *adv*
vraisemblance *f*
  selon toute vraisemblance vraisemblablement, très probablement
vue *f* étendue de ce qu'on peut voir du
lieu où l'on est; manière de considérer les choses
  en vue connu, célèbre, haut placé, qui
occupe un rang élevé dans la société
  en vue de dans l'intention de, dans
le but de
  la vue du sang le spectacle du sang
versé, le fait de voir du sang

w.c. *m pl. water closet*
Wright, Frank Lloyd architecte américain (1869–1959)

zèle *m*
  faire du zèle *fam* montrer un empressement excessif, faire plus d'efforts que nécessaire
zélé *adj* qui fait du zèle, qui se montre
actif, qui veut se mettre en valeur
par son travail
zone *f* espace à la limite d'une ville

Vocabulaire